第二版前言 Foreword

企业纳税实务作为高职教育财经专业核心课程之一，以税法和企业会计准则为依据，以企业纳税流程设计学习内容，是在融合了“税法”和“纳税申报”两门课程的基础上形成的一门理实一体化的课程。

自2015年8月《企业纳税实务》第一版出版以来，我国税收法律法规发生了一些变化。自2016年5月1日起，在全国范围内全面推开营业税改征增值税试点，建筑业、房地产业、金融业、生活服务业等全部营业税纳税人纳入试点范围，由缴纳营业税改为缴纳增值税。2016年5月9日，为深化财税体制改革，促进资源节约集约利用，加快生态文明建设，党中央、国务院决策部署，全面推进资源税改革。2017年4月28日，财政部会同国家税务总局发布简并增值税税率的通知，决定自2017年7月1日起，简并增值税税率结构，取消13%的增值税税率。所有这些政策与税法的变化，都迫切要求对原有教材进行更新，为此，我们对《企业纳税实务》进行了修订。

与原教材相比，本版教材在以下几个方面作了修改：

1. 结构稍有调整

由于“营改增”的全面推开，营业税退出历史舞台，教材原来的八个项目减少成七个项目，删减了“营业税纳税实务”全部内容。

2. 吸收最新的税制内容

本版教材结合最新的税收法律法规，对教材内容进行了更新，充分体现了教材的前瞻性和实效性。主要涉及几个方面：根据最新的商事登记制度对项目一中“税务登记”进行更新；结合“营改增”税制改革的要求与最新的《中华人民共和国增值税暂行条例》对项目二全部重新撰写；对项目三中消费税税目进行了更新，原有的“化妆品”改为“高档化妆品”，相应税率一并更新；项目五和六中更新了最新的企业所得税纳税申报表和个人所得税纳税申报表；伴随着资源税改革，本版教材重新撰写了项目七中“资源税”内容，同时对土地增值税纳税申报表和印花税纳税申报表进行了更新。

3. 更正错误，突出高职特色

本版教材对于第一版中的错误进行了修正，并在内容安排上更突显高职学生的素质特点，删减了不常见的业务类型，同时增加了每个项目的技能训练题量，将教材与初级会计职称考试内容衔接，满足学生就业与考证的需求。

本版教材在修订过程中，参考了国内同行的相关最新论著，在此深表感谢！由于编者水平有限，书中疏漏之处在所难免，恳请读者批评指正。

编者

2017年6月

前言 Foreword

近年来，随着财税体制改革的深入，税收法律制度进一步完善。如2011年以来修订了《中华人民共和国个人所得税法》及其实施条例、《中华人民共和国资源税暂行条例》及其实施细则、《中华人民共和国增值税暂行条例实施细则》、《中华人民共和国营业税暂行条例实施细则》、《中华人民共和国发票管理办法》及其实施细则、《中华人民共和国车船税法》及其实施条例。2012年开始实行营业税改征增值税的试点税收政策，2012年至今有序扩大了营改增试点范围等。税收法律制度的改变给企业纳税实务工作和会计环境带来了重大影响，为了适应新形势，近几年会计法规也发生着显著变化。如2011年财务部颁布了《小企业会计准则》，2012年发布和印发了《企业会计准则解释第5号》、《营业税改征增值税试点有关企业会计处理规定》，2013年印发了《企业产品成本核算制度(试行)》等。税法在变，会计法规在变，教材也应及时更新。

本书以新的税法和企业会计准则为依据，以企业纳税流程设计学习内容。全书以培养学生职业能力为主线，按照理实一体化的高职教育要求，对13个税种分别从基本税制要素、应纳税额的计算、涉税业务的会计核算和纳税申报四个方面进行了全面的阐述。

本书具有以下特点：

1. 内容新颖

本书以最新的税收法律、法规为依据，对各主要税种的税法基础、税费计算、会计核算及纳税申报进行系统介绍。

2. 体例创新

在编写体例上，按纳税工作的过程开发设计教材，采用了“项目导向、任务驱动”的编排方式。教材体例充分体现“学习的内容是工作，通过工作实现学习”的思想，将税收理论与纳税实务工作有机融为一体，结合理实一体教学与学生的自我操作，让学生掌握企业纳税实务工作的基本操作流程和操作要领，能计算企业常见税费的应缴金额，会办理相关的涉税业务的会计处理和各类税费的纳税申报。

3.形式生动

教材中穿插“知识链接”“提示”等小栏目,以拓展学生知识视野,引导学生养成良好的思考和学习习惯,激发自主学习的积极性;教材图文并茂,生动活泼,集启发性和趣味性于一体,达到了强化学生的动手操作能力的目的。

本书由苏州经贸职业技术学院刘淑萍担任主编,苏州经贸职业技术学院唐凯担任副主编。具体分工如下:刘淑萍负责项目一、项目二、项目四、项目六、项目七的编写,唐凯负责项目三、项目五、项目八的编写,最后由刘淑萍负责对全书修改总纂定稿。本书以2015年1月前颁布实施的税收法律法规及最新企业会计准则为依据进行编写,若之后有调整或变化,应以现行的法律法规为准。

本书对内容体系、难易程度、案例等方面进行了特殊处理,具有明显的针对性和易读性,不仅适合高职高专会计、税务、财政、投资理财等财经类专业税收课程的教学,也可作为企业在职人员、经济理论工作者及纳税单位和有关人员的学习用教材或参考书。

本书在编写过程中,参考了国内同行的有关论著,在此深表感谢!由于编者水平有限,书中疏漏之处在所难免,恳请读者批评指正。

编者

2015年5月

目录 Contents

项目一 企业纳税基础

技能目标

1. 会办理企业涉税事务登记等工作。
2. 能根据企业经营范围的需要领购普通发票和增值税专用发票。
3. 能进行增值税一般纳税人的申请登记工作。

知识目标

1. 理解税收的概念和税制构成要素。
2. 了解我国现行税收体制和纳税申报、税款缴纳的基本知识。
3. 掌握税务登记、发票管理的基本知识和要求。

案例导入

小顾是某高职院校会计专业的应届毕业生，在一场招聘会上成功应聘某公司的税务会计一职。小顾自认为对纳税实务基础知识掌握非常扎实，怀揣着伟大职业梦想的他非常兴奋地来到公司报到。报到第一天他便随从会计主管到税务部门领购发票，学习了领购发票的具体工作流程，并得知以后公司报税也由他担任。小顾接到这个任务后，该如何适应这个岗位呢？发票领购、纳税申报、税费缴纳、会计核算等涉税事务该如何操作呢？

任务一 认识税收

一、税收概述

（一）税收的概念和特征

税收是国家为满足社会公共需要，凭借公共权力，按照法律所规定的标准和程序，参与国民收入分配，强制取得财政收入所形成的一种特殊分配关系。它体现了一定社会制度下国家与纳税人在征收、纳税的利益分配上的一种特定分配关系。国家取得财政收入的手段多种多样，如税收、发行货币、发行国债、收费、罚没等，而税收则由政府征收，取之于民、用之于民。税收具有无偿性、强制性和固定性的形式特征。

1. 无偿性

无偿性是指国家征税后，税款即成为国家的财政收入，国家不向纳税人支付任何报酬或代价。主要体现在两个方面：一方面是指政府获得税收收入后无需向纳税人直接支付任何报酬；另一方面是指政府征得的税收收入不再直接返还给纳税人。税收无偿性是税收的本质体现，是区分税收收入和其他财政收入形式的重要特征。

2. 强制性

强制性是指税收是国家以社会管理者的身份，凭借政权力量，依据政治权力，通过颁布法律或政令来进行强制征收的。主要体现在两个方面：一方面税收分配关系的建立具有强制性，即税收征收完全是凭借国家拥有的政治权力；另一方面税收的征收过程具有强制性，即如果出现了税务违法行为，国家可以依法进行处罚。

3. 固定性

固定性是指国家在征税之前，应以法律形式预先规定征税对象、征收标准、征税方法等。征税和纳税双方都必须共同遵守，非经国家法令修订或调整，征纳双方都不得违背或改变这个固定的比例或数额以及其他制度规定。

税收的三个特征是一个统一的整体，缺一不可。强制性是实现税收无偿征收的强有力保证，无偿性是税收本质的体现，固定性是强制性和无偿性的必然要求。

(二)税收的职能

税收的职能是指税收自身固有的功能。一般来说，税收具有组织财政收入、调节社会经济和监督经济活动的职能。

1. 组织财政收入

税收组织财政收入的职能是指税收凭借国家参与社会产品的分配，形成国家财政收入，归国家支配使用，满足国家实现其职能的需要。组织国家财政收入是税收原生的最基本职能，即不论什么国家、不论何种类型的税收，都具有这一职能。

2. 调节社会经济

税收调节社会经济的职能是指国家运用税收杠杆对社会经济运行进行的引导和调整。通过税收的多征、少征与免征，可以从多方面作用于微观经济活动，使之符合于宏观经济运行的目标。即通过设置不同的税种、税目，确定不同的税率，对不同的部门、单位、个人以及不同产业、产品的收入进行调节，以调整经济利益关系，促进社会经济按照客观规律发展。

3. 监督经济活动

税收监督经济活动的职能是指税收在参与社会产品分配和再分配过程中，对社会产品的生产、流通、分配和消费进行制约和控制。税收监督职能是通过税收征管来实现的。通过税收监督，一方面要求纳税人依法纳税，以保证国家履行其公共管理职能的物质需要；另一方面，对社会再生产的各个环节进行监督，制止、纠正经济运行中的违法现象，打击经济领域的犯罪活动，保证税收分配的顺利进行。

二、税收制度的构成要素

税收制度的构成要素，也称为税法构成要素，是指组成税收法律制度的共同要素，主要包括纳税人、征税对象、税率、纳税环节、纳税期限、纳税地点、减免税、税收附加与加成、违章处理等项目。

(一)纳税人

纳税人是指税法中规定的直接负有纳税义务的单位和个人，也称为“纳税主体”。无论征收什么税，其税负总要由有关的纳税人来承担。每一种税都有关于纳税人的规定，通过规定纳税人落实税务任务和法律责任。纳税人一般分为自然人和法人两种。自然人和法人若有税法规定的应税财产、收入和特定行为，就对国家负有纳税义务。

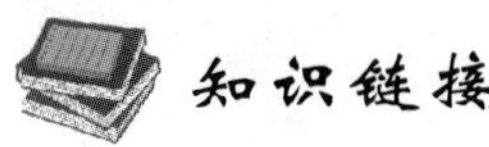

知识链接

与纳税人相关的概念

实际纳税过程中与纳税义务人相关的概念如下：

(1)负税人。负税人是最终负担税款的单位和个人。在实际生活中，有的税收由纳税人自己负担，纳税人本身就是负税人，如个人所得税、企业所得税等；有的税收虽然由纳税人缴纳，但实际上是由别人负担的，纳税人和负税人不一致，这就是通常所说的税负的转嫁问题，如增值税、消费税等。

(2)代扣代缴义务人。代扣代缴义务人是指有义务从持有的纳税人收入中扣除应纳税款并代为缴纳的企业或单位。扣缴义务人既可以是各种类型的企业，也可以是机关、社会团体、民办非企业单位、部队、学校和其他单位，或者是个体工商户、个人合伙经营者和其他自然人。

(3)代收代缴义务人。代收代缴义务人，是指有义务借助经济往来关系向纳税人收取应纳税款并代为缴纳的企业或单位。

(4)代征代缴义务人。代征代缴义务人是指接受税务机关委托，按国家税法规定代征税款的单位和个人。

(二)征税对象

征税对象又称课税对象，是征税的标的物，即对什么东西征税，是征税的客体，是一种税区别于另一种税的主要标志。我国现行税收法律、法规规定的征税对象，主要包括所得、商品和财产三大类。例如，企业所得税的征税对象就是应税所得，房产税的征税对象是房屋等。

知识链接

与征税对象密切相关的概念

与征税对象密切相关的有税目、计税依据和税源三个概念。

(1)税目是税法上规定应征税的具体项目，是征税对象的具体化，反映各种税种具体的征税项目。它体现每个税种的征税广度，并不是所有的税种都有规定税目。

(2)计税依据是征税对象的数量化，是应纳税额计算的基础。

(3)税源，即税收的源泉。从根本上说，税源来自当年的剩余产品。

(三)税率

税率是应纳税额与征税对象数量之间的法定比例，是计算税收负担的尺度，体现了课税的深度。税率是最活跃、最有力的税收杠杆，是税收制度的中心环节。按照税率的表现形式，税率可以分为以绝对量形式表示的税率和以百分比形式表示的税率。我们目前常用的税率有以下几种形式：

1. 比例税率

比例税率是对同一征税对象或同一税目，不论数额大小，都按同一比例征税的税率，税额与纳税对象数额之间的比例是固定的。我国现行的增值税、企业所得税均采用比例税率。采用比例税率，计算简便，符合税收效率原则，同一征税对象的不同纳税人税负相同，也有利于企业在基本相同的条件下展开竞争。但不分纳税人实际环境差异，按统一税率征税，这与纳税人的实际负担能力不完全相符，在调节企业利润水平方面有一定的局限性，难以体现税收的公平原则。

2. 累进税率

累进税率是指按征税对象数额的大小，从低到高分别规定逐级递增的税率。征税对象数额越大，税率就越高，相反就越低。累进税率因计算方法和依据的不同，又分以下几种：

(1)全额累进税率，即对征税对象的金额按照与之相适应等级的税率计算税额。当征税对象提高到一个新的级距时，对其金额都按高一级新的与之相适应的税率计税。其计算方法简单，但存在累进分界点上税负呈跳跃式递增、税负不尽合理的弊端。

(2)超额累进税率，即把征税对象按数额大小划分为若干等级，每个等级由低到高规定相应的税率，每个等级分别按该级的税率计税，其累计程度比较缓和，在计算上比较复杂。目前我国仅对个人所得项目的工资和薪金所得、个体工商户的生产经营所得及企事业单位的承包经营、承租经营所得实行超额累进税率。

(3)超率累进税率，是指以征税对象的某种比例为累进依据，按超额累进方式计算应纳税额的税率。其计税原理与超额累进税率的原理相同，只是税率累进的依据不是征税对象的数额而是征税对象的某种比率。目前我国土地增值税采用的四级超率累进税率就是以增值率作为税率累进依据的。

3. 定额税率

定额税率是指按征税对象的单位数量直接规定一个固定的税额，而不是规定征收比例，因此也称为固定税额，是税率的一种特殊形式。它一般适用于从量计征的税种，在具体运用上又可分为地区差别税额、幅度税额和分类分级税额。

(四)纳税环节

纳税环节是指对处于不断运动中的纳税对象选定的应当缴纳税款的环节。为了更好地发挥税收促进经济发展、保证财政收入的作用，以及便于征收管理，国家对不同的商品课税往往确定不同的纳税环节。

按照纳税环节的多少，可将税收课征制度划分为两类，即一次课征制度和多次课征制度。一次课征制度是指一种税收在各个流通环节只征收一次税。一次课征制税源集中，可以避免重复征税。如我国的消费税目前施行的就是单一环节征税（卷烟除外），即以零售环节为纳税环节的应税消费品，在零售环节以前的诸环节都不征收消费税；在生产环节征收的消费税，不在流通环节征收消费税。多次课征制度是指一种税收在各个流通环节选择两个或两个以上的环节征税，比如我国的增值税在商品流通的每一个环节都要纳税。

(五)纳税期限

纳税期限是指纳税人按照税法规定缴纳税款的期限。合理确定和严格执行纳税期限，对于保证财政收入的稳定性和及时性有重要作用。不同性质的税种以及不同情况的纳税人，其纳税期限也不同。

我国现行税制采用的纳税期限有三种形式：

(1)按期纳税。按期纳税是指确定纳税间隔期，实行按期纳税。按期纳税的纳税间隔期分

为1日、3日、5日、10日、15日、1个月和1个季度。如增值税、消费税采用按期纳税方式。

(2)按次纳税。按次纳税是指根据纳税行为发生的次数确定纳税期限。如个人所得税的稿酬所得、劳务报酬所得采用按次纳税方式。

(3)按年计征,分期预缴或缴纳。如企业所得税按规定的期限预缴税款,年度结束后汇算清缴,多退少补;房产税、城镇土地使用税实行按年计算,分期缴纳。

(六)纳税地点

纳税地点是指纳税人依据税法规定向征税机关申报纳税的具体地点,一般包括纳税人机构所在地、经济活动发生地、财产所在地和特定行为发生地。

(七)减免税

减免税是对税率的重要补充,是税法普遍性与特殊性、统一性与灵活性的有机结合。减免税可分为税基式减免、税率式减免和税额式减免。

1.税基式减免

税基式减免是通过直接缩小计税依据而实现的减免税,如起征点、免征额、项目扣除等形式。起征点是征税对象达到一定数额开始征税的起点,征税对象数额未达到起征点的不征,达到起征点的按全部数额征税。免征额是在征税对象的全部数额中免予征税的数额,对减免额的部分不征税,仅对超过免征额的部分征税。项目扣除是指在征税对象中扣除一定项目的数额,以其余额为依据计算税额。

2.税率式减免

税率式减免是通过直接降低税率实现的减免税,如重新确定税率、选用其他税率、零税率等形式。

3.税额式减免

税额式减免是通过直接减少应纳税额实现的减免税,包括全部免征、减半征收、核定减免率等形式。

(八)税收附加与加成

税收附加也称为地方附加,是地方政府按照国家规定的比例随同正税一起征收的列入地方预算外收入的一种款项,如教育费附加。税收加成是指根据税制规定的税率征税以后,再以应纳税额为依据加征一定成数的税额。加征一成相当于应纳税额的10%,加征成数一般规定在一成到十成之间。

税收附加或加成,都增加了纳税人的负担,但这两种加税措施的目的是不同的。实行地方附加是为了给地方政府筹措一定的机动财力,用于发展地方建设事业;实行加成则是为了调节和限制某些纳税人获取过多的收入或对纳税人违章行为进行处罚。

(九)违章处理

违章处理是对纳税人发生违反税法行为采取的惩罚措施,它是税收强制性的体现。纳税人必须依法及时、足额地缴纳税款,凡有拖欠税款、逾期不交、偷税漏税等违反税法的行为,都应受到制裁。违章处理的措施主要有加收滞纳金、处以罚款、税收保全措施、税收强制执行措施等。

三、税收的分类

(一)按课税对象分类

按课税对象不同,税收可分为流转税类、所得税类、财产税类、行为税类、资源税类。

1. 流转税类

流转税又称流转课税、流通税,指以纳税人商品生产、流通环节的流转额或者数量以及非商品交易的营业额为征税对象的一类税收。此类税以商品生产、交换和提供商业性劳务为征税前提,取得销售收入、营业收入或支付金额就应依法纳税。流转税是商品生产和商品交换的产物,涉及商品生产和流通的各个环节,主要包括增值税、消费税、关税等税种,是政府财政收入的重要来源。

2. 所得税类

所得税亦称收益税,是指以各种所得额为课税对象的一类税。所得额一般指全部收入扣减为取得收入所耗费各项成本费用后的余额。所得税主要包括企业所得税和个人所得税。

3. 财产税类

财产税是指以纳税人所拥有或支配的财产为课税对象的一类税,主要包括房产税、车船税、契税。

4. 行为税类

行为税是指以纳税人的某些特定行为为课税对象的一类税,主要包括印花税、车辆购置税。

5. 资源税类

资源税是指对在我国境内从事资源开发的单位和个人征收的一类税。我国现行税制中资源税、土地增值税、耕地占用税和城镇土地使用税都属于资源税。

(二)按税收管理和使用权限分类

按其管理和使用权限划分,税收可分为中央税、地方税、中央与地方共享税。

1. 中央税

中央税是指管理权限归中央、税收收入归中央支配和使用的税种。当前我国的中央税主要有关税、消费税,这类税一般收入较大,征收范围广泛。

2. 地方税

地方税是指管理权限归地方,税收收入归地方支配和使用的税种。当前我国的地方税主要包括房产税、车船税等,这一类税一般收入稳定,并与地方经济利益关系密切。

3. 中央与地方共享税

中央与地方共享税属于中央政府和地方政府财政共同享有,由中央、地方政府按一定的比例分享税收收入,目前由国家税务局负责征收管理。如我国现行的增值税,这类税直接涉及中央与地方的共同利益。

(三)按计税依据不同分类

按计税依据不同,税收可分为从价税、从量税和复合税。

1. 从价税

从价税是以征税对象价格为计税依据，其应纳税额随商品价格的变化而变化。此类税种能充分体现合理负担的税收政策，因而大部分税种均采用这一计税方法，如增值税、企业所得税等。

2. 从量税

从量税是以征税对象的数量、重量、体积等作为计税依据，其课税数额与征税对象数量相关而与价格无关，如车船税。

3. 复合税

复合税是同时以征税对象的自然实物量和价值量为标准征收的一种税，如白酒的消费税等。

（四）按税负能否转嫁分类

按税负能否转嫁，税收可分为直接税和间接税。

1. 直接税

直接税是指纳税人本身承担税负，不发生税负转嫁关系的一类税，如所得税、财产税等。

2. 间接税

间接税是指纳税人本身不是负税人，可将税负转嫁给他人的一类税。间接税的纳税人与负税人不一致，如增值税、消费税、关税等。

任务二 涉税事务登记

一、涉税登记

（一）涉税信息补充采集登记

我国自 2016 年 10 月 1 日起全面推行“五证合一、一照一码”的商事登记制度，即将企业设立时由工商行政管理机关、质量技术监督部门、税务机关、社会保险经办机构和统计机构五个部门分别核发不同证照的登记模式，改为由工商行政管理部门核发加载法人和其他组织统一社会信用代码的营业执照。因此，新办企业在领取了营业执照后，无须再次进行税务登记，不再领取税务登记证。但是在企业办理涉税事宜时，应当进行必要涉税信息的补充采集，在完成补充信息采集后，凭加载统一代码的营业执照可代替税务登记证使用。

1. 办理涉税信息补充采集的时间

企业在领取加载了统一社会信用代码的营业执照以后，在首次办理涉税事宜时，如增值税一般纳税人资格登记、发票领用、纳税申报等，应当填写“纳税人首次办税补充信息表”（见表 1－1）进行必要的涉税信息的补充采集。

表 1-1　纳税人首次办税补充信息表

<table>
<tr><td>统一社会信用代码</td><td colspan="2"></td><td colspan="2">纳税人名称</td><td></td></tr>
<tr><td>核算方式</td><td colspan="2">请选择对应项目打“√”
□独立核算　□非独立核算</td><td colspan="2">从业人数</td><td>____其中外籍人数____</td></tr>
<tr><td>适用会计制度</td><td colspan="5">请选择对应项目打“√”
□企业会计制度　□企业会计准则　□小企业会计准则　□行政事业单位会计制度</td></tr>
<tr><td>生产经营地</td><td colspan="5">____省(市/自治区)____ 市(地区/盟/自治州)____ 县(自治县/旗/自治旗/市/区)______
乡(民族乡/镇/街道)___________ 村(路/社区)______ 号</td></tr>
<tr><td>办税人员</td><td>身份证件种类</td><td>身份证件号码</td><td>固定电话</td><td>移动电话</td><td>电子邮箱</td></tr>
<tr><td></td><td></td><td></td><td></td><td></td><td></td></tr>
<tr><td>财务负责人</td><td>身份证件种类</td><td>身份证件号码</td><td>固定电话</td><td>移动电话</td><td>电子邮箱</td></tr>
<tr><td></td><td></td><td></td><td></td><td></td><td></td></tr>
<tr><td colspan="6">税务代理人信息</td></tr>
<tr><td>纳税人识别号</td><td colspan="2">名称</td><td>联系电话</td><td colspan="2">电子信箱</td></tr>
<tr><td></td><td colspan="2"></td><td></td><td colspan="2"></td></tr>
<tr><td colspan="6">代扣代缴代收代缴税款业务情况</td></tr>
<tr><td colspan="3">代扣代缴、代收代缴税种</td><td colspan="3">代扣代缴、代收代缴税款业务内容</td></tr>
<tr><td colspan="3"></td><td colspan="3"></td></tr>
<tr><td colspan="3"></td><td colspan="3"></td></tr>
<tr><td colspan="3">经办人签章：

____年____月____日</td><td colspan="3">纳税人公章：

____年____月____日</td></tr>
<tr><td>国标行业(主)</td><td colspan="2"></td><td colspan="2">主行业明细行业</td><td></td></tr>
<tr><td colspan="3">国标行业(附)</td><td colspan="3">国标行业(附)明细行业</td></tr>
<tr><td colspan="3"></td><td colspan="3"></td></tr>
<tr><td colspan="3"></td><td colspan="3"></td></tr>
<tr><td>纳税人所处街乡</td><td colspan="2"></td><td>隶属关系</td><td></td><td>国地管户类型</td><td></td></tr>
<tr><td>国税主管税务局</td><td colspan="2"></td><td colspan="2">国税主管税务所
(科、分局)</td><td></td></tr>
<tr><td>地税主管税务局</td><td colspan="2"></td><td colspan="2">地税主管税务所
(科、分局)</td><td></td></tr>
<tr><td>经办人</td><td colspan="2"></td><td colspan="2">信息采集日期</td><td></td></tr>
</table>

2.办理涉税信息补充采集的程序

(1)纳税人提出涉税信息补充采集申请。

纳税人在首次办理涉税事宜时,应当如实填写“纳税人首次办税补充信息表”。

(2)纳税人提交有关证件、资料。

纳税人办理涉税信息补充采集时,应当按照主管税务机关的要求提供有关证件、资料,包括:加载统一社会信用代码的营业执照、经办人的身份证明等。

(3)税务机关受理申请并审核。

税务机关根据纳税人提供的资料和信息,在系统中录入补充信息。补充信息全部采集完毕后,打印补充信息,交纳税人签章确认。纳税人无法当场签章确认的,将打印的补充信息交纳税人,提示纳税人在下次办理涉税事宜时返还已经签章确认的补充信息。

知识链接

“三证合一、一照一码”到“五证合一、一照一码”的商事等级制度变革

2014年6月4日,《国务院关于促进市场公平竞争维护市场正常秩序的若干意见》中提出简化市场准入手续,缩短时限,鼓励探索实行工商营业执照、组织机构代码证和税务登记证“三证合一”登记制度。2015年8月13日,工商总局、中央编办、国家发展改革委、税务总局、质检总局和国务院法制办等6部门联合印发通知,要求加快推进“三证合一”登记制度改革,确保“三证合一、一照一码”登记模式如期实施。所谓“三证合一”,就是将企业依次申请的工商营业执照、组织机构代码证和税务登记证三证合为一证,提高市场准入效率;“一照一码”则是在此基础上更进一步,通过“一口受理、并联审批、信息共享、结果互认”,实现由一个部门核发加载统一社会信用代码的营业执照。

2016年7月5日国务院办公厅发布《关于加快推进“五证合一、一照一码”登记制度改革的通知》,明确从2016年10月1日起正式实施“五证合一、一照一码”,在更大范围、更深层次实现信息共享和业务协同,巩固和扩大“三证合一”登记制度改革成果。在全面实施工商营业执照、组织机构代码证、税务登记证“三证合一”登记制度改革的基础上,再整合社会保险登记证和统计登记证,自2016年10月1日起实现“五证合一、一照一码”。

自2015年10月1日起,新设立企业和农民专业合作社领取由工商行政部门核发加载法人和其他组织统一社会信用代码(以下称统一代码)的营业执照后,无须再次进行税务登记,不再领取税务登记证。

企业办理涉税事宜时,在完成补充信息采集后,凭加载统一代码的营业执照可代替税务登记证使用。除以上情形外,其他税务登记按照原有法律制度执行外,改革前核发的原税务登记证件在2017年底前过渡期内继续有效,2018年1月1日起,一律改为使用加载统一代码的营业执照,原发税务登记证件不再有效。

工商登记“一个窗口”统一受理申请后,申请材料和登记信息在部门间共享,各部门数据互换、档案互认。各级税务机关应加强与登记机关的沟通协调,确保登记信息采集准确、完整。各省税务机关在交换平台获取“五证合一”企业登记信息后,依据新设立企业和农民专业合作社住所按户分配至县(区)税务机关;县(区)税务机关确认分配有误的,将其退回至市(地)税务机关,由市(地)税务机关重新进行分配;省税务机关无法直接分配至县(区)税务机关的,将其分配至市(地)税务机关,由市(地)税务机关向县(区)税务机关进行分配。

(二)变更登记

1. 办理变更税务信息的情形

已领取加载统一社会信用代码的企业，在纳税人信息采集表中有关事项发生变更时，应向税务机关提出变更信息申请，由税务机关对其有关信息予以变更。

2. 办理变更税务信息的程序

(1)纳税人提出变更税务信息申请。

纳税人信息采集表中有关事项发生变更时，应当向税务机关提出变更信息申请，填写“纳税人首次办税补充信息表”中涉及的变更项目，应当按照主管税务机关的要求提供有关变更信息的有关资料或证明材料及其复印件。

(2)税务机关受理税务信息申请并审核。

税务机关应当对纳税人提交的各项资料进行审核，资料审核无误的，由税务机关在系统中录入有关变更信息并打印，交纳税人签章确认。

(三)开具清税证明

1. 开具清税证明的情形

已实行“五证合一、一照一码”登记模式的新设立企业和农民专业合作社办理注销登记，须先向税务主管机关申报清税，填写清税申报表(见表1-2)。新设立企业和农民专业合作社可向国税、地税任何一方税务主管机关提出清税申报，税务机关受理后应将企业清税申报信息同时传递给另一方税务机关，国税、地税税务主管机关按照各自职责分别进行清税，限时办理。清税完毕后一方税务机关及时将本部门的清税结果信息反馈给受理税务机关，由受理税务机关根据国税、地税清税结果向纳税人统一出具清税证明，并将信息共享到交换平台。

表1-2 清税申报表

<table>
<tr><td>纳税人名称</td><td colspan="2"></td><td>统一社会信用代码</td><td></td></tr>
<tr><td>注销原因</td><td colspan="4"></td></tr>
<tr><td rowspan="3">附送资料</td><td colspan="2"></td><td colspan="2"></td></tr>
<tr><td colspan="2"></td><td colspan="2"></td></tr>
<tr><td colspan="2"></td><td colspan="2"></td></tr>
<tr><td colspan="5">纳税人经办人：
年 月 日　　法定代表人(负责人)：
年 月 日　　纳税人(签章)
年 月 日</td></tr>
<tr><td colspan="5">以下由税务机关填写</td></tr>
<tr><td>受理时间</td><td colspan="4">经办人：
年 月 日　　负责人：
年 月 日</td></tr>
<tr><td>清缴税款、滞纳金、罚款情况</td><td colspan="4">经办人：
年 月 日　　负责人：
年 月 日</td></tr>
</table>

续表 1-2

缴销发票情况	经办人： 负责人： 年 月 日 年 月 日
税务检查意见	检查人员： 负责人： 年 月 日 年 月 日
批准意见	部门负责人： 税务机关（签章） 年 月 日 年 月 日

2. 开具清税证明的程序

(1)申报清税前的清理工作。

纳税人申报清税前，应当对下列事项进行清理：①缴销发票. 办理缴销手续时，纳税人应当如实填写发票缴销登记表，并携带发票领购簿和未使用的空白发票，向主管税务机关申请办理发票缴销手续。②进行最后一期的申报纳税，并结清应纳税款、多退(免)税款、滞纳金和罚款。

(2)提出清税申请。

纳税人应当在办理注销工商登记前，依法向国税或地税任何一方主管税务机关提出清税申请，填写清税申报表，并根据主管税务机关的要求提交下列有关证件、资料：①工商营业执照被吊销的应提交工商行政管理机关发出的吊销决定；②单位纳税人应当提供上级主管部门批复文件或董事会决议及其他有关证明文件；③除加载统一社会信用代码的营业执照以外的其他税务证件；④企业所得税纳税人提供“中华人民共和国企业清算所得税申报表”及附表；⑤已发放过发票领购簿的纳税人还应提供“发票领购簿”等。

(3)领取清税证明。

税务机关受理清税申请后，企业清税申报信息同时传递给另一方税务机关，国税、地税税务主管机关按照各自职责分别进行清税。清税完毕后一方税务机关及时将本部门的清税结果信息反馈给受理税务机关，由受理税务机关根据国税、地税清税结果向纳税人统一出具清税证明。

(四)停业、复业登记

1. 停业登记

实行定期定额征收方式的个体工商户需要停业的，应当在停业前向税务机关申报办理停业登记。纳税人的停业期限不得超过一年。

纳税人在申报办理停业登记时，应如实填写“停业申请登记表”(见表 1-3)，说明停业理由、停业期限、停业前的纳税情况和发票的领、用、存情况，并结清应纳税款、滞纳金、罚款。税务机关应收存其税务登记证件及副本、发票领购簿、未使用完的发票和其他税务证件。

纳税人在停业期间发生纳税义务的，应当按照税收法律、行政法规的规定申报缴纳税款。

表 1-3 税务停业登记申请表

编号　　　　税停字　　　年第　　　号

<table>
<tr><td colspan="6">以下项目由纳税人填写</td></tr>
<tr><td>纳税人名称</td><td colspan="2"></td><td colspan="2">登记注册类型</td><td></td></tr>
<tr><td>税务登记号</td><td colspan="2"></td><td colspan="2">电脑编码</td><td></td></tr>
<tr><td>联系人</td><td colspan="2"></td><td colspan="2">联系电话</td><td></td></tr>
<tr><td>联系地址</td><td colspan="2"></td><td colspan="2">邮编</td><td></td></tr>
<tr><td>停业时间</td><td colspan="5">自　　年　　月　　日至　　年　　月　　日</td></tr>
<tr><td>停业事由</td><td colspan="5"></td></tr>
<tr><td rowspan="4">停业前的纳税情况</td><td>税</td><td colspan="4">税款　　　元,滞纳金,罚款　　　元</td></tr>
<tr><td>税</td><td colspan="4">税款　　　元,滞纳金,罚款　　　元</td></tr>
<tr><td>税</td><td colspan="4">税款　　　元,滞纳金,罚款　　　元</td></tr>
<tr><td></td><td colspan="4"></td></tr>
<tr><td>经办人(签字或盖章)
年　月　日</td><td colspan="2">财务主管(签字或盖章)
(部门盖章)
年　月　日</td><td colspan="3">法人代表(签字或盖章)
(单位公章)
年　月　日</td></tr>
<tr><td colspan="6">以下项目由主管税务机关填写</td></tr>
<tr><td rowspan="4">欠税情况</td><td>税</td><td colspan="4">税款　　　元,滞纳金,罚款　　　元</td></tr>
<tr><td>税</td><td colspan="4">税款　　　元,滞纳金,罚款　　　元</td></tr>
<tr><td>税</td><td colspan="4">税款　　　元,滞纳金,罚款　　　元</td></tr>
<tr><td colspan="5"></td></tr>
<tr><td rowspan="6">票证上缴情况</td><td colspan="2">税务登记证件</td><td colspan="2">发票</td><td>其他票证</td></tr>
<tr><td colspan="2">国税:正本　本,副本　本</td><td colspan="2">发票购用印制簿　　　本</td><td rowspan="5"></td></tr>
<tr><td colspan="2">地税:正本　本,副本　本</td><td colspan="2">号码</td></tr>
<tr><td colspan="2">国税:注册正本　本,副本　本</td><td colspan="2">增值税专用发票　　　份</td></tr>
<tr><td colspan="2">地税:注册正本　本,副本　本</td><td colspan="2">统一发票　　　份</td></tr>
<tr><td colspan="2"></td><td colspan="2">另附:空白发票上缴(附存)清单</td></tr>
</table>

续表 1-3

税务所意见 （经办人、负责人签字或盖章） （部门盖章） 年　月　日	科室意见 （经办人、负责人签字或盖章） （部门盖章） 年　月　日	科室意见 （经办人、负责人签字或盖章） （部门盖章） 年　月　日	分局、县局意见 （盖章） 年　月　日

2. 复业登记

纳税人应当于恢复生产经营之前，向税务机关申报办理复业登记，如实填写"停、复业报告书"，领回并启用税务登记证件。

（五）外出经营报验登记

纳税人到外县（市）临时从事生产经营活动的，应当在外出生产经营以前，持税务登记证（副本）向主管税务机关申请开具"外出经营活动税收管理证明"（以下简称为"外管证"）（见表1-4）。税务机关按照一地一证的原则，发放"外管证"，"外管证"的有效期一般为30日，最长不得超过180天。外出经营纳税人在其经营活动结束后，纳税人应向经营地税务机关填报外出经营活动情况申报表，按规定结清税款、缴销未使用完的发票。经营地税务机关应当在此证明上注明纳税人的经营、纳税、发票情况。外出经营活动税收管理证明有效期届满10日内，纳税人应回到主管税务机关办理核销手续，需延长经营期限的，必须先到主管税务机关核销后重新申请。

表 1-4　外出经营活动税收管理证明

<table>
<tr><td>纳税人名称</td><td colspan="3"></td><td colspan="2">纳税人识别号</td><td colspan="2"></td></tr>
<tr><td>法定代表人（负责人）</td><td></td><td>身份证件名称</td><td></td><td colspan="2">身份证件号码</td><td colspan="2"></td></tr>
<tr><td>税务登记地</td><td colspan="3"></td><td colspan="2">外出经营地</td><td colspan="2"></td></tr>
<tr><td>登记注册类型</td><td colspan="3"></td><td colspan="2">经营方式</td><td colspan="2"></td></tr>
<tr><td colspan="8">外出经营活动情况</td></tr>
<tr><td colspan="2">应税劳务</td><td colspan="2">劳务地点</td><td colspan="3">有效期限</td><td>合同金额</td></tr>
<tr><td colspan="2"></td><td colspan="2"></td><td colspan="3">年　月　日至　年　月　日</td><td></td></tr>
<tr><td colspan="2"></td><td colspan="2"></td><td colspan="3">年　月　日至　年　月　日</td><td></td></tr>
<tr><td>货物名称</td><td>数量</td><td colspan="2">销售地点</td><td colspan="3">有效期限</td><td>货物总值</td></tr>
<tr><td></td><td></td><td colspan="2"></td><td colspan="3">年　月　日至　年　月　日</td><td></td></tr>
<tr><td></td><td></td><td colspan="2"></td><td colspan="3">年　月　日至　年　月　日</td><td></td></tr>
<tr><td colspan="7">合同总金额</td><td></td></tr>
</table>

续表 1-4

税务登记地税务机关意见：

经办人：　　　　负责人：　　　　税务机关(签章)

年　月　日　　　　年　月　日　　　　年　月　日

有效日期	自　　年　　月　　日起至　　年　　月　　日

以下由外出经营地税务机关填写

应税劳务	营业额	缴纳税款	使用发票名称	发票份数	发票号码
合计金额					

货物名称	销售数量	销售额	缴纳税款	使用发票名称	发票份数	发票号码
合计金额						

外出经营地税务机关意见：

经办人：　　　　负责人：　　　　税务机关(签章)

年　月　日　　　　年　月　日　　　　年　月　日

二、增值税一般纳税人资格登记

2015年4月1日起，企业办理增值税一般纳税人资格认定，由行政审批制改为登记制，登记事项由增值税纳税人向其主管税务机关办理。

增值税一般纳税人一般应具备以下条件：

(1)会计核算健全，能够准确提供税务资料。

(2)预计年应税销售额达到以下标准：①从事货物生产或提供应税劳务的纳税人，以及以从事货物生产或提供应税劳务为主，并兼营货物批发货零售的纳税人，年应征增值税销售额(以下简称应税销售额)达到或超过50万元以上；②从事货物批发货零售的纳税人，年应税销售额在80万元以上；③从事销售服务、无形资产或不动产纳税人年应税销售额在500万元以上的。

纳税人办理一般纳税人资格登记的程序如下：

(1)纳税人向主管税务机关填报“增值税一般纳税人资格登记表”(见表1-5)，并提供税务登记证件；

(2)纳税人填报内容与税务登记信息一致的，主管税务机关当场登记；

(3)纳税人填报内容与税务登记信息不一致，或者不符合填列要求的，税务机关应当场告知纳税人需要补正的内容。

表 1－5　增值税一般纳税人资格登记表

<table>
<tr><td>纳税人名称</td><td colspan="2"></td><td>纳税人识别号</td><td colspan="2"></td></tr>
<tr><td>法定代表人（负责人、业主）</td><td></td><td>证件名称及号码</td><td></td><td>联系电话</td><td></td></tr>
<tr><td>财务负责人</td><td></td><td>证件名称及号码</td><td></td><td>联系电话</td><td></td></tr>
<tr><td>办税人员</td><td></td><td>证件名称及号码</td><td></td><td>联系电话</td><td></td></tr>
<tr><td>税务登记日期</td><td colspan="5"></td></tr>
<tr><td>生产经营地址</td><td colspan="5"></td></tr>
<tr><td>注册地址</td><td colspan="5"></td></tr>
<tr><td colspan="6">纳税人类别：企业□ 非企业性单位□ 个体工商户□ 其他□</td></tr>
<tr><td colspan="6">主营业务类别：工业□　商业□　服务业□　其他□</td></tr>
<tr><td colspan="6">会计核算健全：是□</td></tr>
<tr><td colspan="6">一般纳税人资格生效之日：当月 1 日 □　　次月 1 日 □</td></tr>
<tr><td colspan="6">纳税人（代理人）承诺：
上述各项内容真实、可靠、完整。如有虚假，愿意承担相关法律责任。

经办人：　　法定代表人：　　代理人：　　（签章）

年　月　日</td></tr>
<tr><td colspan="6">以下由税务机关填写</td></tr>
<tr><td>主管税务机关受理情况</td><td colspan="5">受理人：　　主管税务机关（章）

年　月　日</td></tr>
</table>

任务三　账簿、发票管理

一、涉税账簿的设置

纳税人、扣缴义务人应当按照有关法律、行政法规和财政部、国家税务总局的规定设置账簿，根据合法、有效凭证记账、核算。

从事生产、经营的纳税人应当在领取营业执照之日起15日内按照规定设置账簿，一般企业要设置的涉税账簿有总账、明细账、日记账以及其他辅助性账簿，其中总账、日记账必须采用订本式。扣缴义务人，应当自税收法律、行政法规规定的扣缴义务发生之日起10日内，按照所代扣、代收的税种，分别设置代扣代缴、代收代缴税款账簿。

从事生产、经营的纳税人应当自领取税务登记证件之日起15日内，将其财务、会计制度或者财务、会计处理办法报送主管税务机关备案。纳税人、扣缴义务人采用计算机记账的，应当在使用前将其记账软件、程序和使用说明书及有关资料报送主管税务机关备案。

生产经营规模小又确无建账能力的纳税人，可以聘请注册会计师或者经税务机关认可的财会人员代为建账和办理账务；聘请上述机构或人员有实际困难的，报经县以上税务机关批准，可以按照税务机关的规定，建立收支凭证粘贴簿、进货销货登记簿或者使用税控装置等。

二、发票的管理

发票是单位或个人在购销商品、提供或接受服务等经营活动中的收付款凭证，是税款征收的重要依据。发票既是购货合法的证明，也是财务收支的法定凭证，是会计核算的原始凭证，是计算应纳税款的主要依据。

发票管理就是税务机关按照《中华人民共和国税收征收管理法》及其实施细则以及《中华人民共和国发票管理办法》的规定，对发票的印制、领购、开具、取得、保管、缴销全过程进行组织、协调、控制和监督等各项活动的总称。发票管理是税收征管的重要组成部分，是税源监控的主要手段。

(一)发票的印刷

税务机关对发票印制实行统一管理的原则，《中华人民共和国税收征收管理法》规定：增值税专用发票由国务院税务主管部门(即国家税务总局)确定的企业印制，其他发票按照国务院税务主管部门的规定，分别由省、自治区、直辖市国家税务局或地方税务局确定的企业印制。禁止私自印制、伪造、变造发票。

印制发票的企业应当按照税务机关的统一规定，建立发票印制管理制度和保管措施。特别是发票监制章和发票防伪专用品的使用和管理，要实行专人负责制度。发票防伪专用品由国家税务总局指定的企业生产，禁止非法制造发票防伪专用品。税务机关定期对印制发票企业和指定的生产发票防伪专用品企业进行监督检查。发现不符合规定条件的，将取消其印制发票或者生产发票防伪专用品的资格。

发票必须套印全国统一发票监制章，其式样由国家税务总局规定，除增值税专用发票以外的普通发票监制章由省、自治区、直辖市税务机关负责制作，禁止伪造发票监制章。发票监制章必须套印在票据名称的正中，由税务机关派专人进场监督发票监制章的套印过程。发票式样由税务机关确定，并实行不定期换版制度。

省级行政区域内的各类单位和个人使用的发票，除了增值税专用发票以外，应当在本省(自治区、直辖市)内印制；确有必要到外省(自治区、直辖市)印制的，应当由本地省级税务机关取得印制地省级税务机关同意，由印制地省级税务机关指定的企业印制。禁止在中国境外印制发票。

(二)发票的领购

依法办理税务登记的单位和个人，在领取税务登记证件后，向主管税务机关申请领购发票。购票单位和个人在提出购票申请的时候，应当同时提供经办人身份证明（如居民身份证、护照、工作证等）、税务登记证件或者其他有关证明、财务印章或者发票专用章的印模，填写"普通发票领购簿申请审批表"并经过税务机关审核以后，发给发票领购簿。购票单位和个人可以凭发票领购簿核准的购票种类、数量和方式，向税务机关领购发票。其中，申请领购增值税专用发票的单位和个人，应当提供加盖有"增值税一般纳税人"确认专章的税务登记证（副本）。非增值税纳税人和增值税小规模纳税人不能领购增值税专用发票。

依法不需要办理税务登记的单位和个人需要领购发票的，可以按照规定向税务机关申请领购发票。需要临时使用发票的单位与个人，可以直接向税务机关申请办理，同时应当提供发生购销业务、接受劳务或者其他经营活动的书面证明。依法应当纳税的，税务机关应当在开具发票的同时征税。

临时到外省（自治区、直辖市）从事经营活动的单位和个人，可以凭本地税务机关的证明，向经营地的税务机关申请领购经营地的发票。临时在本省（自治区、直辖市）内跨市、县从事经营活动领购发票的办法，由本省（自治区、直辖市）税务机关规定。

税务机关对于申请领购发票的从外省（自治区、直辖市）来本地从事临时经营活动的单位和个人，可以要求其提供保证人，或者根据所领购发票的票面限额与数量缴纳 1 万元以下的保证金，并限期缴销发票。按期缴销发票的，解除保证人的担保义务，或者退还保证金；否则由保证人或者以保证金承担法律责任。税务机关在收取保证金的时候应该开具收据。

从事生产、经营的纳税人、扣缴义务人有税收违法行为，拒不接受税务机关处理的，税务机关可以收缴其发票或者停止向其发售发票。

（三）发票的开具

单位和个人凡是发生销售商品、提供服务以及从事其他经营活动，对外发生经营业务收取款项时，收款方均应向付款方开具发票；在特殊情况下，由付款方开具发票，如废旧物资收购、农副产品收购等。所有单位和从事生产、经营活动的个人在购买商品、接受服务以及从事其他经营活动支付款项时，应当向收款方取得发票。取得发票时，不得要求变更品名和金额。开具发票应当按照规定的时限、逐栏填写，全部联次一次复写、打印、内容完全一致，并加盖单位财务印章或者发票专用章。未经税务机关批准，不得拆本使用发票，不得自行扩大专业发票使用范围。

开具发票后，如发生销货退回需开红字发票的，必须收回原发票并注明"作废"字样或取得对方有效凭证；发生销售折让的，在收回原发票并注明"作废"后，重新开具发票。

不符合规定的发票（如应经而未经税务机关监制，填写项目不齐全，内容不真实、字迹不清楚、没有加盖财务印章或者发票专用章、伪造、作废等），不得作为财务报销凭证，任何单位和个人都有权拒收。

发票一般只限于领购单位和个人在本省（自治区、直辖市）内开具。省级税务机关可以规定在本省（自治区、直辖市）内跨市、县开具发票的办法。没有经过批准，任何单位和个人不得跨越规定的使用区域携带、邮寄、运输空白发票。禁止携带、邮寄、运输空白发票出入国境。

（四）发票的保管

开具发票的单位和个人应当建立严格的发票保管制度，专人负责，专库保管，专账登记，定期盘点。企业应当建立发票使用登记制度，设置发票登记簿，并定期向主管税务机关报告发票使用情况。在办理变更或者注销税务登记的同时,办理发票和发票领购簿的变更或缴销手续。已经开具的发票存根联和发票登记簿,应当保存5年。保存期满,报经主管税务机关查验后销毁。

任务四　纳税申报与缴纳

一、纳税申报

(一)纳税申报的概念

纳税申报是指纳税人发生纳税义务后,在税法规定的期限内向主管税务机关提交书面报告的一种法定手续,也是税务机关办理征税业务、核实应纳税额、开具完税凭证的主要依据。

纳税人必须依照法律、行政法规规定或者税务机关依照法律、行政法规的规定确定的申报期限、申报内容如实办理纳税申报,报送纳税申报表、财务会计报表以及税务机关根据实际需要要求纳税人报送的其他纳税资料。扣缴义务人必须依照法律、行政法规规定或税务机关依照法律、行政法规的规定确定的申报期限、申报内容如实报送代扣代缴、代收代缴税款报告表,以及税务机关根据实际需要要求扣缴义务人报送的其他有关资料。

(二)纳税申报的内容

1.纳税申报表及代扣代缴、代收代缴报告表

我国各税种都有相应的纳税申报表,实行税源控制的税种还有扣缴义务人填报的代扣代缴税款报告表、代收代缴税款报告表。不同税种的计税依据、计税方法不同,纳税申报表的格式也不同,但申报的主要内容基本相同,一般包括:纳税人名称、税种、税目、应纳税项目、适用税率或者单位税额、计税依据、应纳税额、税款所属期限等。扣缴义务人向税务机关报送的代扣代缴、代收代缴报告表一般包括:纳税人名称、代扣代收税款所属期限、应代扣代收税款项目、适用税率、计税依据、应代扣代收税款以及税务机关规定的其他应当申报的项目。

2.纳税申报的其他材料

纳税人办理纳税申报时,应当如实填写纳税申报表,并根据不同的情况相应报送下列有关证件、资料:

①纳税申报表;

②财务会计报表及其说明材料;

③与纳税有关的合同、协议书及凭证;

④税控装置的电子报税资料;

⑤外出经营活动税收管理证明和异地完税凭证;

⑥境内或者境外公证机构出具的有关证明文件;

⑦税务机关规定应当报送的其他有关证件、资料。

(三)纳税申报的方式

纳税人、扣缴义务人可以直接到税务机关办理纳税申报或者报送代扣代缴、代收代缴税款报告表,经税务机关批准,纳税人、扣缴义务人也可以采取邮寄、数据电文方式办理纳税申报或者报送代扣代缴、代收代缴税款报告表。

1. 自行申报

自行申报也称为直接申报，是指纳税人、扣缴义务人按照规定的期限自行直接持纳税申报表和有关资料，到主管税务机关设立的纳税服务大厅进行申报纳税。自行申报方式是我国最主要的纳税申报方式。

2. 邮寄申报

邮寄申报，是指经税务机关批准，纳税人采取邮寄方式办理纳税申报，使用统一的纳税申报专用信封，并以邮政部门收据作为申报凭据。邮寄申报以寄出的邮戳日期为实际申报日期。邮寄申报适用于到税务机关上门办理纳税申报有困难的纳税人或扣缴义务人。

3. 数据电文申报方式

数据电文申报是指以税务机关确定的电话语音、电子数据交换和网络传输等电子方式进行纳税申报。纳税人采取电子方式办理纳税申报的，应当按照税务机关规定的期限和要求保存有关资料，并定期书面报送主管税务机关。其申报日期以税务机关计算机网络系统收到该数据电文的时间为准，与数据电文相对应的纸质申报资料的报送期限由税务机关确定。

4. 其他方式

实行定期定额缴纳税款的纳税人，可以实行简易申报、简并征期等申报纳税方式。

简易申报是指纳税人按照税务机关核定的税额按期缴纳税款，以税务机关开具的完税凭证代替纳税申报。即实行定期定额缴纳税款的纳税人，在法律、行政法规规定的期限或者在税务机关按照法律、行政法规的规定确定的期限内缴纳税款的，即视同申报，未按期纳税，也构成未进行纳税申报。

简并征期是指纳税人经过税务机关批准，可以采用将纳税期合并为按季、半年、年的方式缴纳税款，具体期限由省、自治区、直辖市税务机关根据具体情况确定。简并征期相当于延长了纳税期限，本身并不属于一种独立的纳税申报方式。

（四）纳税申报期限

纳税申报期限是指税收法律、法规规定或者税务机关依照税收法律、法规的规定确定的纳税人、扣缴义务人向税务机关办理申报和纳税的期限。

纳税申报期限是根据各个税种的特点确定的，各个税种的纳税期限因其征收对象、计税环节的不同而不尽相同，同一税种也可以因为纳税人的经营情况不同、财务会计核算不同、应纳税额大小不等，申报期限也不一样，可以分为按期申报纳税和按次申报纳税。按期申报纳税，是以纳税人发生纳税义务的一定期间为纳税申报期限，不能按期纳税申报的，实行按次申报纳税。纳税人、扣缴义务人办理纳税申报期限的最后一日是法定公休假日的，以休假日期满的次日为最后一日；在期限内连续 3 日以上法定休假日的，按休假日天数顺延。

（五）延期申报

延期申报是指纳税人、扣缴义务人不能按照税法规定的期限办理纳税申报或扣缴税款申报，经申请由税务机关批准可适当推延时间进行纳税申报。

我国对纳税人和扣缴义务人规定延期申报的条件主要是不可抗力和财务会计处理上的特殊情况，允许延期申报的期限是由当地主管税务机关视纳税人和扣缴义务人的困难程度，批准其延长的具体期限，但一般最长不得超过 3 个月。所谓不可抗力是指不可避免和无法抵御的自然灾害，如风、火、水、地震等自然灾害。

纳税人、扣缴义务人(1个或几个)受不可抗力的影响，不能按期办理纳税申报的，其原则上应在规定的纳税申报期限内向税务机关提出书面申请报告，经税务机关审核后，可延期申报；涉及较多纳税人、扣缴义务人受不可抗力的影响，不能按期办理纳税申报的，如受较大地震灾害的影响等，税务机关可直接公告纳税人、扣缴义务人准予延期办理纳税申报，待障碍消除后再行办理纳税申报。

纳税人、扣缴义务人因财务会计处理上的特殊情况，不能按期办理纳税申报的，可申请延期申报。纳税人、扣缴义务人在纳税期限内，由于账务未处理完毕，不能计算应纳税额，办理纳税申报确有困难的，应在其纳税申报期限内向当地主管税务机关提出书面申请报告，经税务机关审核批准后，可延期申报。

二、税款缴纳

(一)税款征收方式

税款征收方式是指税务机关根据各税种的不同特点和纳税人的具体情况而确定的计算、征收税款的形式。我国实行的税款征收方式有查账征收、查定征收、查验征收和定期定额征收。

1. 查账征收

查账征收是税务机关按照纳税人提供的账面所反映的经营情况，依照适用的税率计算缴纳税款的方法。其具体程序是：先由纳税人在规定的纳税期限内，用纳税申报表的形式向国税局或地税局办理纳税申报，经国税局或地税局审查核实后，填写缴款书缴纳税款。这种缴纳方式适用于账簿、凭证、财务会计制度比较健全，能够据以如实核算，反映生产经营成果，正确计算应纳税款的纳税人。

2. 查定征收

查定征收是税务机关依据纳税人的生产设备、生产能力、从业人员数量和正常情况下的生产销售情况，对其生产的应税产品实行查定产量、销售量或销售额，依率计征的一种征收方法。这种征收方法适用于生产不固定、账册不健全的纳税人。

3. 查验征收

查验征收是税务机关对某些零星、分散的高税率货物，在纳税人申报缴税时，由税务机关派人到现场实地查验，并在商品的适当部分印(粘)标记，据以计算缴纳税款。这种征收方法适用于经营小百货和单项品种的纳税人。

4. 定期定额征收

定期定额征收是税务机关对一些营业额难以准确计算的纳税人(如某些个体工商业户)，采用由纳税人自报，经税务机关调查核实一定期限内的营业额、利润额，纳税人按照核定的营业额、利润额一并付缴款项的一种缴纳方法。纳税人在核定期内营业额达到或超过核定定额20％～30％时，应及时向税务机关申报调整定额。这种征收方法一般适用于小型的个体工商户。

(二)税款缴纳的时间

缴纳时间是税法规定纳税人向国家缴纳税款的时间限期，是根据纳税人的生产经营规模和各个税种的不同特点确定的,包括纳税计算期和税款缴库期。

1. 税款计算期

纳税计算期一般可分为按次计算和按期计算。

(1)按次计算。

按次计算是以纳税人从事生产经营活动的次数为纳税计算期。其一般适用于行为目的税和财产税以及对临时经营者课税。

(2)按期计算。

按期计算是以纳税人发生纳税义务的一定时间期限作为纳税计算期。其一般适用于流转税和所得税。

2. 税款缴库期

税款缴库期是指纳税计算期满后,纳税人缴纳税款的法定期限。纳税人未按规定限期缴纳税款的,税务机关除责令限期缴纳外,从滞纳税款之日起,按日加收滞纳税款 0.5‰的滞纳金。

(三)延期缴纳税款

1. 延期条件

纳税人遇有特殊困难,不能按期缴纳税款的,经省、自治区、直辖市国家税务局、地方税务局批准,可以延期缴纳税款,但最长不得超过 3 个月。纳税人因有特殊困难,经批准延期缴纳税款的,在批准的期限内,不加收滞纳金。

纳税人因有特殊困难,需延期缴纳税款的,应在纳税期限内向主管税务机关提出申请,并填写"延期缴纳税款申请审批表",主管税务机关按税收管理权限上报审批,并将审批结果及时书面通知纳税人。获准的,制作"核准延期纳税通知书",通知纳税人;未予批准的,纳税人仍按规定期限缴纳税款。

2. 延期办理

如果符合延期缴纳税款条件,纳税人向主管税务局文书受理窗口提出延期缴纳税款申请并提供以下资料:

(1)延期缴纳税款申请审批表;

(2)税务登记证副本;

(3)资产负债表;

(4)当期货币资金余额情况及所有银行存款账户的对账单及复印件;

(5)书面申请报告,说明纳税人的财务状况、申请延期缴纳税款的理由、应付职工工资和社会保险费的开支预算等;

(6)税务机关要求的其他相关资料。

技能训练

一、单选题

1."五证合一、一照一码"登记模式,在税务机关正式实施时间为(　　)。

A. 2015 年 10 月 1 日　B. 2016 年 10 月 1 日　C. 2015 年 9 月 1 日　D. 2016 年 1 月 1 日

2. 税制构成要素中区分不同税种的标志是(　　)。

A. 纳税人　　B. 征收对象　　C. 税目　　D. 税率

3. 以商品或劳务的流转额为征税对象的税种叫(　　)。

A. 流转税　　B. 所得税　　C. 财产税　　D. 资源税

4. 以征税对象的价值量为计税依据计征的税叫(　　)。

A. 从价税　　B. 从量税　　C. 复合税　　D. 滑准税

5. (　　)是对同一征税对象,不论数额的大小,均按相同比例征税的税率。

A. 比例税率　　B. 累进税率　　C. 定额税率　　D. 累退税率

6. 按(　　)不同,税收可以分为直接税和间接税。

A. 征税对象　　B. 税负能否转嫁　　C. 计税依据　　D. 税收管理与使用权

7. 对账簿、凭证、会计核算制度比较健全的纳税人应采用的税款征收方式为(　　)。

A. 查账征收　　B. 查定征收　　C. 查验征收　　D. 邮寄申报

8. 从事生产经营的纳税人应当自领取营业执照或发生纳税义务之日起(　　)内设置账簿。

A. 10　　B. 15　　C. 30　　D. 45

9. 根据《中华人民共和国税收征收管理法》的规定,致使纳税人未按规定的期限缴纳或者解缴税款的,税务机关除责令限期缴纳外,应当自滞纳税款之日起,按日加收滞纳税款(　　)的滞纳金。

A. 1‰　　B. 2‰　　C. 0.3‰　　D. 0.5‰

10. 定额税率的一个重要特点是(　　)。

A. 按税目确定税额　　B. 与征税对象数量成正比

C. 不受价格的影响　　D. 与课税数量成反比

二、多选题

1. 纳税人凭(　　)领购增值税专用发票。

A. 纳税人公章　　B. 发票领购簿　　C. IC卡　　D. 经办人身份证明

2. 税务登记的种类包括(　　)。

A. 设立登记　　B. 停业登记　　C. 外出经营活动报验登记　　D. 复业登记

3. 发票的使用要求包括(　　)。

A. 不得转借、转让、代开发票　　B. 未经批准,不得拆本使用发票

C. 不得扩大专业发票的使用范围　　D. 禁止倒买倒卖发票

4. 税收的特征主要包括(　　)。

A. 强制性　　B. 及时性　　C. 固定性　　D. 无偿性

5. 纳税申报的方式主要有(　　)。

A. 直接(上门)申报　B. 邮寄申报　　C. 电子申报　　D. 代理申报

6. 我国现行税法中,纳税期限的主要形式为(　　)。

A. 按月纳税　　B. 按次纳税

C. 办理纳税申报　　D. 按年计征、分期预缴

7. 按税收管理和使用权限的不同,税收可分为(　　)。

A. 中央税　　B. 省市税　　C. 地方税　　D. 中央税和地方共享税

8. 税率的基本形式有(　　)。

A. 比例税率　　B. 超额累进税率　　C. 定额税率　　D. 超率累进税率

9. 我国发票按其用途及反映的内容不同,可以分为(　　)。

A. 增值税专用发票B. 普通发票　　C. 专业发票　　D. 保证凭证

10. 纳税人在办理注销税务登记前,应当向税务机关(　　)。

A. 结清应纳税款、滞纳金、罚款　　B. 提供清缴欠税的纳税担保

C. 缴纳不超过10 000元的保证金　　D. 缴销发票和其他税务证件

项目二 增值税纳税实务

技能目标

1. 根据学习项目、任务的需要查阅有关资料。

2. 能准确计算一般纳税人和小规模纳税人应纳增值税税额。

3. 能根据资料填制增值税月(季)度纳税申报表及相关附表,能办理增值税的日常纳税申报工作。

4. 能进行增值税涉税业务的会计处理。

知识目标

1. 理解增值税的基本法规知识。

2. 掌握增值税征税对象和纳税人的认定方法。

3. 能判断一般纳税人和小规模纳税人适用何种税率。

4. 掌握增值税的应纳税额的计算及优惠政策。

5. 熟悉增值税的纳税申报流程及相关处理。

案例导入

新世纪公司为增值税一般纳税人,取得的合法增值税扣税凭证,当月已通过认证,货物适用税率为17%,2017 年 8 月发生如下经济业务:

(1)销售甲产品给某大型商场,开具增值税专用发票,取得不含税销售额 80 万元。

(2)销售乙产品,开具普通发票,取得含税销售额 29.25 万元。

(3)将试制的一批应税新产品用于本企业基建工程,成本价为 10 万元,成本利润率为10%,该产品无同类产品市场销售价格。

(4)销售 2012 年 8 月购进作为固定资产使用的小轿车 1 辆,开具普通发票,取得含税销售额 11.7 万元,该车原值每辆 9 万元。

(5)向农业生产者购进免税农产品一批,支付收购价 20 万元,取得农产品销售发票,当月中旬将购进农产品的 20%用于本企业职工福利。

(6)购进货物取得增值税专用发票,注明支付的贷款 80 万元,进项税额 13.6 万元。

(7)支付购货的运输费用,取得增值税专用发票,注明运费 5 万元。

计算 2017 年 8 月新世纪公司应纳增值税税额并完成涉税业务的会计核算。

任务一 认识增值税

一、增值税的概念及特征

(一)增值税的概念

增值税是对我国境内销售货物、提供应税劳务和销售服务、无形资产、不动产及进口货物的单位和个人,就其取得的增值额为征税对象征收的一种税。

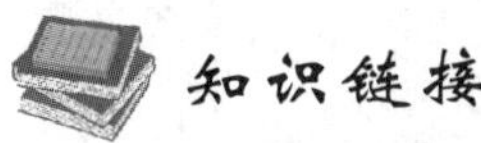

知识链接

我国增值税的发展

我国自1983年1月1日起试行增值税。当时的征税范围仅限于机器及其零配件、农机具及其零配件、缝纫机、电风扇、自行车等工业品,以后征税范围逐渐扩大。1994年1月1日起施行生产型增值税,2004年起在东北三省实施消费型增值税改革试点,2009年起在全国范围内所有行业实施消费型增值税。2012年起从上海市试点分批扩大至北京等8个省(直辖市)实施交通运输业和部分现代服务业营业税改征增值税,2013年8月1日起交通运输业和部分现代服务业的“营改增”试点在全国范围内推广,2014年进一步扩大现代服务业“营改增”范围。2016年5月1日起,在全国范围内全面推开营改增试点,建筑业、金融保险业、生活业和销售无形资产、不动产业务纳入试点,由缴纳营业税改为缴纳增值税。至此,营业税退出了历史舞台。

(二)增值税的类型

增值税一般可分为三类,即生产型增值税、收入型增值税和消费型增值税。

1.生产型增值税

生产型增值税,是指对购进固定资产价值中所含的增值税款不允许扣除,也不考虑生产经营过程中固定资产磨损的那部分转移价值(即折旧)。其税基,即计算应纳税额的基数,相当于国民生产总值,故称为生产型增值税。

2.收入型增值税

收入型增值税是指对购入固定资产价值中所含的增值税款,可以按照磨损程度相应地给予扣除。其税基相当于国民收入,故称为收入型增值税。

3.消费型增值税

消费型增值税是指对购入固定资产价值中所含的增值税款,允许在购置当期全部一次性扣除。就整个社会而言,课税对象不包括生产资料部分,仅限于当期生产销售的所有消费品,所以称为消费型增值税。

生产型增值税相对最符合按增值额征税的原理,但其计算较复杂,征管难度大,所以少有国家采用它。消费型增值税既能避免重复征税,计算又简便,所以是世界上开征增值税的国家普遍选择的类型。我国自2009年1月1日起实行消费型增值税。

(三)增值税的特征

1. 价外计征

增值税实行价税分离,在计算税款时,作为计税依据的销售额中不包括增值税税额,这样企业成本的核算不会受税收的影响,有利于形成均衡的生产价格,有利于税负转嫁的实现。

2. 实行多环节征收

货物每流通一次,产生一次流转额,就收一次税。即从生产开始,一直延伸到商品的批发和零售的等经济活动的各个环节,在每个生产流通环节都要征收增值税,即增值税属于多次征收。

3. 不重复征税

增值税实行税款抵扣制度,在计算企业应纳税额时,要扣除商品在以前生产环节已负担的税款,也就是只对属于本企业创造的尚未征过税的那部分销售额征税,从而避免了重复征税。

4. 对不同规模的纳税人采用不同的征税方法

增值税的纳税人按照会计核算制度是否健全及其规模的大小,分为一般纳税人和小规模纳税人。一般纳税人采用规范化的购进扣税法,小规模纳税人采用简易征税法。

二、增值税的纳税人

(一)增值税的纳税人和扣缴义务人

凡是在中华人民共和国境内(以下简称境内)销售货物、提供应税劳务和销售服务、无形资产、不动产及进口货物的单位和个人,都是增值税的纳税人。其主要包括单位、个人、承包人和承租人及扣缴义务人。

(1)单位是指国有企业、集体企业、私有企业、股份制企业、外商投资企业、外国企业、其他企业和行政单位、事业单位、军事单位、社会团体及其他单位。

(2)个人是指从事货物销售或进口、提供应税劳务和销售服务、无形资产、不动产的个人,包括个体工商户及其他个人。

(3)企业租赁或承包给他人经营的,以承租人或承包人为纳税义务人。

(4)扣缴义务人是指境外单位或个人在境内发生应税行为,在境内未设有经营机构的,其应纳税款以代理人为扣缴义务人;没有代理人的,以购买者为扣缴义务人。

(二)增值税纳税人的分类与认定

为了严格增值税的征收管理,参照国际惯例将纳税人按其经营规模大小及会计核算健全与否划分为一般纳税人和小规模纳税人,基本认定标准见表 2-1。

表 2-1　小规模纳税人与一般纳税人的认定标准

业务类型	标准（年应税销售额）		纳税人类型	
从事货物生产或提供应税劳务；从事货物生产或提供应税劳务为主，并兼营货物批发或零售	50 万元（含）以下		小规模纳税人	
		50 万元以上		一般纳税人
从事货物批发或零售	80 万元（含）以下		小规模纳税人	
		80 万元以上		一般纳税人
从事销售服务、无形资产、不动产	500 万元（含）以下		小规模纳税人	
		500 万元以上		一般纳税人

注：年应税销售额是指纳税人在连续不超过 12 个月的经营期内累计应征增值税销售额，包括免税销售额。

1. 小规模纳税人的认定与管理

（1）小规模纳税人的认定。

小规模纳税人是指年销售额在规定标准以下，并且会计核算不健全、不能按规定报送有关税务资料的增值税纳税人。年应税销售额超过小规模纳税人标准的其他个人按小规模纳税人纳税，非企业性单位、不经常发生应税行为的企业，也可以选择按小规模纳税人纳税。

（2）小规模纳税人的管理。

小规模纳税人不能领购和使用增值税专用发票，按照简易办法计算缴纳增值税。但对那些能够认真履行纳税义务的小规模企业，经县（市）税务局批准，其销售货物或应税劳务可由税务所代开增值税专用发票。

提示：小规模纳税人会计核算健全、能够提供准确税务资料的，可以向主管税务机关申请资格人认定，不作为小规模纳税人，而依照一般纳税人计算应纳税额。

2. 一般纳税人的认定与管理

（1）一般纳税人的认定标准。

一般纳税人是指年应税销售额超过小规模纳税人标准的企业和企业性单位（以下简称为企业）。

下列纳税人不属于一般纳税人：①年应税销售额未超过小规模纳税人标准的企业；②个人（除个体工商户以外的其他个人）。

（2）一般纳税人的管理。

增值税一般纳税人须向税务机关办理认定手续，以取得法定资格。具体程序按国家税务总局专门制定实施的《增值税一般纳税人资格认定管理办法》办理。经税务机关审核认定的一般纳税人，可按规定领购和使用增值税专用发票，按《中华人民共和国增值税暂行条例》的规定计算缴纳增值税。

三、增值税的征税范围

(一)征税范围的一般规定

我国现行增值税的征税范围包括在我国境内销售货物,提供应税劳务和销售服务、无形资产或不动产以及进口货物。

1. 境内销售货物

"销售"是指有偿转让货物的所有权,能够从购买方取得货币、货物或其他经济利益;"货物"是指有形动产,包括热力、电力、气体在内。境内销售货物是指销售货物的起运地或者所在地在境内。

2. 境内提供加工、修理修配劳务

"加工"是指受托加工货物,即委托方提供原料及主要材料,受托方按照委托方的要求制造货物并收取加工费的业务。"修理修配"是指对损伤和丧失功能的货物进行修复,使其恢复原状和功能的业务。

3. 销售服务、无形资产或不动产

销售服务、无形资产或不动产是指有偿提供服务、有偿转让无形资产或不动产,但属于下列非经营活动的情形除外:①行政单位收取的同时满足相关条件的政府性基金或行政事业性收费;②单位或个体工商户聘用的员工为本单位或雇主提供取得工资的服务;③单位或个体工商户为聘用的员工提供服务;④财政部和国家税务总局规定的其他情形。

"在境内销售服务、无形资产或不动产"是指:①服务(租赁不动产除外)或者无形资产(自然资源使用权除外)的销售方或购买方在境内;②所销售或租赁的不动产在境内;③所销售自然资源使用的自然资源在境内;④财政部和国家税务总局规定的其他情形。

下列情形不属于在境内销售服务或无形资产:①境外单位或个人向境内单位或者个人销售完全在境外发生的服务;②境外单位或者个人向境内单位或个人销售完全在境外使用的无形资产;③境外单位或个人向境内单位或个人出租完全在境外使用的有形资产;④财政部和国家税务总局规定的其他情形。

(1)销售服务。

销售服务是指提供交通运输服务、邮政服务、电信服务、建筑服务、金融服务、现代服务、生活服务。

①交通运输业。它是指使用运输工具将货物或者旅客送达目的地,使其空间位置得到转移的业务活动。包括陆路运输服务、水路运输服务、航空运输服务和管道运输服务。

A. 陆路运输服务,是指通过陆路(地上或地下)运送货物或者旅客的运输业务活动,包括铁路运输、公路运输、缆车运输、索道运输、地铁运输、城市轻轨运输等。出租车公司向本公司自有出租车的出租车司机收取的管理费用,按照陆路运输服务缴纳增值税。

B. 水路运输服务,是指通过江、河、湖、川等天然、人工水道或者海洋航道运送货物或者旅客的运输业务活动。远洋运输的程租、期租业务属于水路运输服务。

C. 航空运输服务,是指通过空中航线运送货物或者旅客的运输业务活动。航空运输的湿租业务,属于航空运输服务。航天运输服务按照航空运输服务缴纳增值税。

D. 管道运输服务,是指通过管道设施输送气体、液体、固体物质的运输业务活动。

②邮政服务。它是指中国邮政集团公司及其所属邮政企业提供邮件寄递、邮政汇兑、机要通信等邮政基本服务的业务活动。包括邮政普遍服务、邮政特殊服务和其他邮政服务。

A. 邮政普遍服务，是指函件、包裹等邮件寄递，以及邮票发行、报刊发行和邮政汇兑等业务活动。

B. 邮政特殊服务，是指义务兵平常信函、机要通信、盲人读物和革命烈士遗物的寄递等业务活动。

C. 其他邮政服务，是指邮册等邮品销售、邮政代理等业务活动。

③电信服务。它是指利用有线、无线的电磁系统或者光电系统等各种通信网络资源，提供语音通话服务，传送、发射、接受或者应用图像、短信等电子数据和信息的业务活动。包括基础电信服务和增值税电信服务。

A. 基础电信服务，是指利用固网、移动网、卫星、互联网，提供语音通话服务的业务活动，以及出租或出售带宽、波长等网络元素的业务活动。

B. 增值电信服务，是指利用固网、移动网、卫星、互联网、有线电视网络，提供短信和彩信服务、电子数据和信息的传输及应用服务、互联网接入服务等业务活动。卫星电视信号落地转接服务，按照增值电信服务计算缴纳增值税。

④建筑服务。它是指各类建筑物、构筑物及其附属设施的建造、修缮、装饰，线路、管道、设备、设施等的安装以及其他工程作业的业务活动。包括工程服务、安装服务、修缮服务、装饰服务和其他建筑服务。

A. 工程服务，是指新建、改建各种建筑物、构筑物的工程作业，包括与建筑物相连的各种设备或者支柱、操作平台的安装或装设工程作业，以及各种窑炉和金属结构工程作业。

B. 安装服务，是指生产设备、动力设备、起重设备、运输设备、传动设备、医疗实验设备以及其他各种设备、设施的装配、安置工程作业，包括与被安装设备相连的工作台、梯子、栏杆的装设工程作业，以及被安装设备的绝缘、防腐、保温、油漆等工程作业。

C. 修缮服务，是指对建筑物、构筑物进行修补、加固、养护、改善，使之恢复原来的使用价值或者延长其使用期限的工程作业。

D. 装饰服务，是指对建筑物、构筑物进行修饰装修，使之美观或者具有特定用途的工程作业。

E. 其他建筑服务，是指上列工程作业之外的各种工程作业服务。

⑤金融服务。它是指经营金融保险的业务活动。包括贷款服务、直接收费金融服务、保险服务和金融商品转让。

A. 贷款，是指将资金贷与他人使用而取得利息收入的业务活动。各种占用、拆借资金取得的收入，包括金融商品持有期间(含到期)利息(保本收益、报酬、资金占用费、补偿金等)收入、信用卡透支利息收入、买入返售金融商品利息收入、融资融券收取的利息收入，以及融资性售后回租、押汇、罚息、票据贴现、转贷等业务取得的利息及利息性质的收入，按照贷款服务缴纳增值税。

B. 直接收费金融服务，是指为货币资金融通及其他金融业务提供相关服务并且收取费用的业务活动。包括提供货币兑换、账户管理、电子银行、信用卡、信用证、财务担保、资产管理、信托管理、基金管理、金融交易场所(平台)管理、资金结算、资金清算、金融支付等服务。

C. 保险服务，是指投保人根据合同约定，向保险人支付保险费，保险人对于合同约定的可能发生的事故因其发生所造成的财产损失承担赔偿保险金责任，或者当被保险人死亡、伤残、疾病或者达到合同约定的年龄、期限等条件时承担给付保险金责任的商业保险行为。包括人身保险服务和财产保险服务。

D. 金融商品转让，是指转让外汇、有价证券、非货物期货和其他金融商品所有权的业务活动。

⑥现代服务。它是指围绕制造业、文化产业、现代物流产业等提供技术性、知识性服务的业务活动。包括研发和技术服务、信息技术服务、文化创意服务、物流辅助服务、租赁服务、鉴证咨询服务、广播影视服务和商务辅助服务和其他现代服务。

A. 研发和技术服务，包括研发服务、合同能源管理服务、工程勘察勘探服务、专业技术服务。

B. 信息技术服务，是指利用计算机、通信网络等技术对信息进行生产、收集、处理、加工、存储、运输、检索和利用，并提供信息服务的业务活动。包括软件服务、电路设计及测试服务、信息系统服务、业务流程管理服务和信息系统增值服务。

C. 文化创意服务，包括设计服务、知识产权服务、广告服务和会议展览服务。

D. 物流辅助服务，包括航空服务、港口码头服务、货运客运场站服务、打捞救助服务、装卸搬运服务、仓储服务和收派服务。

E. 租赁服务，包括融资租赁服务和经营租赁服务。

F. 鉴证咨询服务，包括认证服务、鉴证服务和咨询服务。市场调查服务和翻译服务按照咨询服务缴纳增值税。

G. 广播影视服务，包括广播影视节目（作品）的制作服务、发行服务和播映（含放映）服务。

H. 商务辅助服务，包括企业管理服务、经纪代理服务、人力资源服务、安全保护服务。

I. 其他现代服务，是指除研发和技术服务、信息技术服务、文化创意服务、物流辅助服务、租赁服务、鉴证咨询服务、广播影视服务、商务辅助服务以外的现代服务。

⑦生活服务。它是指为满足城乡居民日常生活需求提供的各类服务活动，包括文化体育服务、教育医疗服务、旅游娱乐服务、餐饮住宿服务、居民日常服务和其他生活服务。

A. 文化体育服务，包括文化服务和体育服务。文化服务，是指为满足社会公众文化生活需求提供的各种服务，包括：文艺创作、文艺表演、文化比赛，图书馆的图书和资料借阅，档案馆的档案管理，文物及非物质遗产保护，组织举办宗教活动、科技活动、文化活动，提供游览场所。体育服务，是指组织举办体育比赛、体育表演、体育活动，以及提供体育训练、体育指导、体育管理的业务活动。

B. 教育医疗服务，包括教育服务和医疗服务。教育服务，是指提供学历教育服务、非学历教育服务、教育辅助服务的业务活动。医疗服务，是指提供医学检查、诊断、治疗、康复、预防、保健、接生、计划生育、防疫服务等方面的服务，以及与这些服务有关的提供药品、医用材料器具、救护车、病房住宿和伙食的业务。

C. 旅游娱乐服务，包括旅游服务和娱乐服务。旅游服务，是指根据旅游者的要求，组织安排交通、游览、住宿、餐饮、购物、文娱、商务等服务的业务活动。娱乐服务，是指为娱乐活动同时提供场所和服务的业务，具体包括：歌厅、舞厅、夜总会、酒吧、台球、高尔夫球、保龄球、游艺（包括射击、狩猎、跑马、游戏机、蹦极、卡丁车、热气球、动力伞、射箭、飞镖）。

D. 餐饮住宿服务，包括餐饮服务和住宿服务。餐饮服务，是指通过同时提供饮食和饮食场所的方式为消费者提供饮食消费服务的业务活动。住宿服务，是指提供住宿场所及配套服务等的活动，包括宾馆、旅馆、旅社、度假村和其他经营性住宿场所提供的住宿服务。

E. 居民日常服务，是指主要为满足居民个人及其家庭日常生活需求提供的服务，包括市容市政管理、家政、婚庆、养老、殡葬、照料和护理、救助救济、美容美发、按摩、桑拿、氧吧、足疗、沐浴、洗染、摄影扩印等服务。

F. 其他生活服务，是指除文化体育服务、教育医疗服务、旅游娱乐服务、餐饮住宿服务和居民日常服务之外的生活服务。

(2)销售无形资产。

销售无形资产是指转让无形资产所有权或者使用权的业务活动。无形资产，是指不具实物形态，但能带来经济利益的资产，包括技术、商标、著作权、商誉、自然资源使用权和其他权益性无形资产。

知识链接

技术，包括专利技术和非专利技术。

自然资源使用权，包括土地使用权、海域使用权、探矿权、采矿权、取水权和其他自然资源使用权。

其他权益性无形资产，包括基础设施资产经营权、公共事业特许权、配额、经营权(包括特许经营权、连锁经营权、其他经营权)、经销权、分销权、代理权、会员权、席位权、网络游戏虚拟道具、域名、名称权、肖像权、冠名权、转会费等。

(3)销售不动产。

销售不动产，是指转让不动产所有权的业务活动。不动产，是指不能移动或者移动后会引起性质、形状改变的财产，包括建筑物、构筑物等。

知识链接

建筑物，包括住宅、商业营业用房、办公楼等可供居住、工作或者进行其他活动的建造物。

构筑物，包括道路、桥梁、隧道、水坝等建造物。

转让建筑物有限产权或者永久使用权的，转让在建的建筑物或者构筑物所有权的，以及在转让建筑物或者构筑物时一并转让其所占土地的使用权的，按照销售不动产缴纳增值税。

4. 进口货物

进口是指将货物从我国境外移送到我国境内的行为。进口货物是指报关进口的货物，对进口货物在报关进口时向海关缴纳进口环节的增值税。

(二)属于征税范围的特殊行为

视同销售行为、符合条件的混合销售行为和兼营行为，属于增值税征税范围的特殊行为，须按规定缴纳增值税。

1. 视同销售行为

单位或个体工商户的下列行为，视同销售货物、服务、无形资产或不动产行为，征收增值税：

(1)将货物交付其他单位或个人代销；

(2)销售代销货物；

(3)设有两个以上机构并实行统一核算的纳税人，将货物从一个机构移送至其他机构用于销售，但相关机构设在同一县(市)的除外；

(4)将自产、委托加工的货物用于免税项目、简易计税项目；

(5)将自产、委托加工的货物用于集体福利或个人消费；

(6)将自产、委托加工或购买的货物作为投资，提供给其他单位或个体工商户；

(7)将自产、委托加工或购买的货物用于分配给股东或投资者；

(8)将自产、委托加工或购买的货物无偿赠送其他单位或个人；

(9)向其他单位或个人无偿提供服务、转让无形资产或不动产，但以公益活动为目的或者以社会公众为对象的除外。

提示：视同销售行为中，所涉及的外购货物进项税额，凡符合规定的，允许作为当期进项税额抵扣。其中，购进货物用于(4)、(5)项的，进项税不得抵扣，已经抵扣的，应作为进项税额转出处理。

2. 混合销售行为

一项销售行为如果既涉及货物又涉及服务，为混合销售。从事货物的生产、批发或零售的单位和个体工商户的混合销售行为，按照销售货物缴纳增值税；其他单位和个体工商户的混合销售行为，按照销售服务缴纳增值税。

上述从事货物的生产、批发或零售的单位和个体工商户，包括以从事货物的生产、批发或零售为主，并兼营销售服务的单位和个体工商户在内。

3. 兼营行为

纳税人销售货物、加工修理修配劳务、服务、无形资产或不动产，适用不同税率或征收率，应当分别核算适用不同税率或征收率的销售额，未分别核算销售额的，按照以下方法适用税率或者征收率。

(1)兼营不同税率的销售货物、加工修理修配劳务、服务、无形资产或不动产，从高适用税率。

(2)兼营不同征收率的销售货物、加工修理修配劳务、服务、无形资产或不动产，从高适用征收率。

(3)兼营不同税率和征收率的销售货物、加工修理修配劳务、服务、无形资产或不动产，从高适用税率。

纳税人兼营免税、减税项目的，应当分别核算免税、减税项目的销售额；未分别核算的，不得免税、减税。

4. 代购货物

代购货物，凡同时具备下列条件，代购环节货物本身不征收增值税，仅按其手续费收入计缴增值税；如果不同时具备以下条件，无论会计准则规定如何处理，均应缴纳增值税：

(1)受托方不垫付资金。

(2)销售方将发票开具给委托方，由受托方将发票转交给委托方；

(3)受托方按销售方实际收取的销售额和增值税额与委托方结算款项，并另收手续费。

代理进口货物的行为，属于代购货物行为，应按增值税代购货物的征税规定执行。

(三)属于征税范围的特殊项目

(1)货物期货(包括商品期货和贵金属期货),应当征收增值税,在期货的实物交割环节纳税。

(2)银行销售金银的业务,应当征收增值税。

(3)典当业的死当物品销售业务和寄售业代委托人销售寄售物品的业务,均应征收增值税。

(4)集邮商品(如邮票、首日封、邮折等)的生产以及销售,均应征收增值税。

四、增值税的税率和征收率

(一)税率

1. 基本税率

一般纳税人销售货物或进口货物、提供加工、修理修配劳务的,适用税率为17%,低税率适用范围和销售个别旧货适用征收率除外。

2. 低税率

一般纳税人销售或进口下列货物,按低税率计征增值税,税率为11%。

(1)粮食、食用植物油;

(2)自来水、暖气、冷气、热水、煤气、石油液化气、天然气、沼气、居民煤炭制品;

(3)图书、报纸、杂志;

(4)饲料、化肥、农药、农机、农膜;

(5)农产品、音像制品、电子出版物、二甲醚;

(6)国务院规定的其他货物。

提示:淀粉不属于农产品,适用于17%的基本税率;工业用盐的增值税税率为17%;食用盐为11%。

3. 零税率

纳税人出口货物,税率为零,但国务院另有规定的除外。

提示:不适用零税率的货物包括原油、柴油、援外货物、天然牛黄、麝香、铜及铜基合金、白银、糖和新闻纸等。

4. 销售服务、无形资产或不动产的税率

(1)提供有形动产租赁服务,适用税率为17%;

(2)提供交通运输业服务、邮政业服务、基础电信服务、建筑服务、不动产租赁服务、销售不动产、转让土地使用权,适用税率为11%;

(3)除了以上两种情形外,纳税人发生其他销售服务、无形资产应税行为,适用税率为6%;

(4)境内单位和个人发生的财政部和国家税务总局规定范围内的跨境应税行为,适用零税率。

(二)征收率

1. 一般纳税人

(1)销售货物。

根据财政部、国家税务总局的通知,自2014年7月1日起,除中外合作开采油气外(5%),

自来水、小型水力发电等特定一般纳税人适用的6%、4%、3%增值税征收率合并为一档,统一按现行简易办法,执行3%的征收率(见表2-2)。

表2-2 适用简易办法项目明细表

序号	适用简易计税办法的项目	原征收率	现征收率
1	县级及县级以下小型水力发电单位生产的电力	6%	3%
2	建筑用和生产建筑材料所用的沙、土、石料	6%	3%
3	以自己采掘的砂、土、石料或其他矿物连续生产的砖、瓦、石灰(不含粘土实心砖、瓦)	6%	3%
4	用微生物、微生物代谢产物、动物毒素、人或动物的血液或组织制成的生物制品	6%	3%
5	自来水	6%	3%
6	商品混凝土	6%	3%
7	寄售商店代销寄售商品	4%	3%
8	典当业销售死当物品	4%	3%
9	经国务院或其授权机关批准认定的免税商店零售免税货物	3%	3%
10	旧货以及特定固定资产	4%减半	3%减按2%征收

提示:一般纳税人销售自己使用过的固定资产,区分不同情况征收增值税:若固定资产是2009年1月1日以后购进或自制的,按照适用税率征收增值税;若固定资产是2008年12月31日前购进或自制的,依3%征收率减按2%征收增值税。

(2)销售服务。

自2016年5月1日起,一般纳税人发生下列特定应税服务(见表2-3),可以选择简易计税方法按3%计税,但一经选择,36个月不得变更。

表2-3 销售服务简易征收率

序号	适用简易计税办法的项目	征收率
1	公共交通运输服务	3%
2	动漫企业为开发动漫产品提供的服务以及在境内转让动漫版权	3%
3	电影放映、仓储、装卸搬运、收派和文化体育服务	3%
4	以纳入"营改增"前取得的有形动产为标的物提供的经营租赁服务	3%
5	在"营改增"前签订的尚未执行完的有形动产租赁合同	3%
6	以清包工方式提供的建筑服务	3%
7	为甲供工程、建筑工程老项目提供的建筑服务	3%

(3)销售或出租不动产。

自2016年5月1日起，一般纳税人发生下列特定应税行为(见表2-4)，可以选择简易计税方法计税，但一经选择，36个月不得变更。纳税人在不动产所在地按5%预缴税款后，向机构所在地主管税务机关进行纳税申报。

表2-4 销售或出租不动产征收率

序号	适用简易计税办法的项目	征收率
1	销售其2016年4月30日前取得或者自建的不动产	5%
2	房地产开发企业销售自行开发的房地产老项目	5%
3	出租其2016年4月30日前取得的不动产	5%
4	其他个人销售其取得(不含自建)的不动产(不含其购买的住房)	5%
5	其他个人出租其取得的不动产(不含住房)	5%
6	个人出租住房	5%减按1.5%征收

2.小规模纳税人

自2009年1月1日起，小规模纳税人销售货物或者提供加工修理修配劳务、服务、无形资产的征收率为3%；小规模纳税人销售自己使用过的固定资产，减按2%征收率征收增值税；销售旧货，按照简易办法依照3%征收率减按2%征收增值税；销售不动产(不含个体工商户销售购买的住房和其他个人销售不动产)，按照5%的征收率征收增值税；房地产开发企业中的小规模纳税人，销售自行开发的房地产项目，按5%的征收率征收增值税；出租不动产(不含个人出租住房)，按5%的征收率征收增值税。

知识链接

不征收增值税项目和免征收增值税项目

1.不征收增值税项目

(1)根据国家指令无偿提供的铁路运输服务、航空运输服务，主要用于公益事业的服务。

(2)存款利息。

(3)被保险人获得的保险赔付。

(4)房地产主管部门或其指定机构、公积金管理中心、开发企业以及物业管理单位代收的住宅专项维修资金。

(5)在资产重组过程中，通过合并、分立、出售、置换等方式，将全部或部分实物资产以及其相关联的债权、负债和劳动力一并转让给其他单位和个人，其中涉及的不动产、土地使用权转让行为。

增值税的免税、减税项目由国务院规定，任何地区、部门均不得规定免税、减税项目。《中华人民共和国增值税暂行条例》及其实施细则中规定了起征点及有关减免税的优惠项目。

2.免征增值税项目

(1)纳税人生产销售以下货物免税：

①农业生产者销售的自产农产品。

②避孕药品和用具。

③古旧图书。

④直接用于科学研究、科学实验和教学的进口仪器、设备。

⑤外国政府、国际组织无偿援助的进口物资和设备。

⑥由残疾人组织直接进口供残疾人专用的物品。

⑦销售的自己使用过的物品,自己使用过的物品是指其他个人自己使用过的物品。

⑧国家规定的其他免税货物。

(2)纳税人发生以下行为免税:

①托儿所、幼儿园提供的保育和教育服务。

②养老机构提供的养老服务。

③残疾人福利机构提供的育养服务。

④婚姻介绍服务。

⑤殡葬服务。

⑥残疾人员本人为社会提供的服务。

⑦医疗机构提供的医疗服务。

⑧从事学历教育的学校提供的教育服务。

⑨学生勤工俭学提供的服务。

⑩农业机耕、排灌、病虫害防治、植物保护、农牧保险以及相关技术培训业务,家禽、牲畜、水生动物的配种和疾病防治。

⑪纪念馆、博物馆、文化馆、文物保护单位管理机构、美术馆、展览馆、书画院、图书馆在自己的场所提供文化体育服务取得的第一道门票收入。

⑫寺院、宫观、清真寺和教堂举办文化、宗教活动的门票收入。

⑬行政单位之外的其他单位收取的符合《营业税改征增值税试点实施办法》第十条规定条件的政府性基金和行政事业性收费。

⑭个人转让著作权。

⑮个人销售自建自用住房。

⑯2018 年 12 月 31 日前,公共租赁住房经营管理单位出租公共租赁住房。

⑰台湾航运公司、航空公司从事海峡两岸海上直航、空中直航业务在大陆取得的运输收入。

⑱纳税人提供的直接或者间接国际货物运输代理服务。

⑲部分利息收入。

⑳被撤销金融机构以货物、不动产、无形资产、有价证券、票据等财产清偿债务。

㉑保险公司开办的一年期以上人身保险产品取得的保费收入。

㉒部分金融商品转让收入。

㉓金融同业往来利息收入。

㉔同时符合一定条件的担保机构从事中小企业信用担保或者再担保业务取得的收入(不含信用评级、咨询、培训等收入)3 年内免征增值税。

㉕国家商品储备管理单位及其直属企业承担商品储备任务,从中央或者地方财政取得的利息补贴收入和价差补贴收入。

㉖纳税人提供技术转让、技术开发和与之相关的技术咨询、技术服务。

㉗同时符合一定条件的合同能源管理服务。

㉘2017 年 12 月 31 日前，科普单位的门票收入，以及县级及以上党政部门和科协开展科普活动的门票收入。

㉙政府举办的从事学历教育的高等、中等和初等学校(不含下属单位)，举办进修班、培训班取得的全部归该学校所有的收入。

㉚政府举办的职业学校设立的主要为在校学生提供实习场所并由学校出资自办、由学校负责经营管理、经营收入归学校所有的企业，从事《销售服务、无形资产或者不动产注释》中"现代服务"(不含融资租赁服务、广告服务和其他现代服务)、"生活服务"(不含文化体育服务、其他生活服务和桑拿、氧吧)业务活动取得的收入。

㉛家政服务企业由员工制家政服务员提供家政服务取得的收入。

㉜福利彩票、体育彩票的发行收入。

㉝军队空余房产租赁收入。

㉞为了配合国家住房制度改革，企业、行政事业单位按房改成本价、标准价出售住房取得的收入。

㉟将土地使用权转让给农业生产者用于农业生产。

㊱涉及家庭财产分割的个人无偿转让不动产、土地使用权。

㊲土地所有者出让土地使用权和土地使用者将土地使用权归还给土地所有者。

㊳县级以上地方人民政府或自然资源行政主管部门出让、转让或收回自然资源使用权(不含土地使用权)。

㊴随军家属就业。

㊵军队转业干部就业。

五、增值税专用发票的管理

增值税专用发票是一般纳税人销售货物或提供应税劳务开具的发票，是购买方支付增值税税额并可按照增值税有关规定据以抵扣的增值税进项税额的合法证明。由于其具备的特殊作用，我国对增值税专用发票制定了严格的管理规定。

(一)增值税专用发票的领购和开具范围

1. 领购范围

增值税专用发票只限于增值税一般纳税人领购使用，小规模纳税人和非增值税纳税人不得领购使用。一般纳税人凭发票领购簿、IC 卡和经办人身份证明领购增值税专用发票。

一般纳税人有下列情形之一者，不得领购使用专用发票：

(1)会计核算不健全，即不能按会计制度和税务机关的要求准确核算增值税的销项税额、进项税额和应纳税额者。

(2)不能向税务机关准确提供增值税销项税额、进项税额、应纳税额数。

(3)有以下行为，经税务机关责令限期改正而仍未改正者：

①私自印制专用发票；

②向个人或税务机关以外的单位买取专用发票；

③借用他人专用发票；

④向他人提供虚开的专用发票；

⑤未按规定的要求开具专用发票；

⑥未按规定保管专用发票；

⑦未按规定申报专用发票的购、用、存情况；

⑧未按规定接受税务机关检查。

(4)销售的货物全部属于免税项目者。

有上列情形的一般纳税人如已领购使用专用发票，税务机关应收缴其结存的专用发票。

2. 开具范围

一般纳税人销售货物(包括视同销售货物在内)、应税劳务、根据《中华人民共和国增值税暂行条例实施细则》规定应当征收增值税的非应税劳务(以下简称销售应税项目)，必须向购买方开具专用发票。

下列情形不得开具专用发票：

(1)向消费者销售应税项目。

(2)销售免税项目。

(3)销售报关出口的货物、在境外销售应税劳务。

(4)将货物用于非应税项目。

(5)将货物用于集体福利或个人消费。

(6)将货物无偿赠送他人。

(7)提供非应税劳务(应当征收增值税的除外)、转让无形资产或销售不动产。

(8)向小规模纳税人销售应税项目。

提示：商业企业一般纳税人零售的烟、酒、食品、服装、鞋帽(不包括劳保专用部分)、化妆品等消费品不得开具专用发票。

(二)增值税专用发票的基本内容和开具要求

1. 基本内容

增值税专用发票的基本内容包括：购销双方纳税人名称、纳税人识别号、纳税人地址电话、开户行及账号、销售货物或应税劳务的名称、计量单位和销售数量、不包括增值税在内的单位售价及货款金额、增值税税率、税额、发票填开日期、发票号码、密码区等。

增值税专用发票由基本联次或者基本联次附加其他联次构成，基本联次为三联：第一联是记账联(销货方用来记账)，第二联是抵扣联(购货方用来扣税)，第三联是发票联(购货方用来记账)。其他联次用途，由一般纳税人自行确定。

2. 开具要求

增值税专用发票应按照增值税纳税义务的发生时间开具，并与实际交易相符，不得提前或滞后。开具时应项目齐全、字迹清楚，不得压线、错格，发票联和抵扣联加盖财务专用章或发票专用章。对不符合上述要求的专用发票，销货方有权拒收。

(三)税务机关代开增值税专用发票的管理

1. 代开专用发票的范围

税务机关代开增值税专用发票仅限于能够认真履行纳税义务的小规模纳税人。小规模纳税人销售货物或应税劳务，经县(市)国家税务局批准后可由税务机关代开增值税专用发票；对于其他小规模纳税人，如个体工商户、个人等，不得代开专用发票。销售货物、将货物和应税劳务销售给消费者的，以及小额零星销售，不得代开专用发票。

2. 代开专用发票的方法

凡符合代开专用发票条件的小规模纳税人在销售行为发生后，应向税务局提出代开专用发票申请，填写申请代开增值税专用发票的报告。税务局接到申请后，先对企业申请内容进行审核，符合条件的才给代开专用发票，税务机关代开专用发票除加盖纳税人财务专用章外，还必须在专用发票底端的中间位置加盖全国统一式样的税务机关代开专用发票的专用章，并同时征收税款。

任务二　增值税应纳税额的计算

一、一般纳税人应纳税额的计算

我国对一般纳税人采用的计税方法是购进扣税法，即先按当期销售额和适用税率计算出销项税额，然后对当期购进项目已经缴纳的税款进行抵扣，从而间接计算出当期增值税部分的应纳税额。应纳税额为当期销项税额抵扣当期进项税额后的余额，其计算公式如下：

应纳税额＝销项税额－进项税额

(一)销项税额的计算

销项税额是指纳税人发生应税行为，按照销售额乘以增值税税率计算并向购买方收取的增值税额。其计算公式如下：

销项税额＝销售额×适用税率

可见，要正确计算销项税额最关键的是准确计算应税销售额。不同的销售方式下，增值税应税销售额的构成也不同，以下将介绍不同的销售方式下应税销售额的确定。

1. 一般销售方式下销售额的确定

销售额是纳税人发生应税行为向购买方收取的全部价款和价外费用，但不包括收取的销项税额。

价外费用，是指价外向购买方收取的其他各种性质的价外费用(即价外收入)，包括价外向购买方收取的手续费、补贴、基金、集资费、返还利润、奖励费、违约金、滞纳金、延期付款利息、赔偿金、代收款项、代垫款项、包装费、包装物租金、储备费、优质费、运输装卸费以及其他各种性质的价外收费。随同应税行为向购买方收取的价外费用，无论其会计制度如何核算，均应并入销售额计算应纳税额。

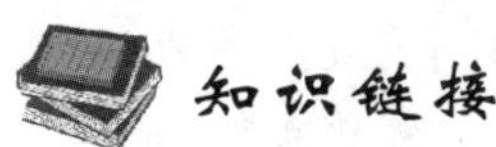

知识链接

不包括在销售额内的价外收费

(1)向购买方收取的销项税额。

(2)受托加工应征消费税的消费品所代缴的消费税。

(3)同时符合以下条件的代垫运费：一是承运部门的运费发票开具给购买方的，二是纳税人将该项发票转交给购买方的。

(4)同时符合下列条件代为收取的政府性基金或行政事业性收费:①由国务院或者财政部批准设立的政府性基金,由国务院或省级人民政府及其财政、价格主管部门批准设立的行政事业性收费;②收取时开具省级以上财政部门印制的财政票据;③所收款项全额上缴财政。

(5)销售货物的同时代办保险等而向购买方收取的保险费,以及向购买方收取的代购买方缴纳的车辆购置税、车辆牌照费。

增值税实行的是价外税,其计税依据中的“销售额”必须是不包括收取的销项税额的销售额。一般纳税人在销售货物、劳务或提供应税服务时采用销售额和销项税额合并定价的,应将含税销售额换算成不含税销售额,其计算公式如下:

不含税销售额=含税销售额÷(1+税率或征收率)

提示:凡是在销售货物的同时收取的价外费用或逾期包装物押金收入和混合销售行为中的非增值税应税劳务的销售额,应视为含税收入,在计税时换算成不含税收入再并入销售额。同时,普通发票中注明的价款一定是含税价格,而增值税专用发票中记载的“价格”一定是不含税价格。

【例2-1】某公司为增值税一般纳税人,2017年3月销售产品一批,开出增值税专用发票中注明销售额为8 000元,税额为1 360元,另开出一张普通发票,收取包装费117元。计算该公司3月份增值税计税销售额。

解析:

该公司3月份增值税计税销售额=8 000+117÷(1+17%)=8 100(元)

2.特殊销售方式下的销售额

销售者采用的销售方式不同,必然会取得不同的销售额,税法对以下几种不同的销售方式下销售额的确定分别作了规定。

(1)采取折扣、折让方式销售。

①折扣销售(也称为商业折扣),是指由于购货方购货数量较大等原因而给予购货方的价格优惠。税法规定,如果销售额和折扣额在同一张发票上分别注明的,可以按折扣后的销售额征收增值税;如果将折扣额另开发票,不论其在财务上如何处理,均不得按从销售额中减除折扣额后征收。

②销售折扣(也称为现金折扣),是指为了鼓励及早付款而给予购货方的一种折扣优待。销售折扣不得从销售额中减除,因为销售折扣发生在销货之后,是一种融资性质的理财费用。

③销售折让或退回,是指货物售出后,由于品种、质量等原因,购货方要求销货方给予购货方的一种价格折让或要求予以退货。由于货物的品种和质量问题而引起的销售额减少,对手续完备的销售折让或退回而退还给购货方的增值税,可以从发生销售折让或退回当期的销项税额中扣除。

【例2-2】某公司为增值税一般纳税人,2017年2月销售产品一批,每件50元,共2 000件,由于购货方购买数量较多,按8折优惠价格出售,并将折扣部分与销售额同开在一张发票上。购货方10天内付款享受了2%的现金折扣。试计算该公司2017年2月增值税计税销售额。

解析:

计税销售额=2 000×50×80%=80 000(元)

(2)采取以旧换新方式销售。

以旧换新销售,是指纳税人在销售过程中,折价收回同类旧货物,并以折价款部分冲减货物价款的一种销售方式。采取此种销售方式销售货物的，应按新货物的同期销售价格确定销售额。但对金银首饰以旧换新业务，可以按照销售方实际收取的不含增值税的全部价款征收增值税。

【例2-3】 某商场为增值税一般纳税人，采用以旧换新方式销售彩电，新彩电零售价4 000元/台，旧彩电折价400元/台，即顾客只需支付3 600元/台，2017年3月共以旧换新出售彩电20台。试计算该公司2017年3月增值税计税销售额。

解析：

计税销售额＝4 000×20÷(1＋17％)≈68 376.07(元)

【例2-4】 某首饰商场为增值税一般纳税人，2016年11月发生以下业务：采取以旧换新方式向消费者销售金项链2 000条，新项链每条零售价2 500元，旧项链每条作价2 200元，每条项链取得差价300元。试计算该公司2016年11月增值税计税销售额。

解析：

计税销售额＝2 000×300÷(1＋17％)≈512 820.51(元)

(3)采取以物易物方式销售。

以物易物是指购销双方不是以货币结算，而是以同等价款的货物相互结算，实现货物购销的一种方式。以物易物的双方都应作为购销处理，以各自发出的货物核算销售额并计算销项税额，以各自收到的货物按规定核算购货额并计算进项税额。以物易物双方，若未相互开具增值税专用发票也应计算销项税额，但不能抵扣进项税额。

【例2-5】 某增值税一般纳税人于2017年4月发生如下业务：销售雪茄烟300箱给各专卖店，取得不含税销售收入600万元，以雪茄烟40箱换回小轿车2辆。试计算该纳税人2017年4月增值税计税销售额。

解析：

计税销售额＝600＋600÷300×40＝680(万元)

(4)采取还本销售方式销售。

还本销售是指销货方将货物出售之后，按约定时间一次或分次将购货款部分或全部退还给购货方，退还的货款即为还本支出。纳税人采取还本销售方式销售货物，其销售额应是货物的销售全价，不得从销售额中减除还本支出。

【例2-6】 某增值税一般纳税人于2017年3月以还本销售方式销售甲产品一批，价款32万元，半年后还本额为16万元。试计算该纳税人2017年3月增值税计税销售额。

解析：

计税销售额＝32(万元)

(5)销售货物收取包装物押金。

纳税人为销售货物而出租出借包装物收取的押金，单独记账核算的，时间在1年以内，又未过期的，不并入销售额征税。但对因逾期未收回包装物不再退还的押金，应按所包装货物的适用税率计算销项税。"逾期"是指按合同约定实际逾期或以1年为期限，对收取1年以上的押金，无论是否退还均并入销售额征税。

对销售除啤酒、黄酒外的其他酒类产品而收取的包装物押金，无论是否返还以及会计上如何核算，均应并入当期销售额征税。

提示：在将包装物押金并入销售额征税时，需要先将该押金换算成不含税价，再并入销售额征税。包装物押金不同于包装物租金，包装物租金在销货时作为价外费用并入销售额计算销项税额。

【例 2-7】某酒厂为增值税一般纳税人，2017 年 3 月向一小规模纳税人销售白酒，开具普通发票注明价款 93 600 元，同时收取包装物押金 3 000 元，约定 6 个月后返还包装物；销售一批啤酒给某商场，开具增值税专用发票注明的价款为 30 000 元，同时收取包装物押金 1 000 元，约定 3 个月后返还包装物。试计算该酒厂 2017 年 3 月增值税计税销售额。

解析：

销售白酒的计税销售额＝(93 600＋3 000)÷(1＋17%)≈82 564.1(元)

销售啤酒的计税销售额＝30 000(元)

合计计税销售额＝82 564.1＋30 000＝112 564.1(元)

(6)视同销售行为的销售额。

对视同销售行为而无销售额的或纳税人提供应税服务的价格明显偏低或偏高且不具有合理商业目的的，税务机关有权按下列顺序确定其销售额：

①按纳税人最近时期同类货物或提供同类应税服务的平均销售价格确定；

②按其他纳税人最近时期同类货物或提供同类应税服务的平均销售价格确定；

③按组成计税价格确定。

组成计税价格的公式如下：

组成计税价格＝成本×(1＋成本利润率)

若视同销售的货物属于应征消费税的，其组成计税价格中应加上消费税税额，其计算公式如下：

组成计税价格＝成本×(1＋成本利润率)＋消费税税额
＝成本×(1＋成本利润率)÷(1－消费税税率)

【例 2-8】某企业为增值税一般纳税人，2016 年 12 月生产加工一批新产品 450 件，每件成本价 380 元(无同类产品市场价格)，全部售给本企业职工，取得不含税销售额 171 000 元。假设该企业使用的成本利润率为 10%。试计算该企业 2016 年 12 月增值税计税销售额。

解析：

计税销售额＝450×380×(1＋10%)＝188 100(元)

一项销售行为如果既涉及服务又涉及货物，为混合销售行为。从事货物的生产、批发或零售的单位和个体工商户的混合销售行为，按照销售货物缴纳增值税，其他单位和个体工商户的混合销售行为，按照销售服务缴纳增值税。

【例 2-9】某公司为增值税一般纳税人，2017 年 1 月向甲公司销售设备一台，开具增值税专用发票注明价款 150 000 元，该公司负责安装调试设备，收取安装调试费 20 000 元。计算该业务的计税销售额。

解析：

混合销售的销售额＝150 000＋20 000÷(1＋17%)≈167 094.02(元)

3. 特殊销售服务、无形资产及不动产方式下销售额的确定

(1)折扣方式销售服务、无形资产或不动产。如果将价款和折扣额在同一张发票上的“金额”栏分别注明的，纳税人可以按价款减除折扣额后的金额作为销售额计算缴纳增值税；如果没有在同一张发票上的“金额”栏分别注明的，纳税人不得按价款减除折扣额后的金额作为销售额，应按价款作为销售额计算缴纳增值税。

(2)贷款服务。以提供贷款服务取得的全部利息及利息性质的收入为销售额。

(3)直接收费金融服务。以提供直接收费金融服务收取的手续费、佣金、酬金、管理费、服务费、经手费、开户费、过户费、结算费、转托管费等各类费用为销售额。

(4)金融商品转让。按照卖出价扣除买入价后的余额为销售额。转让金融商品出现的正负差，按盈亏相抵后的余额为销售额。若相抵后出现负差，可结转下一纳税期与下期转让金融商品销售额相抵，但年末时仍出现负差的，不得转入下一个会计年度。金融商品转让，不得开具增值税专用发票。

(5)经纪代理服务。以取得的全部价款和价外费用，扣除向委托方收取并代为支付的政府性基金或行政事业性收费后的余额为销售额。向委托方收取的政府性基金或者行政事业性收费，不得开具增值税专用发票。

(6)融资租赁和融资性售后回租业务。经批准提供融资租赁服务，以取得的全部价款和价外费用，扣除支付的借款利息、发行债券利息和车辆购置税后的余额为销售额；提供融资性售后回租服务，以取得的全部价款和价外费用(不含本金)，扣除对外支付的借款利息、发行债券利息后的余额作为销售额。

(7)航空运输企业的销售额。不包括代收的机场建设费和代售其他航空运输企业客票而代售转付的价款。

(8)提供客运场站服务。以其取得的全部价款和价外费用，扣除支付给承运方运费后的余额为销售额。

(9)提供旅游服务。可以选择以取得的全部价款和价外费用，扣除向旅游服务购买方收取并支付给其他单位或个人的住宿费、餐饮费、交通费、签证费、门票费和支付给其他接团旅游企业的旅游费用后的余额为销售额。选择该办法计算销售额的试点纳税人，向旅游服务购买方收取并支付的上述费用，不得开具增值税专用发票，可以开具普通发票。

(10)提供建筑服务适用简易计税方法的。以取得的全部价款和价外费用扣除支付的分包款后的余额为销售额。

(11)房地产开发企业中的一般纳税人销售其开发的房地产项目(选择简易计税方法的房地产老项目除外)，以取得的全部价款和价外费用，扣除受让土地时向政府部门支付的土地价款后的余额为销售额。

(12)销售其2016年4月30日前取得(不含自建)的不动产选择简易计税方法的，以取得的全部价款和价外费用减去该项不动产购置原价或取得不动产时的作价后的余额为销售额；自建的不动产，以取得的全部价款和价外费用为销售额。

上述(5)～(12)项的规定从全部价款和价外费用中扣除的价款，应当取得符合法律、行政法规和国家税务总局规定的有效凭证，否则不得扣除。同时纳税人取得的凭证属于增值税扣税凭证的，其进项税额不得从销项税额中抵扣。

(二)进项税额的计算

进项税额是指纳税人购进货物或接受加工、修理修配劳务、服务、无形资产或者不动产，支付或负担的增值税税额。它与销售方收取的销项税额相对应，即销售方收取的销项税额就是购买方支付的进项税额。增值税一般纳税人收取的销项税额抵扣其支付的进项税额，余额就是应纳税额。但是，纳税人在计算应纳税额时，并不是所有的进项税额都能从销项税额中抵扣。对此，税法作出明确规定。

1.准予从销项税额中抵扣的进项税额

(1)从销售方取得的增值税专用发票(含税控机动车销售统一发票，下同)上注明的增值税额。

(2)从海关取得的海关进口增值税专用缴款书上注明的增值税额。

(3)纳税人购进农产品，取得一般纳税人开具的增值税专用发票或海关进口增值税专用缴款书的，以增值税专用发票或海关进口增值税专用缴款书上注明的增值税额为进项税额；从按照简易计税方法依照3%征收率计算缴纳增值税的小规模纳税人取得增值税专用发票的，以增值税专用发票上注明的金额和11%的扣除率计算进项税额；取得(开具)农产品销售发票或收购发票的，以农产品销售发票或收购发票上注明的农产品买价和11%的扣除率计算进项税额。

提示：农产品是指直接从事植物的种植、收割和动物的饲养、捕捞的单位和个人销售的并免征增值税的农业产品；买价包括纳税人购进农产品在农产品收购发票或销售发票上注明的价款和按规定缴纳的烟叶税；增值税一般纳税人从农民专业合作社购进的免税农业产品，可按11%的扣除率计算抵扣增值税进项税额。

(4)从境外单位或个人购进服务、无形资产或不动产，自税务机关或扣缴义务人取得的解缴款的完税凭证上注明的增值税额。

适用一般计税方法的试点纳税人，2016年5月1日后取得并在会计制度上按固定资产核算的不动产或2016年5月1日后取得的不动产在建工程，其进项税额应自取得之日起分2年从销项税额中抵扣，第一年抵扣比例为60%，第二年抵扣比例为40%。

纳税人取得的增值税扣税凭证不符合法律、法规或国家税务总局有关规定的，其进项税额不得从销项税额中抵扣。增值税抵扣凭证是指增值税专用发票、海关进口增值税专用缴款书、农产品收购发票、农产品销售发票和税收缴款凭证。纳税人凭税收缴款凭证抵扣进项税额的，应当具备书面合同、付款证明和境外单位的对账单或发票。资料不全的，其进项税额不得从销项税额中抵扣。

【例2-10】甲公司为增值税一般纳税人，适用增值税税率为17%，2017年7月有关业务如下：

(1)购进原材料取得增值税专用发票，注明货款80万元，增值税13.6万元。货物由甲公司负责，支付运输费5万元，增值税0.55万元，取得增值税专用发票。

(2)向农业生产者购进免税农产品，收购凭证上注明收购货款是20万元。委托运输公司运输，取得增值税专用发票，注明运费2万元，增值税0.22万元。

(3)购进维修设备零部件一批，取得普通发票，价款11.7万元。

要求：试计算该公司2017年7月可以抵扣的进项税额。

解析：

(1)购买原材料取得了增值税专用发票，可以凭票抵扣。

进项税额=13.6+0.55=14.15(万元)

(2)购进免税农产品，可按收购凭证上的收购价款计算抵扣11%，同时运费取得了增值税专用发票，可以凭票抵扣。

进项税额＝20×11％＋0.22＝2.42(万元)

(3)购进零部件取得的是普通发票，不得进项抵扣。

则当月可以抵扣的进项税额＝14.15＋2.42＝16.57(万元)

2.不得从销项税额中抵扣的进项税额

《中华人民共和国增值税暂行条例》规定纳税人购进货物、劳务或应税服务，未按照规定取得并保存增值税扣税凭证，或增值税扣税凭证上未按规定注明增值税额及其他有关事项规定，不得从销项税额中抵扣。除此之外，以下项目也不得从销项税额中抵扣：

(1)用于适用简易计税方法计税项目、免征增值税项目、集体福利或个人消费的购进货物、加工修理修配劳务、服务、无形资产或不动产。其中涉及的固定资产、无形资产、不动产，仅指专用于上述项目的固定资产、无形资产(不包括其他权益性无形资产)、不动产。

(2)非正常损失的购进货物以及相关的加工修理修配劳务和交通运输业服务。非正常损失是指因管理不善造成被盗、丢失、霉烂变质损失，以及被执法部门依法没收或强令自行销毁的货物。

(3)非正常损失的在产品、产成品所耗用的购进货物(不包括固定资产)、加工修理修配劳务或交通运输业服务。

(4)非正常损失的不动产，以及该不动产所耗用的购进货物、设计服务和建筑服务。

(5)非正常损失的不动产在建工程所耗用的购进货物、设计服务和建筑服务。纳税人新建、改建、扩建、修缮、装饰不动产，均属于不动产在建工程。

(6)购进的旅客运输服务、贷款服务、餐饮服务、居民日常服务和娱乐服务。

(7)纳税人接受贷款服务向贷款方支付的与该笔贷款直接相关的投融资顾问费、手续费、咨询费等费用。

(8)财政部和国家税务总局规定的其他情形。

提示：上述固定资产是指使用期限超过12个月的机器、机械、运输工具以及其他与生产经营有关的设备、工具、器具等。和企业会计制度相比，不包括不动产及不动产在建工程。

提示：如果企业当期购进的货物或应税劳务事先并未确定将用于以上用途，其进项税额准予在当期销项税额中抵扣。但已抵扣进项税额的购进货物或应税劳务事后改变用途，用于以上不得抵扣情形的(免税项目、非增值税应税劳务除外)，应当将该购进货物或应税劳务的进项税额从当期的进项税额中扣减；无法确定该进项税额的，按当期实际成本计算应扣减的进项税额。

(9)一般纳税人兼营简易计税方法计税项目、免税项目而无法划分不得抵扣的进项税额的，按下列公式计算不得抵扣的进项税额。

不得抵扣的进项税额＝当期无法划分的全部进项税额×(当期简易计税方法计税项目销售额＋免税项目销售额)÷当月全部销售额

3.扣减进项税额

(1)已抵扣进项税额的购进货物(不含固定资产)、劳务、服务，发生不得抵扣进项税额的情形(简易计税方法计税项目、免征增值税项目除外)时，应当将该进项税额从当期进项税额中扣减；无法确定该进项税额的，按照当期实际成本计算应扣减的进项税额。

(2)已抵扣进项税额的固定资产、无形资产或不动产，发生不得抵扣进项税额的情形时，按照下列公式计算不得抵扣的进项税额：

不得抵扣的进项税额＝固定资产、无形资产或不动产净值×适用税率

(3)因销售折让、中止或退回而退还给购买方的增值税额，应当从当期的销项税额中扣减；因销售折让、中止或退回而收回的增值税额，应当从当期的进项税额中扣减。

【例 2-11】某食品公司为增值税一般纳税人，2017 年 8 月发生如下业务：

(1)购入原材料一批，取得增值税专用发票注明的价款 100 万元，增值税 17 万元，当月将其中 40％用于集体福利。

(2)7 月份外购的价值 4 万元的货物，本月将其全部发放给职工。

(3)购进设备一套，取得增值税专用发票注明的价款 200 万元，增值税 34 万元

(4)7 月份向农业生产者收购的辣椒因保管不善，本月发生腐烂，账面价值 17.8 万元。

要求：试计算该公司 2017 年 8 月可以抵扣的进项税额。

解析：

(1)用于职工福利的购进原材料不得抵扣。

进项税额＝17×(1－40％)＝10.2(万元)

(2)已抵扣进项税的购进货物改变用途，用于集体福利和个人消费的，进项税额要转出。

进项税额转出＝4×17％＝0.68(万元)

(3)购进的生产设备发生的进项税额可以抵扣。

进项税额＝34 万元

(4)已抵扣进项税额的购进货物发生非正常损失的，进项税额要转出。

进项税额转出＝17.8÷(1－11％)×11％＝2.2(万元)

则 2017 年 8 月可以抵扣的进项税额＝10.2－0.68＋34－2.2＝41.32(万元)

【例 2-12】某企业为增值税一般纳税人，2017 年 3 月销售应税甲产品 100 万元(不含税)，销售免税乙产品 50 万元(不含税)；当月购入生产用的原材料一批，取得的增值税专用发票上注明价款 30 万元，增值税 5.1 万元，甲乙产品无法划分耗材情况。试计算该公司 2017 年 3 月可以抵扣的进项税额。

解析：

可以抵扣的进项税额＝5.1－5.1×[50÷(100＋50)]＝3.4(万元)

(三)应纳税额的时限规定与计算

1.应纳税额的时限规定

(1)销项税额的时间限定。

销项税额确定的时间就是销售货物或者应税劳务的纳税义务时间(具体参照任务四中纳税义务发生时间的规定)。

(2)增值税扣税凭证的抵扣期限。

增值税一般纳税人取得增值税专用发票、海关进口增值税专用缴款书，应在开具之日起 180 日内到税务机关办理认证，并在认证通过的次月申报期内，向主管税务机关申报抵扣进项税额。增值税一般纳税人取得增值税专用发票、海关进口增值税专用缴款书，未在规定期限内到税务机关办理认证、申报抵扣或申报稽核比对的，不得作为合法的增值税扣税凭证，不得计算进项税额抵扣。

2. 应纳税额的计算

增值税销项税额和进项税额确定后就可以得出实际应纳的增值税税额，增值税一般纳税人应纳税额的计算方法如下：

应纳税额＝销项税额－进项税额

如果计算结果是正数，为当期应纳增值税；如果计算结果为负数，则形成留抵税额，待下期抵扣，下期应纳税额的计算公式变为：

应纳税额＝当期销项税额－当期进项税额－上期留抵税额

【例 2－13】 承前案例导入分析，计算新世纪公司 2017 年 8 月的增值税应纳税额。

解析：

销项税额＝80×17％＋29.25÷(1＋17％)×17％＋10×(1＋10％)×17％＋11.7÷(1＋17％)×17％＝21.42(万元)

进项税额＝20×(1－20％)×11％＋13.6＋5×11％＝15.91(万元)

应纳增值税额＝21.42－15.91＝5.51(万元)

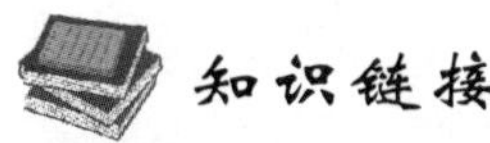

知识链接

建筑服务及不动产预缴税额的计算

(1)一般纳税人跨县(市、区)提供建筑服务，选择一般计税方法计税的，以取得的全部价款和价外费用扣除支付的分包款后的余额，按照 2％的预征率计算应预缴税款。公式为：

应预缴税款＝(全部价款和价外费用－支付的分包款)／(1＋11％)×2％

(2)一般纳税人转让其 2016 年 4 月 30 日前取得(不含自建)的不动产，选择适用一般计税方法计税的，以取得的全部价款和价外费用为销售额计算应纳税额。纳税人应以取得的全部价款和价外费用扣除不动产购置原价或者取得不动产时的作价后的余额，按照 5％的预征率向不动产所在地主管地税机关预缴税款，向机构所在地主管国税机关申报纳税。

(3)一般纳税人转让其 2016 年 4 月 30 日前自建的不动产，选择适用一般计税方法计税的，以取得的全部价款和价外费用为销售额计算应纳税额。纳税人应以取得的全部价款和价外费用，按照 5％的预征率向不动产所在地主管地税机关预缴税款，向机构所在地主管国税机关申报纳税。

(4)一般纳税人转让其 2016 年 5 月 1 日后取得(不含自建)的不动产，适用一般计税方法，以取得的全部价款和价外费用为销售额计算应纳税额。纳税人应以取得的全部价款和价外费用扣除不动产购置原价或者取得不动产时的作价后的余额，按照 5％的预征率向不动产所在地主管地税机关预缴税款，向机构所在地主管国税机关申报纳税。

(5)一般纳税人转让其 2016 年 5 月 1 日后自建的不动产，适用一般计税方法，以取得的全部价款和价外费用为销售额计算应纳税额。纳税人应以取得的全部价款和价外费用，按照 5％的预征率向不动产所在地主管地税机关预缴税款，向机构所在地主管国税机关申报纳税。

(6)一般纳税人出租其 2016 年 5 月 1 日后取得的不动产，适用一般计税方法计税，纳税人应按照 3％的预征率计算应纳税额，在不动产所在地预缴税款后，公式为：

应预缴税款＝含税销售额÷(1＋11％)×3％

(7)房地产开发企业采取预收款方式销售所开发的房地产项目，在收到预收款时按照 3％的预征率预缴增值税，公式为：应预缴税款＝预收款÷(1＋适用税率或征收率)×3％；适用一般计税方法计税的，按照11%的适用税率计算；适用简易计税方法计税的，按照5%的征收率计算。

二、小规模纳税人应纳税额的计算

小规模纳税人销售货物、加工修理修配劳务、服务、无形资产或不动产，实行按照销售额和征收率计算应纳税额的简易办法，并不得抵扣进项税额。其应纳税额的计算公式如下：

应纳税额＝销售额×征收率

提示：这里销售额的含义与上述一般纳税人的销售额含义相同，即不含税销售额。如果小规模纳税人销售货物或应税劳务采用销售额和应纳税额合并定价方法的，按下列公式计算其销售额：

销售额＝含税销售额÷(1＋征收率)

【例2-14】某商店是增值税小规模纳税人，2017年1月取得零售收入总额12.36万元。计算该商店1月应缴纳的增值税税额。

解析：

2017年1月取得的不含税销售额＝12.36÷(1＋3%)＝12(万元)

应缴纳增值税税额＝12×3%＝0.36(万元)

提示：小规模纳税人因销货退回或折让退还给购买方的销售额，应从发生销货退回或折让当期的销售额中扣减。

知识链接

小规模纳税人销售或出租不动产应纳增值税的相关规定

(1)小规模纳税人销售其取得(不含自建)的不动产(不含个体工商户销售购买的住房和其他个人销售不动产)，应以取得的全部价款和价外费用减去该项不动产购置原价或者取得不动产时的作价后的余额为销售额，按照5%的征收率计算应纳税额。纳税人应按照上述计税方法在不动产所在地预缴税款后，向机构所在地主管税务机关进行纳税申报。

(2)小规模纳税人销售其自建的不动产，应以取得的全部价款和价外费用为销售额，按照5%的征收率计算应纳税额。纳税人应按照上述计税方法在不动产所在地预缴税款后，向机构所在地主管税务机关进行纳税申报。

(3)小规模纳税人出租不动产，按照以下规定缴纳增值税：单位和个体工商户出租不动产(不含个体工商户出租住房)，按照5%的征收率计算应纳税额。个体工商户出租住房，按照5%的征收率减按1.5%计算应纳税额。不动产所在地与机构所在地不在同一县(市、区)的，纳税人应按照上述计税方法向不动产所在地主管税务机关预缴税款，向机构所在地主管国税机关申报纳税。

(4)小规模纳税人跨县(市)提供建筑服务，应以取得的全部价款和价外费用扣除支付的分包款后的余额为销售额，按照3%的征收率计算应纳税额，纳税人应按照上述计税方法在建筑服务发生地预缴税款后，向机构所在地主管税务机关进行纳税申报。

(5)房地产开发企业中小规模纳税人，销售自行开发的房地产项目，按照5%的征收率计税。

三、进口货物应纳税额的计算

纳税人进口货物，一般纳税人和小规模纳税人一样，必须按照组成计税价格和规定的税率计算应纳税额，不得抵扣任何税额。其计算公式如下：

应纳税额＝组成计税价格×税率

组成计税价格的组成包括两种情况：

(1)进口货物只征收增值税的，其组成计税价格为：

组成计税价格＝关税完税价格＋关税＝关税完税价格×(1＋关税税率)

(2)进口货物同时征收消费税的，其组成计税价格为：

组成计税价格＝关税完税价格＋关税＋消费税

＝关税完税价格×(1＋关税税率)÷(1－消费税税率)

提示：关税完税价格将在项目四“关税纳税实务”中详细介绍。

根据税法规定，纳税人进口货物，从海关取得的海关进口增值税专用缴款书上注明的增值税税额，可以在计算本月应纳增值税税额时作为进项税额抵扣。

【例 2-15】某进出口公司为增值税一般纳税人，2017 年 3 月进口一批货物(非消费税应税货物)，海关审定的关税完税价格为 20 万元，该批货物的关税为 2 万元，增值税税率为 17%，款项已付；当月销售该批货物，取得的不含税销售额为 30 万元，适用 17%税率，款项已收。要求：计算该企业进口货物应纳增值税税额及当月应缴纳的增值税税额。

解析：

进口货物的组成计税价格＝20＋2＝22(万元)

进口环节应纳增值税税额＝22×17%＝3.74(万元)

当月销项税额＝30×17%＝5.1(万元)

当月应纳增值税税额＝5.1－3.74＝1.36(万元)

任务三　增值税会计核算

纳税人为了核算增值税的计算和缴纳，应在“应交税费”账户下设置“应交增值税”明细账户进行会计处理。根据各自的不同情况，以下将分别介绍一般纳税人和小规模纳税人增值税的会计核算。

一、增值税一般纳税人的会计核算

(一)设置账户

为了正确反映企业的经营成果及应纳增值税的形成过程，根据现行增值税纳税核算规定，增值税一般纳税人应在“应交税费”总账账户下设置“应交增值税”“未交增值税”“预交增值税”“待抵扣进项税额”“待认证进项税额”“待转销项税额”等二级科目进行核算。

1. “应交税费——应交增值税”账户

“应交税费——应交增值税”账户，一般可按照“进项税额”“已交税金”“出口抵减内销产品应纳税额”“销项税额”“出口退税”“进项税额转出”等设置明细账户专栏进行核算，如表 2-5

所示。

表 2-5　应交税费——应交增值税明细账

年		凭证号数	摘要	借方					贷方				余额
月	日			合计	进项税额	已交税金	减免税款	出口抵减内销产品应纳税额	合计	销项税额	出口退税	进项税额转出	

(1)“进项税额”专栏，记录企业购入货物、加工修理修配劳务、服务、无形资产或不动产而支付的，准予从销项税额汇总抵扣的增值税额。对于企业购入货物或接受应税劳务支付的进项税额，用蓝色登记；退回所购货物应冲销的进项税额，用红字登记。

(2)“已交税金”专栏核算企业当月上缴本月增值税额。

(3)“减免税款”专栏反映企业按规定减免的增值税款。

(4)“出口抵减内销产品应纳税额”专栏反映出口企业销售出口货物后，向税务机关办理免抵退税申报，按规定计算的应免抵税额，借记本科目，贷记“应交税费——应交增值税(出口退税)”科目。

(5)“销项税额”专栏记录企业销售货物、加工修理修配劳务、服务、无形资产或不动产应收取的增值税额。企业销售、加工修理修配劳务、服务、无形资产或不动产应收取销项税额，用蓝字登记；退回销售货物应冲销的销项税额，用红字登记。

(6)“出口退税”专栏记录企业出口适用零税率的货物，向海关办理报关出口手续后，凭出口报关单等有关凭证，向税务机关申报办理出口退税而收到退回的税款。出口货物退回的增值税额，用蓝字登记；出口货物办理退税后发生退货或者退关而补缴已退的税款，用红字登记。

(7)“进项税额转出”专栏记录企业的购进货物、加工修理修配劳务、服务、无形资产或不动产等发生非正常损失以及其他原因而不应从销项税额中抵扣，按规定转出的进项税额。按税法规定，对出口货物不得抵扣税额的部分，应在借记“主营业务成本”科目的同时，贷记本科目。

营业税改征增值税后，企业视业务情况需要增设“销项税额抵减”专栏，用以记录该企业因按规定扣减销售额而减少的销项税额；“减免税款”专栏，用以记录一般纳税人按现行增值税制度规定准予减免的增值税额；“简易计税”专栏，用以记录一般纳税人采用简易计税方法应缴纳的增值税额。

2. “应交税费——未交增值税”账户

“应交税费——未交增值税”账户核算一般纳税人月份终了从“应交增值税”或“预缴增值税”明细账转入当月应交未交、多交或预缴的增值税额，以及当月交纳以前期间未交的增值税额。

3. “应交税费——预交增值税”账户

“应交税费——预交增值税”账户核算一般纳税人转让不动产、提供不动产经营租赁服务、提供建筑服务、采用预收款方式销售自行开发的房地产项目等，按现行增值税制度应预交的增值税额。

4. “应交税费——待抵扣进项税额”账户

“应交税费——待抵扣进项税额”账户核算一般纳税人已取得增值税扣税凭证并经税务机关认证，按照现行增值税制度规定准予以后期间从销项税额中抵扣的进项税额。它包括一般纳税人自 2016 年 5 月 1 日后取得并按固定资产核算的不动产或 2016 年 5 月 1 日后取得的不动产在建工程，按现行增值税制度规定准予以后期间从销项税额中抵扣的进项税额；实行纳税辅导期管理的一般纳税人取得的尚未交叉稽核比对的增值税扣税凭证上注明或计算的进项税额。

5. “应交税费——待认证进项税额”账户

“应交税费——待认证进项税额”账户核算一般纳税人由于未取得增值税扣税凭证或未经税务机关认证而不得从当期销项税额中抵扣的进项税额。它包括一般纳税人已取得增值税扣税凭证、按照现行增值税制度规定准予从销项税额中抵扣，但尚未经税务机关认证的进项税额；一般纳税人取得货物等已入账，但由于尚未收到相关增值税扣税凭证而不得从当期销项税额中抵扣的进项税额。

6. “应交税费——待转销项税额”账户

“应交税费——待转销项税额”账户核算一般纳税人销售货物、加工修理修配劳务、服务、无形资产或不动产，已确认相关收入（或利得）但尚未发生增值税纳税义务而需于以后期间确认为销项税额的增值税额。

（二）涉税业务的会计核算

1. 销项税额的会计核算

企业销售货物、劳务、服务、无形资产或不动产，应按实现的营业收入和按规定收取的增值税税额，借记“应收账款”“应收票据”“银行存款”等科目；按实现的营业收入，贷记“主营业务收入”等科目；按专用发票上注明的增值税税额，贷记“应交税费——应交增值税（销项税额）”。发生销售退回，做相反的会计分录。

（1）一般销售行为的会计核算。

①直接收款销售。

企业采取直接收款方式销售货物，不论货物是否发出，均以收到销售款或取得索取销售款凭据的当天作为销售收入实现、纳税义务发生和开出增值税发票的时间。根据销售结算凭证和银行存款进账单，以及增值税专用发票上所列税额或按普通发票上所列货款换算的增值税税额进行会计处理。

【例 2-16】永利公司销售产品一批 20 件，不含税售价 20 000 元/件，单位成本 15 000 元，永利公司收到转账支票一张。永利公司将提货单交给买方，并收到银行存款进账回单。

借：银行存款　　468 000

　贷：主营业务收入　　400 000

　　　应交税费——应交增值税（销项税额）　　68 000

借：主营业务成本　　300 000

贷：库存商品　　300 000

②分期收款销售。

采用赊销和分期收款方式销售产品时，应按合同约定收款日期作为销售收入实现、纳税义务发生和开具增值税专用发票的时间；无书面合同的或者书面合同没有约定收款日期的，以货物发出的当天作为销售收入实现、纳税义务发生和开具增值税专用发票的时间。

【例 2-17】 红星公司于3月1日采用分期收款方式销售甲产品300件给华东公司，不含税售价800元/件，成本600元/件。合同规定，华东公司于3月1日先支付货款总额的20%及相对应的税金作为定金，余款分别于5月1日和8月1日分两次付清。

①发出商品时。

借：发出商品　　180 000

　贷：库存商品　　180 000

②收到定金及税款时。

借：银行存款　　56 160

　贷：主营业务收入　　48 000

　　应交税费——应交增值税(销项税额)　　8 160

③同时按比例结转成本。

借：主营业务成本　　36 000

　贷：发出商品　　36 000

④5月1日和8月1日分别确认收入96 000元，并同时结转成本。

借：银行存款　　112 320

　贷：主营业务收入　　96 000

　　应交税费——应交增值税(销项税额)　　16 320

借：主营业务成本　　72 000

　贷：发出商品　　72 000

③预收货款销售。

企业采取预收货款结算方式销售货物的，以货物发出的当天作为销售收入实现、纳税义务发生时间和开出增值税发票的时间，即收到预收货款时，不作销售处理。

【例 2-18】 2017年1月10日美好公司收到华阳公司预购产品的货款150 000元。2月3日发出货物，开出增值税专用发票，售价320 000元，余款3月1日收到。

①1月10日收到预收款时。

借：银行存款　　150 000

　贷：预收账款——华阳公司　　150 000

②2月3日发出货物时。

借：预收账款——华阳公司　　374 400

　贷：主营业务收入　　320 000

　　应交税费——应交增值税(销项税额)　　54 400

③3月1日收到余款时。

借：银行存款　　224 400

　贷：预收账款——华阳公司　　224 400

(2)特殊销售行为的会计核算。

①销售退回或折扣、折让销售。

企业销售货物由于品种规格不符或质量原因造成购货方要求退货或折让的,不论是当月销售还是以前月份销售的,均应冲减退回当月的销售收入。折扣销售方式下,只有销售额和折扣额在同一张发票上分别注明的,才能按折扣后的余额作为计税销售额;否则不得从销售额中减去折扣额。

【例 2-19】永明公司 9 月销售 A 产品 800 件,价目表中标明不含税售价为 650 元/件,因购买数量较大给予 10%的商业折扣,折扣额与销售额在同一张发票上注明,货款尚未收到。

借:应收账款　547 560
　贷:主营业务收入　468 000
　　应交税费——应交增值税(销项税额)　79 560

②以旧换新销售。

采取以旧换新销售方式的,销售企业必须以新货物的同期正常销售价格确定计税销售额(金银首饰可以按实际收取的不含税款作为计税销售额),同时,不得扣减旧货物的回收价。

【例 2-20】东方电器有限公司(增值税一般纳税人)在促销月活动过程中,推出"以旧换新"方式销售冰箱业务,本月共销售冰箱 600 台,每台正常对外销售含税价格 3 510 元,单位成本 2 400 元,采取以旧换新方式收回旧冰箱抵付货款 400 元,每台实收款 3 110 元。

①以旧换新销售时。

借:库存现金　1 866 000
　原材料——旧冰箱　240 000
　贷:主营业务收入　1 800 000
　　应交税费——应交增值税(销项税额)　306 000

②结转成本时。

借:主营业务成本　1 440 000
　贷:库存商品　1 440 000

③以物易物销售。

采取以物易物销售方式销售的,交易双方都要作购销处理,以各自发出的货物核定销售额并计算销项税额,以各自收到的货物核算购货额,并依据双方开具的增值税专用发票抵扣进项税额。

【例 2-21】彩姿服装厂用西服 500 件(成本 48 000 元,不含税售价 60 000 元),从裕伦纺织厂换回 3 000 米布料,价款 60 000 元,双方都开具增值税专用发票。

①发出西服并收到布料时。

借:原材料　60 000
　应交税费——应交增值税(进项税额)　10 200
　贷:主营业务收入　60 000
　　应交税费——应交增值税(销项税额)　10 200

②结转销售成本时。

借:主营业务成本　48 000
　贷:库存商品　48 000

④还本销售。

采取还本销售方式时，应按正常销售价格记入“主营业务收入” 科目，按约定实际支付的还本金额记入“销售费用”科目。

【例 2-22】红利公司本月以还本销售方式销售乙产品一批，不含税价格 320 000 元，半年后还本额为 160 000 元。

①销售产品时。

借：银行存款　　374 400

　贷：主营业务收入　　320 000

　　　应交税费——应交增值税(销项税额)　　54 400

②半年后支付还本款时。

借：销售费用　　160 000

　贷：银行存款　　160 000

(3)视同销售行为的会计核算。

视同销售是一种特殊的销售行为，是在税收的角度按照计税的需要“视同销售”。对于税法规定的视同销售行为，需要按税法要求及时计算缴纳流转税和所得税，会计方面是否确认收入，新会计准则对销售收入的确认有明确的规定。

①将货物交给他人代销。

纳税人将货物交付他人代销时，并不发生纳税义务；在纳税人定期收到受托人送来代销清单的当天发生增值税纳税义务，满足销售收入确认的 5 个条件，会计上确认收入实现。借记“应收账款”或“银行存款”科目，贷记“主营业务收入”“其他业务收入”科目，按应纳增值税额，贷记“应交税费——应交增值税(销项税额)” 科目。

根据委托方与受托方代销协议确定的代销方式不同，会计处理方式有所不同。

第一种情形：视同买断的代销方式。视同买断代销方式是指委托方按协议价款收取代销货款，实际售价可由受托方自定，实际售价与协议价之间的差额归受托方所有。这种销售本质上仍是代销，委托方将商品交付给受托方时，商品所有权上的风险和报酬并未转移给受托方。因此委托方在交付商品时不确认收入，受托方也不作为购进商品处理。受托方将商品销售后，应按实际售价确认为销售收入，并向委托方开具代销清单，委托方收到代销清单时确认收入。

【例 2-23】宁阳公司(增值税一般纳税人)6 月 1 日委托振东公司销售甲产品 100 件，生产成本为每件 500 元。双方合同约定，每件产品不含税价格 800 元，没有代销手续费，振东公司销售给顾客的价格自定。23 日，宁阳公司收到振东公司转来的代销清单 1 张，销售了 80 件。宁阳公司根据清单向振东公司开具增值税专用发票，30 日收到款项。宁阳公司的相关会计处理如下：

①6 月 1 日交付货物时。

借：发出商品　　50 000

　贷：库存商品　　50 000

②6 月 23 日收到代销清单时。

借：应收账款——振东公司　　74 880

　贷：主营业务收入　　64 000

　　　应交税费——应交增值税(销项税额)　　10 880

③同时结转成本。

借：主营业务成本　　40 000

　贷：发出商品　　40 000

④6 月 30 日收到款项时。

借：银行存款　　74 880

　贷：应收账款——振东公司　　74 880

第二种情形：收取手续费的代销方式。收取手续费的代销方式是指受托方按照委托方协议规定的价格销售代销商品，不得自行改变售价，委托方按协议规定的比例向受托方支付代销手续费。在这种销售方式下，委托方在交付实物时并未转移商品的所有权凭证，商品所有权上的风险和报酬未随之转移，应在收到受托方代销清单时确认销售收入；受托方应在商品售出后，按双方约定方法计算的手续费确认收入。

【例 2－24】沿用例 2－23 的资料，6 月 1 日双方合同约定每件产品不含税售价 800 元，每销售 1 台，宁阳公司支付给振东公司手续费 50 元。23 日宁阳公司收到振东公司转来的代销清单 1 张，销售了 80 台，并收到了收取手续费的结算发票 1 张，注明手续费金额 4 000 元。宁阳公司根据结算清单向振东公司开具增值税专用发票，30 日收到款项。宁阳公司的相关会计处理如下：

①6 月 1 日交付货物时。

借：发出商品　　50 000

　贷：库存商品　　50 000

②6 月 23 日收到代销清单时。

借：应收账款——振东公司　　74 880

　贷：主营业务收入　　64 000

　　应交税费——应交增值税（销项税额）　　10 880

③同时结转成本。

借：主营业务成本　　40 000

　贷：发出商品　　40 000

④6 月 23 日收到手续费结算清单时。

借：销售费用　　4 000

　贷：应收账款——振东公司　　4 000

⑤6 月 30 日收到款项时。

借：银行存款　　70 880

　贷：应收账款——振东公司　　70 880

②销售代销货物。

受托方接受他人委托代销货物，收到代销货物时，增加资产与负债；销售代销货物时，在收讫销售款或取得索取销售款凭证当天发生增值税纳税义务。

企业收到受托代销的商品，按约定的价格借记“受托代销商品”账户，贷记“受托代销商品款”账户。售出委托代销商品后，按实际收到货应收的金额，借记“银行存款”“应收账款”等科目，贷记“受托代销商品”科目。计算代销手续费等收入，借记“受托代销商品款”科目，贷记“其他业务收入”科目。结算代销商品款时，借记“受托代销商品款”科目，贷记“银行存款”

科目。

【例 2－25】沿用例 2－23 的资料，振东公司销售给顾客的价格是每件 900 元，振东公司的相关会计处理如下：

①6 月 1 日收到代销商品时。

借：受托代销商品　80 000
　贷：受托代销商品款　80 000

②销售商品时。

借：银行存款　84 240
　贷：主营业务收入　72 000
　　应交税费——应交增值税(销项税额)　12 240

③结转成本时。

借：主营业务成本　64 000
　贷：受托代销商品　64 000

④6 月 23 日开出代销清单，收到增值税专业发票时。

借：受托代销商品款　64 000
　应交税费——应交增值税(进项税额)　10 880
　贷：应付账款——宁阳公司　74 880

⑤6 月 30 日支付货款时。

借：应付账款——宁阳公司　74 880
　贷：银行存款　74 880

【例 2－26】沿用例 2－24 的资料，振东公司的相关会计处理如下：

①6 月 1 日收到代销商品时。

借：受托代销商品　80 000
　贷：受托代销商品款　80 000

②销售商品时。

借：银行存款　74 880
　贷：应付账款——宁阳公司　64 000
　　应交税费——应交增值税(销项税额)　10 880

③结转应收手续费收入时。

借：应付账款——宁阳公司　4 000
　贷：其他业务收入——代销手续费　4 000

④收到宁阳公司开具的增值税专用发票并支付剩余款项时。

借：应付账款——宁阳公司　60 000
　应交税费——应交增值税(进项税额)　10 880
　贷：银行存款　70 880

③将自产、委托加工的货物用于集体福利或个人消费。

纳税人将自产、委托加工的货物用于集体福利，会计上作销售处理，税法上视同销售。纳税人将自产、委托加工的货物用于个人消费时，会计上一般不作销售处理，记入“管理费用”“销售费用”等科目，税法上视同销售。

【例2-27】正义彩电厂以其生产的新型彩电发放职工福利，工厂共有职工300人，其中生产工人240人，车间管理人员30人，厂部管理人员30人，彩电实际生产成本为800元/台，同类市场不含税销售价格为1 000元/台，增值税税率为17%。相关会计处理如下：

①决定发放职工福利时。

借：生产成本　280 800
　　制造费用　35 100
　　管理费用　35 100
　贷：应付职工薪酬——非货币性福利　351 000

②实际发放时。

借：应付职工薪酬——非货币性福利　351 000
　贷：主营业务收入　300 000
　　　应交税费——应交增值税(销项税额)　51 000

③结转成本时。

借：主营业务成本　240 000
　贷：库存商品　240 000

④将自产、委托加工或购买的货物作为投资。

纳税人按所投资货物的成本(或确认的价值)与所投资货物的售价或组成计税价格、双方确认的价值乘以适用税率计算的应纳增值税之和，借记“长期股权投资”科目；按应税货物的售价、组成价税价格、市场价格，贷记“主营业务收入”“其他业务收入”科目，按应纳增值税，贷记“应交税费——应交增值税(销项税额)”科目。

【例2-28】昌成公司(增值税一般纳税人)将生产的一批产品对外投资，双方协议按市场售价作价。该批产品市场价1 850 000元，实际生产成本1 500 000元。该交易具有商业实质。相关会计处理如下：

①对外投资时。

借：长期股权投资　2 164 500
　贷：主营业务收入　1 850 000
　　　应交税费——应交增值税(销项税额)　314 500

②结转成本时。

借：主营业务成本　1 500 000
　贷：库存商品　1 500 000

⑤将自产、委托加工或购买的货物用于分配给股东或投资者。

纳税人应按分配的货物售价或组成计税价格、市场价格和按其适用的税率计算的应纳增值税额两项合计，借记“应付股利”科目；按应税货物的售价、组成计税价格、市场价格，贷记“主营业务收入”“其他业务收入”科目，按应纳增值税额，贷记“应交税费——应交增值税(销项税额)”科目。

【例2-29】华立汽车公司宣告发放股东现金股利9 360 000元，现因资金相对紧张改为用公司自产的轿车40辆发放实物股利。每辆汽车生产成本为150 000元，不含税售价为200 000元。相关会计处理如下：

①分配股利时。

借:应付股利　　9 360 000

　贷:主营业务收入　　8 000 000

　　应交税费——应交增值税(销项税额)　　1 360 000

②结转成本时。

借:主营业务成本　　6 000 000

　贷:库存商品　　6 000 000

⑥将自产、委托加工或购买的货物无偿赠送其他单位或个人。

纳税人将自产、委托加工或购买的货物无偿赠送他人或用于实物折扣,企业未获得实际经济利益,会计上不作销售处理,不通过收入类账户核算,但税法上视同销售,须计算销项税额。根据按视同销售计算出的销项税额和货物的成本,借记"销售费用""营业外支出"等科目,贷记"应交税费——应交增值税(销项税额)""库存商品"等科目。

【例 2-30】达美公司(增值税一般纳税人)将自产的产品价值 585 万元(含税价)赠予正大公司(增值税一般纳税人),并开具增值税专用发票,该产品实际成本 400 万元,适用的税率为 17%。相关会计处理如下:

借:营业外支出　　4 850 000

　贷:库存商品　　4 000 000

　　应交税费——应交增值税(销项税额)　　850 000

提示:纳税人自己或其他纳税人有同类货物的销售价格应当参照确定计算销项税额的销售额,否则按照组成计税价格确定计算销项税额的销售额。

(4)兼营行为的会计核算。

纳税人兼营销售货物、劳务、服务、无形资产或者不动产,适用不同税率或者征收率的,应当分别核算适用不同税率或者征收率的销售额,未分别核算的,从高适用税率。

【例 2-31】江南电梯公司(增值税一般纳税人)与某商场签订了一份合同,合同约定江南电梯公司销售电梯,并负责运输、安装调试等相关工作。电梯价款 500 万元(不含税),货物运输费用 3 万元(不含税),装卸费 1 000 元,安装调试费 80 万元,企业已经分别核算,分别开具相关发票结算,款项已收取。江南电梯公司相关会计处理如下:

增值税=5 000 000×17%+30 000×11%+1 000×6%+800 000×11%=941 360(元)

借:银行存款　　6 772 360

　贷:主营业务收入　　5 000 000

　　其他业务收入　　831 000

　　应交税费——应交增值税(销项税额)　　941 360

(5)销售自己使用过的固定资产的会计核算。

自 2009 年 1 月 1 日起,纳税人销售自己使用过的固定资产(即纳税人根据会计准则已经计提折旧的固定资产),应区分不同情形征收增值税:销售自己使用过的 2009 年 1 月 1 日以后购进或自制的固定资产,按照适用的税率征收增值税;销售自己使用过的 2008 年 12 月 31 日以前购进或自制的固定资产,按照国家税务总局的最新规定,按照简易办法依照 3%征收率减按 2%征收增值税。

【例 2-32】2016 年 11 月 10 日,某公司转让 4 月购进的机器设备,原值 100 000 元,已提折旧 5 000 元,转让价 81 900 元。转让 2008 年以前购进的机器设备,原值 200 000 元,已提折旧 100 000 元，转让价 103 000 元。该公司相关会计处理如下：

①转让 4 月份购入的机器设备：

不含税销售额＝81 900÷(1＋17％)＝70 000(元)

销项税额＝70 000×17％＝11 900(元)

借：固定资产清理　　95 000
　　累计折旧　　5 000
　贷：固定资产　　100 000

借：银行存款　　81 900
　贷：固定资产清理　　70 000
　　　应交税费——应交增值税(销项税额)　　11 900

借：营业外支出　　25 000
　贷：固定资产清理　　25 000

②转让 2008 年以前购进的机器设备：按简易征收办法计算增值税。

不含税销售额＝103 000÷(1＋3％)＝100 000(元)

应纳增值税税额＝100 000×2％＝2 000(元)

借：固定资产清理　　100 000
　　累计折旧　　100 000
　贷：固定资产　　200 000

借：银行存款　　104 000
　贷：固定资产清理　　102 000
　　　应交税费——应交增值税(销项税额)　　2 000

借：固定资产清理　　2 000
　贷：营业外收入　　2 000

2. 进项税额的会计核算

企业购进货物、接受应税劳务、服务、无形资产或不动产时，按增值税专用发票上注明的增值税税额，借记“应交税费——应交增值税(进项税额)”科目；按发票上记载的应计入采购成本的金额，借记“在途物资”“原材料”“周转材料”“库存商品”“生产成本”“管理费用”“委托加工物资”等科目；按应付或实际支付的金额，贷记“应付账款”“应付票据”“银行存款”等科目。购入货物发生退货时，作相反的会计处理。

(1)允许抵扣进项税额的会计核算。

①购入材料、商品等取得增值税专用发票。

一般纳税人从国内采购货物或接受应税劳务，应按增值税专用发票上注明的增值税借记“应交税费——应交增值税(进项税额)”科目；按增值税专用发票上注明的价款计入采购成本的金额，借记“在途物资”“原材料”“周转材料”“制造费用”“管理费用”等科目；按应付或实际已付的价款、税费总额，贷记“应付账款”“应付票据”“银行存款”“库存现金”等科目。

【例 2－33】海天公司为增值税一般纳税人，4 月购进原材料一批，取得增值税专用发票注明的价款为 200 000 元，增值税为 34 000 元，以银行存款支付。会计处理如下：

借：原材料　　200 000
　　应交税费——应交增值税(进项税额)　　34 000

贷:银行存款　　234 000

②购进免税农产品的会计核算。

购进免税农产品,应当按购进免税农产品进项税额,借记“应交税费——应交增值税(进项税额)”账户,按买价扣除规定计算的进项税额后的金额,借记“原材料”“周转材料”“库存商品”等科目,按实际支付或应付的价款,贷记“银行存款”“应付账款”等科目。

【例 2-34】2017 年 7 月,某农副产品加工公司购入免税农产品一批,收购价为 40 000 元,货物已经验收入库,款项已经支付。会计处理如下:

借:原材料　　35 600

　应交税费——应交增值税(进项税额)　　4 400

　贷:银行存款　　40 000

③接受应税劳务的会计核算。

企业接受加工、修理修配劳务,应使用增值税专用发票,分别反映加工、修理修配的成本和进项税额。

【例 2-35】甲公司委托乙工厂加工材料一批,支付加工费 5 000 元(不含税),尚未支付,材料加工完毕后收回验收入库。甲公司会计处理如下:

借:委托加工物资　　5 000

　应交税费——应交增值税(进项税额)　　850

　贷:应付账款——乙工厂　　5 850

④接受实物投资、捐赠、股利等的会计核算。

纳税人接受投资或捐赠转入的货物,按增值税专用发票上注明的增值税税额,借记“应交税费——应交增值税(进项税额)”科目;按照确认投资或捐赠货物的价值,借记“原材料”“库存商品”等科目;贷记“实收资本”“资本公积”“营业外收入”等科目。

【例 2-36】明达公司接受宏远公司 200 吨材料的投资,增值税专用发票注明金额 500 000 元,税额 85 000 元。投资双方确定投资份额为 550 000 元。会计处理如下:

借:原材料　　500 000

　应交税费——应交增值税(进项税额)　　85 000

　贷:实收资本　　550 000

　　资本公积　　35 000

【例 2-37】胜利某公司接受某基金会捐赠环保材料一批,增值税专用发票注明价款为 60 000元,税款为 10 200 元,材料已经运达。会计处理如下:

借:原材料　　60 000

　应交税费——应交增值税(进项税额)　　10 200

　贷:营业外收入　　70 200

⑤进口货物或接受境外单位或个人的应税服务的会计核算。

企业进口货物,按照海关提供的完税凭证或税收缴款凭证上注明的增值税额,借记“材料采购”“库存商品”“原材料”等科目;按照接受的应税服务,借记“主营业务成本”“销售费用”“制造费用”等科目;按照应付或实际支付的金额,贷记“应付账款”“银行存款”等科目。

【例 2-38】某进出口公司进口一批货物(非应税消费品)用于境内销售,关税完税价格为 250 000 元,关税税率为 15%,增值税税率为 17%。货物已经验收入库,货款尚未支付。会计处理如下：

进口关税＝250 000×15％＝37 500(元)

组成计税价格＝250 000＋37 500＝287 500(元)

进口环节的增值税税额＝287 500×17％＝48 875(元)

借：原材料　287 500

　应交税费——应交增值税(进项税额)　48 875

　贷：应付账款　336 375

⑥购进固定资产的会计核算。

自 2009 年 1 月 1 日起，增值税一般纳税人购进(包括接受捐赠、实物投资)或者自制(包括改扩建、安装)固定资产(不含不动产，下同)发生的进项税额，可凭增值税专用发票、海关进口增值税专用缴款书从销项税额中抵扣，其进项税额记入“应交税费——应交增值税(进项税额)”科目。

【例 2－39】东阳公司购入机床一台，取得增值税专用发票，注明价款 200 000 元，税款 34 000元。会计处理如下：

借：固定资产　200 000

　应交税费——应交增值税(进项税额)　34 000

　贷：银行存款　234 000

提示：纳税人购进固定资产发生下列情形的，进项税额不得抵扣而应计入固定资产的成本：将固定资产用于免税项目；将固定资产专用于集体福利或个人消费项目。

⑦购进不动产进项税额的会计核算。

纳税人 2016 年 5 月 1 日后取得并在会计制度上按固定资产核算的不动产或 2016 年 5 月 1 日取得的不动产在建工程，其进项税额自取得之日起分两年从销项税额中抵扣，第一年抵扣比例为 60％，第二年抵扣比例为 40％。其进项税额分别计入“应交税费——应交增值税(进项税额)”“应交税费——待抵扣进项税额”科目。

【例 2－40】利民公司(一般纳税人)于 2016 年 10 月 18 日购买了一栋 3 层写字楼，不含税价格 2 000 万元，进项税额 220 万元。会计处理如下：

2016 年 10 月抵扣 220×60％＝132 万元。

借：固定资产　20 000 000

　应交税费——应交增值税(进项税额)　1 320 000

　　　　——待抵扣进项税额　880 000

　贷：银行存款　22 200 000

2017 年 10 月抵扣剩余的 88 万元。

借：应交税费——应交增值税(进项税额)　880 000

　贷：应交税费——待抵扣进项税额　880 000

(2)不得抵扣的进项税额的会计核算。

①取得普通发票的购进货物的会计核算。

一般纳税人在购入货物时(不包括购进免税农产品)，只取得普通发票的，应按发票累计全部价款入账，不得将增值税分离出来进行抵扣处理。会计核算时，借记“在途物资”“原材料”

"制造费用""管理费用""其他业务成本"等科目,贷记"银行存款""应付票据""应付账款"等科目。

【例2-41】宏远公司自小规模纳税人处购买原材料一批,收到普通发票一张,价款20 000元,款项已通过银行转账支付。会计处理如下:

借:原材料　　20 000

　贷:银行存款　　20 000

②购入用于集体福利等项目的货物或劳务的核算。

企业购入货物及接受应税劳务直接用于职工集体福利等,按其专用发票上注明的增值税税额,计入购入货物及接受劳务的成本,借记"应付职工薪酬"等科目,贷记"银行存款"等科目。需要注意,纳税人购进用于交际应酬的货物不允许抵扣其进项税额。

③购进货物过程中发生非正常损失的会计核算。

企业在货物购进过程中,如果因管理不善造成货物被盗、发生霉烂、变质产生的损失,称为非正常损失,其进项税额不得抵扣。

(3)进项税额转出的核算。

已抵扣进项税额的购进货物发生非常损失,以及将购进货物改变用途(如用于非应税项目、集体福利或个人消费等),其抵扣的进项税额应通过"应交税费——应交增值税(进项税额转出)"科目转入有关科目,不予以抵扣。

①将购进的货物用于非货币性福利的会计核算。

纳税人将外购的货物用于集体福利或个人消费的,其进项税额不得抵扣。企业以外购的货物作为非货币性福利提供给职工的,应当按照该产品的公允价值确定应付职工薪酬金额,其收入和成本的会计处理与正常商品销售相同,进项税额作转出处理。

【例2-42】国美商场将库存微波炉30台,作为福利发放给职工,每台不含税进价400元。会计处理如下:

借:应付职工薪酬——非货币性福利　　14 040

　贷:库存商品　　12 000

　　应交税费——应交增值税(进项税额转出)　　2 040

②发生非正常损失的会计核算。

购进的物资、在产品、产成品发生管理不善造成的非正常损失,其进项税额应相应转入有关科目不得抵扣。转出做会计分录时借记"待处理财产损溢"科目,贷记"应交税费——应交增值税(进项税额转出)"科目。

【例2-43】正义公司由于管理不善,用于生产产品的钢材被盗5吨,账面单位成本4 000元,经批准核销。会计处理如下:

借:待处理财产损溢——待处理流动资产损溢　　23 400

　贷:原材料　　20 000

　　应交税费——应交增值税(进项税额转出)　　3 400

借:营业外支出　　23 400

　贷:待处理财产损溢——待处理流动资产损溢　　23 400

3. 已交增值税的会计核算

月末,结出"应交税费——应交增值税"的借、贷方合计和余额,计算企业当期应缴纳的增值税税额，并在规定的期限内向税务机关申报缴纳。

企业按规定期限申报缴纳的增值税，根据银行退回的缴款书回执联，借记“应交税费——应交增值税(已交税金)”科目，贷记“银行存款”科目。

4. 减免增值税的会计核算

减免增值税分先征后返、即征即退、直接减免三种方式，其会计处理也有所区别，但企业收到返还的增值税应通过“营业外收入——政府补助”科目进行核算，作为企业利润总额的组成部分。

采用先征后返、即征即退办法进行减免的企业，在销售货物时，应按正常会计核算程序核算应纳增值税税额。当办理增值税退还手续、收到退税款时，借记“银行存款”科目，贷记“营业外收入——政府补助”科目。

若是直接免税，借记“应收账款”等科目，贷记“主营业务收入”科目，不反映“应交税费”的贷项；若是减税，只按应交增值税的税额贷记“应交税费”即可。

二、增值税小规模纳税人的会计核算

(一)设置账户

按照现行增值税法的规定，小规模纳税人实行简易征收办法，按不含税销售额与征收率相乘，计算其应缴增值税，不实行税款抵扣。小规模纳税人核算只需设置“应交税费——应交增值税”账户，不需分设专栏。该账户贷方反映企业应交的增值税，如因有销货退回应冲减的应交税额，用红字登记；借方反映已缴纳的增值税额，如有多缴退回的增值税额，用红字登记；期末贷方余额反映企业尚未上缴或欠缴的增值税额，借方余额反映企业多交的增值税。

(二)涉税业务的会计核算

1. 销售货物及提供应税劳务

小规模纳税人一般不得为购货方开具增值税专用发票，如果购货方提出要求时，小规模纳税人需持普通发票前往税务机关换开专用发票。小规模纳税人无论是否开具了专业发票，均应按实现的销售收入(不含税)与按规定收取的增值税额合计，借记“应收账款”“应收票据”“银行存款”等账户；按实现的销售收入，贷记“主营业务收入”“其他业务收入”等科目，同时按规定收取的增值税税额，贷记“应交税费——应交增值税”科目。发生的销售退回，做相反分录。

2. 购进货物、劳务或应税服务

实行简易征收办法计算缴纳增值税的小规模纳税人，购进货物及接受应税劳务，不论取得增值税专用发票或普通发票，均应将支付的增值税直接计入有关货物及劳务成本，借记“材料采购”“原材料”“制造费用”“管理费用”“其他业务成本”等科目，贷记“银行存款”“应付票据”“应付账款”等科目。

3. 缴纳增值税

小规模纳税人缴纳增值税时，借记“应交税费——应交增值税”科目，贷记“银行存款”科目。

【例 2-44】 某小规模纳税企业，本月购入原材料，成本 800 000 元，支付的增值税为 136 000元，货款已付，材料已经验收入库。该企业本月销售产品，含税价格为 1 030 000 元，货款尚未收到。会计处理如下：

①购进原材料时。

借：原材料　　936 000

　贷：银行存款　　936 000

②销售货物时。

不含税价格＝1 030 000÷(1＋3%)＝1 000 000(元)

应交增值税＝1 000 000×3%＝30 000(元)

借：应收账款　　1 030 000

　贷：主营业务收入　　1 000 000

　　应交税费——应交增值税　　30 000

③缴纳增值税时。

借：应交税费——应交增值税　　30 000

　贷：银行存款　　30 000

任务四　增值税的纳税申报与缴纳

一、纳税时间

(一)纳税义务发生时间

纳税义务发生时间是指纳税人发生应税行为应当承担纳税义务的起始时间，是一个时间点。

(1)纳税人发生销售货物、服务、无形资产或不动产等应税行为时，其纳税义务发生的时间为收讫销售款项或取得索取销售款项凭据的当天；先开具发票的，为开具发票的当天。

同时，对于“收讫销售款项或者取得索取销售款项凭据的当天”，按销售结算方式的不同，又具体规定为：

①采取直接收款方式销售货物，不论货物是否发出，均为收到销售款或者取得索取销售款凭据的当天。

②采取托收承付和委托银行收款方式销售货物，为发出货物并办妥托收手续的当天。

③采取赊销和分期收款方式销售货物，为书面合同约定的收款日期的当天，无书面合同的或者书面合同没有约定收款日期的，为货物发出的当天。

④采取预收货款方式销售货物，为货物发出的当天，但生产销售生产工期超过 12 个月的大型机械设备、船舶、飞机等货物，为收到预收款或者书面合同约定的收款日期的当天。

⑤提供建筑服务、租赁服务采取预收款方式的，其纳税义务发生时间为收到预收款的当天。

⑥委托其他纳税人代销货物，为收到代销单位的代销清单或者收到全部或者部分货款的当天；未收到代销清单及货款的，为发出代销货物满 180 天的当天。

⑦销售应税劳务，为提供劳务同时收讫销售款或者取得索取销售款的凭据的当天。

⑧纳税人发生视同销售货物行为，其纳税义务发生时间为货物移送、服务及无形资产转让完成的当天或不动产权属变更的当天。

(2)纳税人进口货物的,其纳税义务发生的时间为报关进口的当天。

(3)增值税扣缴义务发生时间为纳税人增值税纳税义务发生的当天。"营改增"试点纳税人发生视同提供应税服务的,则为应税服务完成的当天。

(二)纳税期限

纳税期限是指纳税人按照税法规定缴纳税款的期限,有按年纳税、按期纳税和按次纳税之分,一般为一个时间段。

增值税的纳税期限分别为1日、3日、5日、10日、15日、1个月或者1个季度。纳税人的具体纳税期限,由主管税务机关根据纳税人应纳税额的大小分别核定;不能按照固定期限纳税的,可以按次纳税。

纳税人以1个月或1个季度为1个纳税期的,自期满之日起15日内申报纳税;以1日、3日、5日、10日或15日为1个纳税期的,自期满之日起5日内预缴税款,于次月1日起15日内申报纳税并结清上月应纳税款。

扣缴义务人解缴税款的期限,依照上述规定执行。

纳税人进口货物,应当自海关填发海关进口增值税专用缴款书之日起15日内缴纳税款。

提示:以1个季度为1个纳税期限的规定仅适用于小规模纳税人。小规模纳税人的具体纳税期限,由主管税务机关根据其应纳税额的大小分别核定确定。

二、纳税地点

一般情况下,增值税实行"就地纳税"原则。根据《中华人民共和国增值税暂行条例》的规定,增值税纳税地点为:

(1)固定业户应当向其机构所在地的主管税务机关申报纳税。总机构和分支机构不在同一县(市)的,应当分别向各自所在地的主管税务机关申报纳税。经国务院财政、税务主管部门或者其授权的财政、税务机关批准,可以由总机构汇总向总机构所在地的主管税务机关申报纳税。

(2)固定业户到外县(市)销售货物或者应税劳务,应当向其机构所在地的主管税务机关申请开具外出经营活动税收管理证明,并向其机构所在地的主管税务机关申报纳税;未开具证明的,应当向销售地或者劳务发生地的主管税务机关申报纳税;未向销售地或者劳务发生地的主管税务机关申报纳税的,由其机构所在地的主管税务机关补征税款。

(3)非固定业户销售货物或者应税劳务,应当向销售地或者劳务发生地的主管税务机关申报纳税;未向销售地或者劳务发生地的主管税务机关申报纳税的,由其机构所在地或者居住地的主管税务机关补征税款。

(4)进口货物,应当向报关地海关申报纳税。

(5)扣缴义务人应当向其机构所在地或者居住地的主管税务机关申报缴纳其扣缴的税款。

三、纳税申报

(一)一般纳税人的纳税申报

1.提供纳税申报资料

(1)增值税纳税申报表及其五个附表和固定资产进项税额抵扣情况表、本期抵扣进项税额结构明细表和增值税减免税申报明细表。

(2)附报资料:

①已开具的税控机动车销售统一发票和普通发票的存根联;

②符合抵扣条件且在本期申报抵扣的增值税专用发票(含税控机动车销售统一发票)的抵扣联;

③符合抵扣条件且在本期申报抵扣的海关进口增值税专用缴款书、购进农产品取得的普通发票的复印件;

④符合抵扣条件且在本期申报抵扣的税收完税凭证及其清单,书面合同、付款证明和境外单位的对账单或者发票;

⑤已开具的农产品收购凭证的存根联或报查联;

⑥纳税人销售服务、不动产和无形资产,在确定服务、不动产和无形资产销售额时,按照有关规定取得的全部价款和价外费用中扣除价款的合法凭证及其清单;

⑦主管税务机关规定的其他资料。

2. 填报增值税纳税申报表

一般纳税人的增值税纳税申报表包括:增值税纳税申报表和反映本期销售情况明细的增值税纳税申报表附列资料(一),反映本期进项税额明细的增值税纳税申报表附列资料(二),反映服务、不动产和无形资产扣除项目明细的增值税纳税申报表附列资料(三),反映税额抵减情况的增值税纳税申报表附列资料(四),不动产分期抵扣的增值税纳税申报表附列资料(五),固定资产(不含不动产)进项税额抵扣情况表,本期抵扣进项税额结构明细表,增值税减免税申报明细表。

3. 办理税款缴纳手续

(1)专用发票认证。

增值税专用发票的认证方式可选择手工认证和网上认证。手工认证是单位办税员月底持专用发票抵扣联到所属主管税务机关服务大厅“认证窗口”进行认证;网上认证是纳税人月底前通过扫描仪将专用发票抵扣联扫入认证专用软件,生成电子数据,将数据文件传给税务机关完成认证。自2016年5月1日起,纳税信用A级、B级纳税人对取得的增值税专用发票可以不再进行认证,通过增值税发票税控开票软件登录本省增值税发票查询平台,查询、选择用于申报抵扣或者出口退税的增值税发票信息。

(2)抄税。

抄税就是在当月的最后一天,通常是在次月1日早上开票的,利用防伪税控开票系统进行抄税处理,将本月开具增值税专用发票的信息读入IC卡(抄税完成后本月不允许再开具发票)。

(3)报税。

报税是在报税期间,一般单位在15号前,将IC卡拿到税务机关,由税务人员将IC卡的信息读入税务机关的金税系统。经过报税,税务机关则确保所有抵扣的进项发票都进入金税系统,可以在系统内由系统进行自动比对,确保任何一张抵扣的进项发票都有销项发票与其对应。

(4)办理申报。

申报工作可分为上门申报和网上申报。上门申报是指在申报期内,携带填写的申报表、资产负债表、利润表及其他相关资料到主管税务机关办理纳税申报,税务机关审核后申报表退还一联给纳税人。网上申报是指纳税人在征税期内,通过互联网将增值税纳税申报表主表、附表及其他必报资料的电子信息传送至电子申报系统,纳税人应从办理税务登记的次月1日起15

日内，不论有无销售额均应按主管税务机关核定的纳税期限按期向当地税务机关申报。

(5)税款缴纳。

税务机关将申报表单据送到开户银行，由银行进行自动转账处理。对于未实行税库银联网的纳税人需自己到税务机关指定的银行进行现金缴纳。

(二)小规模纳税人的纳税申报

1. 提供纳税申报资料

小规模纳税人纳税申报时，应提供以下资料：增值税纳税申报表(适用小规模纳税人)、普通发票领用存月报表、企业财务会计报表及其他税务机关要求报送的资料。

2. 填制小规模纳税人纳税申报表及附列资料

小规模纳税人增值税纳税申报表格式见表 2－6 和表 2－7。

3. 办理税款缴纳手续

小规模纳税人办理税款的手续可参照一般纳税人。

表 2－6　增值税纳税申报表

(小规模纳税人适用)

纳税人识别号：□□□□□□□□□□□□□□□□□□□□

纳税人名称(公章)：　　　　　　　　　　　　　　　　金额单位：元至角分

税款所属期：　　年　月　日至　　年　月　日　　　　　填表日期：　　年　月　日

	项　目	栏次	本期数		本年累计	
			货物及劳务	服务、不动产和无形资产	货物及劳务	服务、不动产和无形资产
一、计税依据	(一)应征增值税不含税销售额(3%征收率)	1				
	税务机关代开的增值税专用发票不含税销售额	2				
	税控器具开具的普通发票不含税销售额	3				
	(二)应征增值税不含税销售额(5%征收率)	4	—		—	
	税务机关代开的增值税专用发票不含税销售额	5	—		—	
	税控器具开具的普通发票不含税销售额	6	—		—	
	(三)销售使用过的固定资产不含税销售额	7(7≥8)		—		—
	其中：税控器具开具的普通发票不含税销售额	8		—		—
	(四)免税销售额	9＝10＋11＋12				
	其中：小微企业免税销售额	10				
	未达起征点销售额	11				
	其他免税销售额	12				
	(五)出口免税销售额	13(13≥14)				
	其中：税控器具开具的普通发票销售额	14				

续表 2-6

<table>
<tr><td rowspan="3"></td><td rowspan="3">项　目</td><td rowspan="3">栏次</td><td colspan="2">本期数</td><td colspan="2">本年累计</td></tr>
<tr><td>货物及劳务</td><td>服务、不动产和无形资产</td><td>货物及劳务</td><td>服务、不动产和无形资产</td></tr>
<tr></tr>
<tr><td rowspan="8">二、税款计算</td><td>本期应纳税额</td><td>15</td><td></td><td></td><td></td><td></td></tr>
<tr><td>本期应纳税额减征额</td><td>16</td><td></td><td></td><td></td><td></td></tr>
<tr><td>本期免税额</td><td>17</td><td></td><td></td><td></td><td></td></tr>
<tr><td>其中:小微企业免税额</td><td>18</td><td></td><td></td><td></td><td></td></tr>
<tr><td>未达起征点免税额</td><td>19</td><td></td><td></td><td></td><td></td></tr>
<tr><td>应纳税额合计</td><td>20=15-16</td><td></td><td></td><td></td><td></td></tr>
<tr><td>本期预缴税额</td><td>21</td><td></td><td></td><td>—</td><td>—</td></tr>
<tr><td>本期应补(退)税额</td><td>22=20-21</td><td></td><td></td><td>—</td><td>—</td></tr>
<tr><td>纳税人或代理人声明:</td><td colspan="6">如纳税人填报,由纳税人填写以下各栏:</td></tr>
<tr><td rowspan="3">本纳税申报表是根据国家税收法律法规及相关规定填报的,我确定它是真实的、可靠的、完整的。</td><td colspan="6">办税人员:　　　　财务负责人:
法定代表人:　　　　联系电话:</td></tr>
<tr><td colspan="6">如委托代理人填报,由代理人填写以下各栏:</td></tr>
<tr><td colspan="6">代理人名称(公章):　　　　经办人:　　　　联系电话:</td></tr>
</table>

主管税务机关:　　　　接收人:　　　　接收日期:

表 2-7　增值税纳税申报表(小规模纳税人适用)附列资料

税款所属期:　　年　月　日至　　年　月　日　　　　填表日期:　　年　月　日

纳税人名称(公章):　　　　　　　　　　　　金额单位:元至角分

应税行为(3%征收率)扣除额计算			
期初余额	本期发生额	本期扣除额	期末余额
1	2	3(3≤1+2 之和,且 3≤5)	4=1+2-3
应税行为(3%征收率)计税销售额计算			
全部含税收入(适用 3%征收率)	本期扣除额	含税销售额	不含税销售额
5	6=3	7=5-6	8=7÷1.03

续表 2-7

应税行为(5%征收率)扣除额计算			
期初余额	本期发生额	本期扣除额	期末余额
9	10	11(11≤9+10 之和,且 11≤13)	12=9+10-11
应税行为(5%征收率)计税销售额计算			
全部含税收入(适用 5%征收率)	本期扣除额	含税销售额	不含税销售额
13	14=11	15=13-14	16=15÷1.05

四、增值税纳税申报举例

1. 资料

中联重型机械有限公司的基本情况及有关业务如下：

企业名称：中联重型机械有限公司

企业注册号：320512645

企业机构代码：985213255

企业税务登记证号：320507004687921

发证机关：A 市工商行政管理局

成立日期：2010 年 1 月 1 日

住所：××省 A 市 B 区上海路 166 号

法定代表人：江华

注册资金：5 000 万元

经济性质：有限责任公司

经营范围：机械制造、销售

经营期限：长期

企业开户银行及账号：××银行××省 A 市上海路支行 8970006767662495670

财务负责人：符康

办税员：王林

联系电话：×××-84621866

中联重型机械有限公司为增值税一般纳税人，2017 年 6 月尚未抵扣完的进项税额为 0.51 万元。2017 年 7 月生产经营情况如下：

(1)以交款提货方式销售 A 类重型机械 10 台给甲公司，每台不含税售价 30 万元，开具增值税专用发票注明应收价款 300 万元，款项已收回。

(2)销售 B 型重型机械 60 台给特约经销商，每台不含税售价 25 万元，向特约经销商开具了增值税专用发票，注明价款 1 500 万元，增值税 255 万元。

(3)将新研制生产的 C 型重型机械 1 台作为公司自用，生产成本 12 万元，C 型重型机械尚无市场销售价格(C型重型机械的成本利润率为10%,不属于消费税应税产品)。

(4)公司将某单位逾期未退还包装物押金5万元转作其他业务收入。

(5)购进设备取得税控专用发票注明价款35万元、进项税额为5.95万元,支付运费3万元,取得增值税专用发票,增值税为0.33万元,该设备当月投入使用。

(6)当月购进甲材料取得税控专用发票注明价款为800万元、进项税额136万元,经税务机关认证,支付购进原材料的运费20万元,取得增值税专用发票,增值税为2.2万元。

(7)以商业汇票方式购入一批包装物,价款6万元,增值税税额为1.02万元。

(8)企业因材料质量问题将上月所购材料退还给供货方,收回价款6万元,增值税税额为0.68万元。

(9)委托某企业加工一批材料,发出原材料成本200万元,支付加工费10万元(不含税),材料加工完成后验收入库。

(10)企业将购进的钢材用于企业职工集体福利,该批材料成本为60万元,进项税额10.2万元。

(11)当月因管理不善发生意外事故,损失库存原材料30万元,经批准计入营业外支出。

2. 要求

计算中联公司本月应缴纳的增值税税额,并填写增值税纳税申报表。

3. 解析

(1)销售A类重型机械的销项税额=3 000 000×17%=510 000(元)

(2)销售B型重型机械的销项税额=15 000 000×17%=2 550 000(元)

(3)将新研制生产的C型重型机械1台作为公司自用为视同销售行为,其销项税额=120 000×(1+10%)×17%=22 440(元)

(4)没收包装物逾期押金产生的销项税额=50 000÷(1+17%)×17%≈7 265(元)

(5)购进设备的进项税额=59 500+3 300=62 800(元)

(6)购进甲材料的进项税额=1 360 000+22 000=1 382 000(元)

(7)购入包装物的进项税额=10 200(元)

(8)因所购材料发生退回而冲减的进项税额=6 800(元)

(9)委托加工材料支付加工费而支付的进项税额=100 000×17%=17 000(元)

(10)外购的货物用于集体福利项目,应转出的进项税额=102 000(元)

(11)外购材料发生非正常损失,应转出的进项税额=300 000×17%=51 000(元)

本期销售额=3 000 000+15 000 000+120 000×(1+10%)+50 000÷(1+17%)=18 174 735(元)

本期销项税额=510 000+2 550 000+22 440+7 265=308 9705(元)

本期进项税额=62 800+1 382 000+10 200−6 800+17 000=1 465 200(元)

本期进项税额转出=102 000+51 000=153 000(元)

本期应纳税额=3 089 705−1 465 200+153 000−5 100=1 772 405(元)

根据以上信息,填写增值税纳税申报表,如表2-8至表2-16所示。

表 2-8 增值税纳税申报表

（适用于增值税一般纳税人）

根据国家税收法律法规及增值税相关规定制定本表。纳税人不论有无销售额，均应按税务机关核定的纳税期限填写本表，并向当地税务机关申报。

税款所属时间：自 2017 年 1 月 1 日至 2017 年 7 月 31 日　　填表日期：2017 年 8 月 9 日 金额单位：元至角分

纳税人识别号	3 2 0 5 0 7 0 0 4 6 8 7 9 2 1	所属行业：					
纳税人名称	中联重型机械有限公司（公章）	法定代表人姓名	江华	注册地址	××省 A 市 B 区上海路 166 号	生产经营地址	××省 A 市 B 区上海路 166 号
开户银行及账号	××银行××省 A 市上海路支行 8970006767662495670	登记注册类型	有限责任公司	电话号码	×××-84621866		

	项目	栏次	一般项目		即征即退项目	
			本月数	本年累计	本月数	本年累计
销售额	（一）按适用税率计税销售额	1	18 174 735.00			
	其中：应税货物销售额	2	18 174 735.00			
	应税劳务销售额	3				
	纳税检查调整的销售额	4				
	（二）按简易办法计税销售额	5				
	其中：纳税检查调整的销售额	6				
	（三）免、抵、退办法出口销售额	7			—	—
	（四）免税销售额	8			—	—
	其中：免税货物销售额	9			—	—
	免税劳务销售额	10			—	—
税款计算	销项税额	11	3 089 705.00			
	进项税额	12	1 465 200.00			
	上期留抵税额	13	5 100.00	—		—
	进项税额转出	14	153 000.00			
	免、抵、退应退税额	15			—	—
	按适用税率计算的纳税检查应补缴税额	16			—	—
	应抵扣税额合计	17=12+13-14-15+16	1 317 300.00	—		—
	实际抵扣税额	18（如 17＜11，则为 17，否则为 11）	1 317 300.00			
	应纳税额	19=11-18	1 772 405.00			
	期末留抵税额	20=17-18				—
	简易计税办法计算的应纳税额	21				
	按简易计税办法计算的纳税检查应补缴税额	22			—	—
	应纳税额减征额	23				
	应纳税额合计	24=19+21-23	1 772 405.00			

续表 2-8

<table>
<tr><td colspan="2" rowspan="2">项　目</td><td rowspan="2">栏次</td><td colspan="2">一般货物、劳务和应税服务</td><td colspan="2">即征即退货物、劳务和应税服务</td></tr>
<tr><td>本月数</td><td>本年累计</td><td>本月数</td><td>本年累计</td></tr>
<tr><td rowspan="14">税款缴纳</td><td>期初未缴税额(多缴为负数)</td><td>25</td><td></td><td></td><td></td><td></td></tr>
<tr><td>实收出口开具专用缴款书退税额</td><td>26</td><td></td><td></td><td>—</td><td>—</td></tr>
<tr><td>本期已缴税额</td><td>27=28+29+30+31</td><td></td><td></td><td></td><td></td></tr>
<tr><td>①分次预缴税额</td><td>28</td><td></td><td>—</td><td></td><td>—</td></tr>
<tr><td>②出口开具专用缴款书预缴税额</td><td>29</td><td></td><td>—</td><td>—</td><td>—</td></tr>
<tr><td>③本期缴纳上期应纳税额</td><td>30</td><td></td><td></td><td></td><td></td></tr>
<tr><td>④本期缴纳欠缴税额</td><td>31</td><td></td><td></td><td></td><td></td></tr>
<tr><td>期末未缴税额(多缴为负数)</td><td>32=24+25+26−27</td><td>1 772 405.00</td><td></td><td></td><td></td></tr>
<tr><td>其中:欠缴税额(≥0)</td><td>33=25+26−27</td><td></td><td>—</td><td></td><td>—</td></tr>
<tr><td>本期应补(退)税额</td><td>34=24−28−29</td><td>1 772 405.00</td><td>—</td><td></td><td>—</td></tr>
<tr><td>即征即退实际退税额</td><td>35</td><td>—</td><td>—</td><td></td><td></td></tr>
<tr><td>期初未缴查补税额</td><td>36</td><td></td><td></td><td>—</td><td>—</td></tr>
<tr><td>本期入库查补税额</td><td>37</td><td></td><td></td><td>—</td><td>—</td></tr>
<tr><td>期末未缴查补税额</td><td>38=16+22+36−37</td><td></td><td></td><td>—</td><td>—</td></tr>
<tr><td>授权声明</td><td colspan="2">如果你已委托代理人申报,请填写下列资料:
为代理一切税务事宜,现授权
(地址)　　　　　为本纳税人的代理申报人,任何与本申报表有关的往来文件,都可寄予此人。
授权人签字:</td><td>申报人声明</td><td colspan="3">此纳税申报表是根据国家税收法律法规及相关规定填报的,我确定它是真实的、可靠的、完整的。
声明人签字:</td></tr>
</table>

主管税务机关:　　　　　　　接收人:　　　　　　　接收日期:

表 2－9　增值税纳税申报表附列资料(一)

(本期销售情况明细)

税款所属时间:2017 年 7 月 1 日至 2017 年 7 月 31 日

纳税人名称：中联重型机械有限公司(公章)　　　　金额单位:元至角分

项目及栏次				开具增值税专用发票		开具其他发票		未开具发票		纳税检查调整		合计			服务、不动产和无形资产扣除项目本期实际扣除金额	扣除后	
				销售额	销项(应纳)税额	销售额	销项(应纳)税额	销售额	销项(应纳)税额	销售额	销项(应纳)税额	销售额	销项(应纳)税额	价税合计		含税(免税)销售额	销项(应纳)税额
				1	2	3	4	5	6	7	8	9=1+3+5+7	10=2+4+6+8	11=9+10	12	13=11－12	14=13÷(100%+税率或征收率)×税率或征收率
一、一般计税方法征税	全部征税项目	17%税率的货物及加工修理修配劳务	1	18 000 000.00	3 060 000.00			174 735.00	29 705.00			18 174 735.00	3 089 705.00	—	—	—	—
		17%税率的服务、不动产和无形资产	2														
		13%税率	3											—	—	—	—
		11%税率的货物及加工修理修配劳务	4a														
		11%税率的服务、不动产和无形资产	4b														
		6%税率	5														
	其中：即征即退项目	即征即退货物及加工修理修配劳务	6	—	—	—	—	—	—	—	—			—	—	—	—
		即征即退服务、不动产和无形资产	7	—	—	—	—	—	—	—	—			—	—	—	—

续表 2-9

二、简易计税方法征税	全部征税项目	6%征收率	8							—	—			—	—	—	—
		5%征收率的货物及加工修理修配劳务	9a							—	—			—	—	—	—
		5%征收率的服务、不动产和无形资产	9b							—	—						
		4%征收率	10							—	—			—	—	—	—
		3%征收率的货物及加工修理修配劳务	11							—	—			—	—	—	—
		3%征收率的服务、不动产和无形资产	12							—	—						
		预征率 %	13a							—	—						
		预征率 %	13b							—	—						
		预征率 %	13c							—	—						
	其中：即征即退项目	即征即退货物及加工修理修配劳务	14	—	—	—	—	—	—	—	—			—	—	—	—
		即征即退服务、不动产和无形资产	15	—	—	—	—	—	—	—	—						
三、免抵退税	货物及加工修理修配劳务		16	—	—		—		—	—	—		—	—	—	—	—
	服务、不动产和无形资产		18	—	—		—		—	—	—		—				—
四、免税	货物及加工修理修配劳务		18				—		—	—	—		—	—	—	—	—
	服务、不动产和无形资产		19	—	—		—		—	—	—		—				—

表 2－10　增值税纳税申报表附列资料(二)

(本期进项税额明细)

税款所属时间:2017 年 7 月 1 日至 2017 年 7 月 31 日

纳税人名称:中联重型机械有限公司(公章)　　　　金额单位:元至角分

<table>
<tr><td colspan="5">一、申报抵扣的进项税额</td></tr>
<tr><td>项目</td><td>栏次</td><td>份数</td><td>金额</td><td>税额</td></tr>
<tr><td>(一)认证相符的增值税专用发票</td><td>1=2+3</td><td>6</td><td>8 740 000.00</td><td>1 472 000.00</td></tr>
<tr><td>其中:本期认证相符且本期申报抵扣</td><td>2</td><td>6</td><td>8 740 000.00</td><td>1 472 000.00</td></tr>
<tr><td>前期认证相符且本期申报抵扣</td><td>3</td><td></td><td></td><td></td></tr>
<tr><td>(二)其他扣税凭证</td><td>4=5+6+7+8</td><td></td><td></td><td></td></tr>
<tr><td>其中:海关进口增值税专用缴款书</td><td>5</td><td></td><td></td><td></td></tr>
<tr><td>农产品收购发票或者销售发票</td><td>6</td><td></td><td></td><td></td></tr>
<tr><td>代扣代缴税收缴款凭证</td><td>7</td><td></td><td>—</td><td></td></tr>
<tr><td>加计扣除农产品进项税额</td><td>8a</td><td>—</td><td>—</td><td></td></tr>
<tr><td>其他</td><td>8b</td><td></td><td></td><td></td></tr>
<tr><td>(三)本期用于购建不动产的扣税凭证</td><td>9</td><td></td><td></td><td></td></tr>
<tr><td>(四)本期不动产允许抵扣进项税额</td><td>10</td><td>—</td><td>—</td><td></td></tr>
<tr><td>(五)外贸企业进项税额抵扣证明</td><td>11</td><td>—</td><td>—</td><td></td></tr>
<tr><td>当期申报抵扣进项税额合计</td><td>12=1+4−9+10+11</td><td></td><td>8 740 000.00</td><td>1 472 000.00</td></tr>
<tr><td colspan="5">二、进项税额转出额</td></tr>
<tr><td>项目</td><td>栏次</td><td colspan="3">税额</td></tr>
<tr><td>本期进项税转出额</td><td>13=14 至 23 之和</td><td colspan="3">159 800.00</td></tr>
<tr><td>其中:免税项目用</td><td>14</td><td colspan="3"></td></tr>
<tr><td>集体福利、个人消费</td><td>15</td><td colspan="3">102 000.00</td></tr>
<tr><td>非正常损失</td><td>16</td><td colspan="3">51 000.00</td></tr>
<tr><td>简易计税方法征税项目用</td><td>17</td><td colspan="3"></td></tr>
<tr><td>免抵退税办法不得抵扣的进项税额</td><td>18</td><td colspan="3"></td></tr>
<tr><td>纳税检查调减进项税额</td><td>19</td><td colspan="3"></td></tr>
<tr><td>红字专用发票通知单注明的进项税额</td><td>20</td><td colspan="3">6 800.00</td></tr>
<tr><td>上期留抵税额抵减欠税</td><td>21</td><td colspan="3"></td></tr>
<tr><td>上期留抵税额退税</td><td>22</td><td colspan="3"></td></tr>
<tr><td>其他应作进项税额转出的情形</td><td>23</td><td colspan="3"></td></tr>
<tr><td colspan="5">三、待抵扣进项税额</td></tr>
<tr><td>项目</td><td>栏次</td><td>份数</td><td>金额</td><td>税额</td></tr>
<tr><td>(一)认证相符的增值税专用发票</td><td>24</td><td>—</td><td>—</td><td>—</td></tr>
<tr><td>期初已认证相符但未申报抵扣</td><td>25</td><td>—</td><td>—</td><td>—</td></tr>
</table>

续表 2-10

本期认证相符且本期未申报抵扣	26	—	—	—
期末已认证相符但未申报抵扣	27			
其中:按照税法规定不允许抵扣	28	—	—	—
(二)其他扣税凭证	29=30至33之和			
其中:海关进口增值税专用缴款书	30			
农产品收购发票或者销售发票	31			
代扣代缴税收缴款凭证	32		—	
其他	33			
	34			
四、其他				
项目	栏次	份数	金额	税额
本期认证相符的增值税专用发票	35	6	8 740 000.00	1 472 000.00
代扣代缴额	36			

表 2-11　增值税纳税申报表附列资料(三)

(服务、不动产和无形资产扣除项目明细)

税款所属时间:2017 年 7 月 1 日至 2017 年 7 月 31 日

纳税人名称:中联重型机械有限公司(公章)　　　　金额单位:元至角分

项目及栏次		本期价税合计额(免税销售额)	服务、不动产和无形资产扣除项目				
			期初余额	本期发生额	本期应扣除金额	本期实际扣除金额	期末余额
		1	2	3	4=2+3	5(5≤1 且 5≤4)	6=4-5
17%税率的项目	1						
11%税率的项目	2						
6%税率的项目(不含金融商品转让)	3						
6%税率的金融商业商品转让项目	4						

续表 2-11

项目及栏次		本期价税合计额（免税销售额）	服务、不动产和无形资产扣除项目				
			期初余额	本期发生额	本期应扣除金额	本期实际扣除金额	期末余额
		1	2	3	4=2+3	5(5≤1且5≤4)	6=4-5
5%征收率的项目	5						
3%征收率的项目	6						
免抵退税的项目	7						
免税的项目	8						

表 2-12　增值税纳税申报表附列资料(四)

(税额抵减情况表)

税款所属时间:2017 年 7 月 1 日至 2017 年 7 月 31 日

纳税人名称:中联重型机械有限公司(公章)　　　　金额单位:元至角分

序号	抵减项目	期初余额	本期发生额	本期应抵减税额	本期实际抵减税额	期末余额
		1	2	3=1+2	4≤3	5=3-4
1	增值税税控系统专用设备费及技术维护费					
2	分支机构预征缴纳税款					
3	建筑服务预征缴纳税款					
4	销售不动产预征缴纳税款					
5	出租不动产预征缴纳税款					

表 2－13 增值税纳税申报表附列资料(五)

(不动产分期抵扣计算表)

税款所属时间:2017 年 7 月 1 日至 2017 年 7 月 31 日

纳税人名称:(公章)中联重型机械有限公司　　金额单位:元至角分

期初待抵扣不动产进项税额	本期不动产进项税额增加额	本期可抵扣不动产进项税额	本期转入的待抵扣不动产进项税额	本期转出的待抵扣不动产进项税额	期末待抵扣不动产进项税额
1	2	3≤1＋2＋4	4	5≤1＋4	6＝1＋2－3＋4－5

表 2－14 固定资产(不含不动产)进项税额抵扣情况表

纳税人识别号:320507004687921　　纳税人名称(公章):中联重型机械有限公司

填表日期:2017 年 8 月 9 日　　金额单位:元至角分

项目	当期申报抵扣的固定资产进项税额	当期申报抵扣的固定资产进项税额累计
增值税专用发票	59 500.00	59 500.00
海关进口增值税专用缴款书		
合　　计	59 500.00	59 500.00

表 2－15 本期抵扣进项税额结构明细表

税款所属时间: 2017 年 7 月 1 日至 2017 年 7 月 31 日

纳税人名称:(公章)中联重型机械有限公司　　金额单位:元至角分

项目	栏次	金额	税额
合计	1＝2＋4＋5＋11＋16＋18＋27＋29＋30		
一、按税率或征收率归集(不包括购建不动产、通行费)的进项			
17％税率的进项	2		
其中:有形动产租赁的进项	3		
13％税率的进项	4		
11％税率的进项	5		
其中:运输服务的进项	6		
电信服务的进项	7		
建筑安装服务的进项	8		
不动产租赁服务的进项	9		
受让土地使用权的进项	10		

续表 2 - 15

项目	栏次	金额	税额
6%税率的进项	11		
其中:电信服务的进项	12		
金融保险服务的进项	13		
生活服务的进项	14		
取得无形资产的进项	15		
5%征收率的进项	16		
其中:不动产租赁服务的进项	17		
3%征收率的进项	18		
其中:货物及加工、修理修配劳务的进项	19		
运输服务的进项	20		
电信服务的进项	21		
建筑安装服务的进项	22		
金融保险服务的进项	23		
有形动产租赁服务的进项	24		
生活服务的进项	25		
取得无形资产的进项	26		
减按 1.5%征收率的进项	27		
	28		
二、按抵扣项目归集的进项			
用于购建不动产并一次性抵扣的进项	29		
通行费的进项	30		
	31		
	32		

表 2-16　增值税减免税申报明细表

税款所属时间：自 2017 年 7 月 1 日至 2017 年 7 月 31 日

纳税人名称(公章)：中联重型机械有限公司　　金额单位：元至角分

一、减税项目						
减税性质代码及名称	栏次	期初余额	本期发生额	本期应抵减税额	本期实际抵减税额	期末余额
		1	2	3=1+2	4≤3	5=3-4
合计	1					
	2					
	3					
	4					
	5					
	6					

二、免税项目						
免税性质代码及名称	栏次	免征增值税项目销售额	免税销售额扣除项目本期实际扣除金额	扣除后免税销售额	免税销售额对应的进项税额	免税额
		1	2	3=1-2	4	5
合　计	7					
出口免税	8		—	—	—	—
其中：跨境服务	9		—	—	—	—
	10					
	11					
	12					
	13					
	14					
	15					
	16					

技能训练

一、单选题

1. 我国现行增值税的征收范围包括( )。

A. 在中国境内销售货物 B. 在中国境内提供应税劳务 C. 进口货物 D. 过境货物

2. 营改增税收政策施行后，增值税一般纳税人购买汽车的进项税额抵扣的依据是( )。

A. 原增值税专用发票 B. 税控机动车销售统一发票

C. 原增值税普通发票 D. 税控机动车销售发票

3. 某工业企业(增值税一般纳税人)发生的下列行为中，应视同销售货物计算增值税销项税额的是( )。

A. 将购买的货物用于免税项目 B. 将购买的货物用于职工福利或个人消费

C. 将购买的货物用于对外投资 D. 将购买的货物用于生产应税产品

4. ( )属于不准予从销项税额中抵扣的进项税额。

A. 从销售方取得的增值税专用发票上注明的增值税额

B. 从海关取得的海关进口增值税专用缴款书上注明的增值税额

C. 购进农产品，按照农产品收购发票上注明的农产品买价和扣除率计算的增值税额

D. 非正常损失的购进货物的增值税额

5. 某电脑生产公司为提高产品性能从某软件公司购买软件，电脑生产公司因资金紧张，无法支付货币资金，经双方友好协商，电脑生产公司用自产的电脑抵订货款。下面相关表述正确的是( )。

A. 电脑公司发出抵订货款的货物不应作销售处理，不计算销项税额

B. 软件公司收到电脑公司的抵订货款不应作购货处理

C. 双方发出货物都作销售处理，但收到货物所含增值税一律不能进入进项税额

D. 双方都应作购销处理，可对开增值税专用发票，分别核算销售额和购货款，并计算销项税额和进项税额

6. 增值税一般纳税人纳税申报的必报资料包括( )。

A. 增值税纳税申报表

B. 已开具的普通发票存根联

C. 符合抵扣条件且在本期申报抵扣的增值税专用发票的抵扣联

D. 符合抵扣条件且在本期申报抵扣的防伪税控机动车销售统一发票的抵扣联

7. 下列货物目前允许按11%抵扣进项税额的有( )。

A. 购进免税农产品 B. 购进废旧物资

C. 购进固定资产 D. 购进原材料支付运输费用

8. “( )”是“应交税费——应交增值税”科目设置的贷方明细栏目。

A. 已交税金 B. 减免税款 C. 出口抵免内销产品应纳税额 D. 出口退税

9. 用来计算销项税额的销售额不包括( )。

A. 全部价款 B. 价外向购买方收取的手续费

C. 延期付款利息 D. 代为收取的政府性基金

10. 增值税纳税申报表(适用于增值税一般纳税人)中“进项税额转出”一栏，以下业务不在本栏反映的是( )。

A. 某企业购进材料用于免征增值税项目

B. 食品厂将收购的粮食用于本企业职工食堂

C. 购进货物发生质量问题，经与销售方协商给予的销售折让

D. 某商场将外购的一批小家电用于职工奖励

二、多选题

1. 下列应税行为中，应按照6%的税率征收增值税的有(　　)。

A. 会议展览服务　　B. 装卸搬运服务

C. 远洋运输的光租业务　　D. 航空运输的湿租业务

2. 划分一般纳税人和小规模纳税人的标准有(　　)。

A. 销售额达到规定标准　　B. 经营效益好

C. 会计核算健全　　D. 有上级主管部门

3. 下列行为中，属于视同销售货物应征增值税的行为有(　　)。

A. 委托他人代销货物　　B. 销售代销货物

C. 将自产的货物分给职工做福利　　D. 将外购的货物用于免税项目

4. 非正常损失是指因管理不善造成(　　)的损失，以及被执法部门依法没收或强令自行销毁的货物。

A. 被盗　　B. 丢失　　C. 霉烂变质　　D. 自然灾害

5. 增值税扣税凭证，是指(　　)。

A. 增值税专用发票　　B. 海关进口增值税专用缴款书

C. 农产品收购发票和农产品销售发票　　D. 税收通用缴款书

6. 下列货物免征增值税的是(　　)。

A. 出售自己使用过的汽车

B. 将自产的饮料作为福利发放给本厂职工

C. 国际组织无偿援助的进口物资和设备

D. 古旧图书

7. 在下列(　　)情况下，只开具普通发票而不开具专用发票。

A. 向消费者销售货物或提供应税劳务的

B. 销售免税货物的

C. 小规模纳税人销售货物或提供应税劳务的

D. 向小规模纳税人销售货物或提供应税劳务的

8. 按现行增值税制度规定，下列行为应按“提供加工和修理修配劳务”征收增值税的是(　　)。

A. 汽车修理厂为本厂修理汽车　　B. 企业受托为另一企业加工服装

C. 商店服务部为顾客修理手表　　D. 企业为另一企业修理设备

9. 关于增值税纳税义务发生时间的确定，以下正确的有(　　)。

A. 进口货物的纳税义务发生时间为报关进口的当天

B. 采取预收货款方式销售货物的，为货物发出的当天

C. 委托其他纳税人代销货物的，原则上为收到代销单位销售的代销清单的当天

D. 采取赊销和分期收款方式销售货物的，为按合同约定的收款日期的当天

10. 下列(　　)情形取得的增值税进项税额不得抵扣。

A. 甲公司购进小汽车用于总经理办公

B. 乙公司购进游艇用于接待客户游玩

C. 丙汽车出租公司购入小汽车用于出租

D. 丁汽车运输公司购入小汽车用于市内出租车经营

三、业务题

1. 某电子企业为增值税一般纳税人，2017 年 5 月发生下列经济业务：

(1)销售甲产品 65 台，不含税单价 8 000 元，向购买方开具了增值税专用发票，截至月底，购买方尚未提货。

(2)将 22 台新试制的乙产品分配给投资者，单位成本为 6 000 元。该产品尚未投放市场。

(3)单位内部职工集体福利领用 A 材料 1 000 千克，每千克单位成本为 60 元。

(4)企业某项免征增值税项目领用 A 材料 200 千克，每千克单位成本为 60 元，同时领用甲产品 5 台。

(5)当月丢失库存 B 材料 800 千克，每千克单位成本 20 元。

(6)当月发生购进货物的全部进项税额为 70 000 元。

其他相关资料：上月进项税额已全额抵扣完毕，本月取得的进项税额抵扣凭证已申报抵扣。购销货物增值税税率为 17%，税务局核定的乙产品成本利润为 10%。

要求：

(1)计算当月销项税额；

(2)计算当月可抵扣进项税额；

(3)计算当月应缴增值税税额。

2. 甲公司为一般纳税人，销售货物适用增值税税率为 17%，2017 年 5 月有关生产经营业务如下：

(1)销售 A 产品给某商场，开具增值税专用发票，取得不含税销售额 100 万元。同时负责 A 产品运输服务，由商场承担运费，甲公司开具增值税专用发票，取得销售 A 产品的送货运输收入 5 万元，增值税 0.55 万元。

(2)以折扣销售方式销售给某企业 B 产品 100 件，每件 2 万元，协议折扣 10%(折扣额与销售额在同一张增值税专用发票上出具)。同时，按照协议规定，对方在 10 天内付款给予 2% 的优惠。货物于 3 日发出，货款于 5 月 10 日收到。

(3)销售 C 产品，开具普通发票，取得销售额 29.25 万元。

(4)采取以旧换新的方式销售 D 产品一批，新产品不含税价款 10 万元，旧产品折抵货款 2 万元，实收货款 8 万元，回收的旧产品未取得增值税专用发票。

(5)将本企业生产的一批产品用于本企业基建工程，成本价为 30 万元，成本利润率为 10%，该产品无同类产品市场销售价格。

(6)销售使用过的进口摩托车 10 辆，开具普通发票，每辆取得含税销售额 1.03 万元；该摩托车原值每辆 0.8 万元。

(7)购进货物取得增值税专用发票，已通过认证，注明支付的货款为 80 万元，进项税额 13.6 万元，货物验收入库。另外，支付购货的运输费用 6 万元，增值税 0.66 万元，取得运输公司出具的增值税专用发票。

(8)向农业生产者购进免税农产品一批，支付收购价 30 万元，支付给运输单位的运费 5 万元，增值税0.55万元，取得运输公司出具的增值税专用发票，农产品验收入库。本月下旬将购进的农产品的20%用于本企业职工福利。

(9)从某小规模纳税人处购入原材料一批，取得由其主管税务机关代开的增值税专用发票，发票上注明的价款10万元，增值税0.3万元，货物已验收入库。

(10)当月将库存的2月份购入的一批原材料用于企业的免税项目，该原材料的实际成本为3万元，税率为17%。

(11)购入生产设备一台，取得增值税专用发票，发票上注明的价款30万元，增值税税额5.1万元。

(12)收到某客户退货一批，该批货物系2017年3月售出，因不符合购货方要求，双方协商未果，本月予以退回，货物已验收入库，开具红字增值税专用发票1份，全部款项35 100元已退。

要求：

根据以上资料完成以下问题：

(1)对甲公司进行日常账务处理；

(2)计算甲公司本月应纳增值税税额并填写纳税申报表。

3. 乙公司为增值税小规模纳税人，2017年4月发生如下业务：

(1)销售产品一批，销售额为52 600元，货款已入账。

(2)接受委托加工材料一批，收取加工费3 768元。

(3)销售给某制造企业一批货物，取得销售货款16 000元，由税务机关代开增值税专用发票。

(4)购进材料一批，增值税专用发票注明价款8 600元，税款1 462元，材料已入库，货款尚未支付。

(5)企业将自产价值80 000元的产品用于办公室的改造。

(6)购进货物取得普通发票，支付价款1 170元。

要求：

根据以上资料完成以下问题：

(1)对乙公司进行日常账务处理；

(2)计算乙公司本月应纳增值税税额并填写纳税申报表。

项目三　消费税纳税实务

技能目标

1.根据学习项目、任务的需要查阅有关资料。

2.能准确计算纳税人应纳消费税税额。

3.能根据资料填制消费税纳税申报表及相关附表，能办理消费税的日常纳税申报工作。

4.能进行消费税涉税业务的会计处理。

知识目标

1.理解消费税的基本法规知识。

2.掌握消费税征税对象和纳税人的认定方法。

3.掌握消费税的应纳税额的计算。

4.熟悉消费税的纳税申报流程及相关处理。

案例导入

湖南省长沙市虹华化妆品有限公司为增值税一般纳税人，法人代表张志刚，税务登记证号:340144564474336，主要生产高档化妆品，税务机关为其核定的纳税期限为1个月。2017年4月有关业务资料如下:

(1)4月1日向长沙市远大百货公司销售200套甲型高档化妆品，不含税价款120 000元，开出增值税专用发票，货款已通过银行转账收讫。

(2)4月9日，将自产的100套乙型高档化妆品作为奖励发放给业绩突出人员。该类化妆品每套成本250元，不含税单价300元。

(3)4月10日，对3月份应纳消费税进行纳税申报并进行电子转账缴税54 000元，取得了工商银行电子缴税付款凭证一份。

(4)4月15日，领用外购丙型香料640千克(成本价64 000)运往长沙市二和日化有限公司，委托该公司代为加工丁型香水精，香水精收回后将用于生产戊型香水对外出售。

(5)4月23日，支付给二和日化公司加工费20 000(不含增值税)，同时支付加工环节的消费税，受托方没有丁型香水精对外销售，相关款项通过转账支付。

(6)4月25日收回已加工完毕的丁型香水精60千克，单位成本1 400元，并办理了入库手续。

(7)4月28日，加工收回的丁型香水精40%用于对外销售给可伶百货公司，其余60%一次性领用生产戊型香水。

(8)4月30日，销售给长沙市鑫天地购物中心A类高档化妆品1 000瓶，不含税价款60 000元。货款已通过银行转账收讫。

计算虹华化妆品有限公司2017年4月应纳的消费税税款，填写消费税纳税申报表。

任务一　认识消费税

一、消费税的概念

消费税是国家为体现消费政策，对生产、委托加工、零售和进口的应税消费品征收的一种流转税。消费税是对特定的消费品和消费行为在特定的环节征收的一种典型的间接税。

消费税具有以下特点：一是征收范围具有选择性，一般是选择部分消费品和消费行为进行征收；二是征收环节具有单一性，通常是在消费品生产、流通和消费的某一环节进行一次征收；三是税率具有差别性，对不同的消费品制定不同的税率；四是税负具有转嫁性。

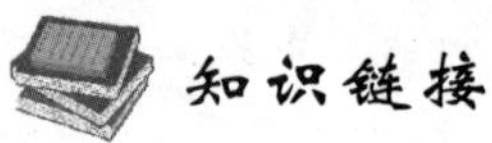

知识链接

我国消费税的发展

我国的消费税是1994年税制改革中新设置的税种。它由原产品税脱胎而来，与实行普遍调节的增值税配套，对某些产品进行特殊调节。新中国成立初期征收的货物税、20世纪50年代征收的商品流通税和1958年9月至1973年征收的工商统一税以及1973年至1983年征收的工商税相当于货物税的部分，1983年至1993年征收的产品税、增值税，实质上相当于或其中部分相当于消费税性质，只不过一直未命名为消费税，或没有单独成为一个税种而已。

二、消费税的纳税人

《中华人民共和国消费税暂行条例》规定在中华人民共和国境内生产、委托加工和进口应税消费品的单位和个人，为消费税的纳税义务人，应当按照规定缴纳消费税。“单位”是指国有企业、集体企业、私有企业、股份制企业、其他企业、行政单位、事业单位、军事单位、社会团体和其他单位。“个人”是指个体经营者及其他个人。进口的应税消费品，尽管其产地不在我国境内，但在我国境内销售或消费，必须由从事进口应税消费品的进口人或其代理人按照规定缴纳消费税。

三、消费税的征税范围

消费税的征收范围包括了四种类型的产品：

第一类：一些过度消费会对人类健康、社会秩序、生态环境等方面造成危害的特殊消费品，如烟、酒、鞭炮、焰火等；

第二类：奢侈品、非生活必需品，如贵重首饰、高档化妆品等；

第三类：高能耗及高档消费品，如摩托车、小轿车；

第四类：不可再生和替代的石油类消费品，如汽油、柴油等。

随着国家经济水平的发展以及国家消费政策和产业政策的变化，我国消费税的征收范围也在不断地调整。现行消费税的征收范围主要包括：烟，酒，高档化妆品，贵重首饰及珠宝玉石，鞭炮、焰火，成品油，摩托车，小汽车，高尔夫球及球具，高档手表，游艇，木制一次性筷子，实木地板，电池，涂料等。

四、消费税税目、征收率

消费税共设置了15个税目，消费税实行比例税率、定额税率和从量定额与从价定率相结合的复合计税三种形式。多数消费品采用比例税率，对黄酒、啤酒和成品油等采用定额税率；对卷烟和白酒实行从量定额与从价定率相结合计算应纳税额的复合计税办法。最新消费税税目税率表如表3-1所示。

表3-1 消费税税目税率表

税目	税率
一、烟	
1.卷烟	
工业	
(1)甲类卷烟	56%加0.003元/支
(2)乙类卷烟	36%加0.003元/支
商业批发	11%加0.005元/支
2.雪茄	36%
3.烟丝	30%
二、酒	
1.白酒	20%加0.5元/500克(或者500毫升)
2.黄酒	240元/吨
3.啤酒	
(1)甲类啤酒	250元/吨
(2)乙类啤酒	220元/吨
4.其他酒	10%
三、高档化妆品	15%
四、贵重首饰及珠宝玉石	
1.金银首饰、铂金首饰和钻石及钻石饰品	5%
2.其他贵重首饰和珠宝玉石	10%
五、鞭炮、焰火	15%
六、成品油	
1.汽油	1.52元/升
2.柴油	1.2元/升
3.航空煤油	1.2元/升
4.石脑油	1.52元/升
5.溶剂油	1.52元/升
6.润滑油	1.52元/升
7.燃料油	1.2元/升

续表 3－1

税目	税率
七、摩托车 1.气缸容量 250 毫升的 2.气缸容量在 250 毫升(不含)以上的	 3% 10%
八、小汽车 1.乘坐用车 (1)气缸容量(排气量,下同)在 1.0 升(含 1.0 升)以下的 (2)气缸容量在 1.0 升以上至 1.5 升(含 1.5 升)的 (3)气缸容量在 1.5 升以上至 2.0 升(含 2.0 升)的 (4)气缸容量在 2.0 升以上至 2.5 升(含 2.5 升)的 (5)气缸容量在 2.5 升以上至 3.0 升(含 3.0 升)的 (6)气缸容量在 3.0 升以上至 4.0 升(含 4.0 升)的 (7)气缸容量在 4.0 升以上的 2.中轻型商用客车	 1% 3% 5% 9% 12% 25% 40% 5%
九、高尔夫球及球具	10%
十、高档手表	20%
十一、游艇	10%
十二、木制一次性筷子	5%
十三、实木地板	5%
十四、电池	4%
十五、涂料	4%

消费税税率的选择应注意以下问题：

(1)下列两种情况应按最高税率征税：一是纳税人兼营不同税率的应税消费品未分别核算的；二是将不同税率应税消费品组成套装消费品销售的。

(2)零售环节征收消费税的贵重首饰只包括金、银和金基、银基合金首饰，以及以金、银和金基、银基合金的镶嵌首饰、钻石及钻石饰品，其他的首饰分别在生产、进口、委托加工提货环节征收。

(3)饮食业、娱乐业自制啤酒一律按甲类啤酒税率征税。

任务二　消费税应纳税额的计算

一、生产环节应纳消费税的计算

纳税人在生产环节应缴纳的消费税，包括直接对外销售应税消费品应缴纳的消费税和自产自用应税消费品应缴纳的消费税。

(一)直接对外销售应税消费品应纳消费税的计算

直接对外销售应税消费品应纳税额的计算有从价定率计税、从量定额计税和从价从量复合计税三种基本方法。

1.直接对外销售应税消费品计税依据的确定

对采用从价定率征税的货物，以含消费税而不含增值税的销售额为计税依据。具体的核定方法如下：

(1)纳税人生产销售的应税消费品，销售额是指纳税人销售应税消费品所收取的全部价款和价外费用。所谓价外费用，包括价外收取的手续费、基金、集资费、返还利润、奖励费、违约金、滞纳金、延期付款利息、赔偿金、代收款项、代垫款项、包装费、包装物租金、储备费、优质费、运输装卸费以及其他各种性质的价外费用，但不包括向购买方收取的增值税销项税额以及承运部门的运费发票开具给购货方且由纳税人将该发票转交给购货方的代垫运费。

(2)纳税人连同包装物销售的应税消费品，根据不同情况分别确定销售额：包装物作价的，无论包装物是否单独计价，也不论在会计上如何核算，均应计入应税消费品的销售额中征收消费税。如果包装物不作价随同产品销售，而是收取押金，此项押金则不应并入应税消费品的销售额中征税。但对因逾期未收回包装物不再退还的和已收取1年以上押金的，应并入应税消费品的销售额，按照应税消费品的适用税率征收消费税。对于既作价随同应税消费品销售，又另外收取的包装物押金，凡纳税人在规定的期限内没有退还的，均应并入应税消费品的销售额，按照应税消费品的适用税率征收消费税。

对采用从量定额税率征税的货物，计税依据为应税消费品的销售数量。

2.直接对外销售应税消费品应纳税额的计算

(1)从价定率征税的应税消费品应纳税额的计算。

实行从价定率征税的直接对外销售应税消费品应纳消费税额计算公式为：

应纳税额＝应税消费品销售额×适用税率

(2)从量定额征税的应税消费品应纳税额的计算。

实行从量定额征税的应税消费品应纳消费税额计算公式为：

应纳税额＝应税消费品销售数量×适用单位税额

(3)从价从量复合征税的应税消费品应纳税额的计算。

实行从价从量复合征税的应税消费品采用从价和从量定额相结合计税的办法计算应纳税额。应纳税额计算公式为：

应纳税额＝应税消费品销售额×适用税率＋应税消费品销售数量×适用单位税额

【例3-1】某企业为增值税一般纳税人，增值税税率为17%，消费税税率为10%。本期销售应税消费税产品，应纳消费税产品不含增值税价300 000元，款收存银行。该产品成本为150 000元。计算其应纳消费税额。

解析：

应纳消费税额＝300 000×10%＝30 000(元)

【例3-2】某酒厂2017年3月销售白酒40吨，取得不含税销售额1 000 000元，另开收据收取包装物押金117 000元，约定包装物2个月退回。计算其应纳消费税额。

解析：

应纳消费税额＝[1 000 000＋117 000÷(1＋17%)]×20%＋40×2 000×0.5＝260 000(元)

(二)自产自用应税消费品应纳消费税的计算

1. 自产自用应税消费品的确定

自产自用是指纳税人生产应税消费品后,不是直接对外销售,而是用于连续生产应税消费品或用于其他方面。所谓"连续生产应税消费品",是指作为生产最终应税消费品的直接材料,并构成最终产品实体的应税消费品。对自产自用的应税消费品,用于连续生产应税消费品的不再征税,体现了税不重征和计税简便的原则,避免了重复征税。所谓"用于其他方面的",是指纳税人用于生产非应税消费品和在建工程、管理部门、非生产机构、提供劳务,以及用于馈赠、赞助、集资、广告、样品、职工福利、奖励等方面的应税消费品。企业自产的应税消费品虽然没有用于销售或连续生产应税消费品,但只要是用于税法所规定的范围都要视同销售,依法缴纳消费税。

2. 自产自用应税消费品计税依据的确定

根据《中华人民共和国消费税暂行条例》规定,纳税人自产自用的应税消费品,凡用于其他方面应当纳税的,其销售额的核算顺序如下:

(1)按照纳税人生产的当月同类消费品的销售价格计算纳税。

(2)如果当月同类消费品各期销售价格高低不同,应按销售数量加权平均计算。但销售的应税消费品有下列情况之一的,不得列入加权平均计算:①销售价格明显偏低又无正当理由的;②无销售价格的。

(3)如果当月无销售或者当月未完结,应按照同类消费品上月或最近月份的销售价格计算纳税。

(4)没有同类消费品销售价格的,按照组成计税价格计算纳税。

实行从价定率办法计算纳税的组成计税价格计算公式为:

$$组成计税价格=(成本+利润)\div(1-比例税率)$$

实行复合计税办法计算纳税的组成计税价格计算公式为:

$$组成计税价格=(成本+利润+自产自用数量\times定额税率)\div(1-比例税率)$$

上述公式中所说的"成本"是指应税消费品的产品生产成本,"利润"等于"成本"乘以"成本利润率"。"成本利润率"是指应称消费品的全国平均成本利润率,由国家税务总局确定,具体如表3-2所示。

表3-2 应税消费品全国平均成本利润率

序号	货物名称	成本利润率(%)	序号	货物名称	成本利润率(%)
1	甲类卷烟	10	11	摩托车	6
2	乙类卷烟	5	12	乘用车	8
3	雪茄	5	13	中轻型商用客车	6
4	烟丝	5	14	高尔夫球及球具	10
5	粮食白酒	10	15	高档手表	20
6	薯类白酒	5	16	游艇	10
7	其他酒	5	17	木制一次性筷子	5
8	高档化妆品	5	18	实木地板	5
9	鞭炮焰火	5	19	电池	4
10	贵重首饰及珠宝玉石	6	20	涂料	7

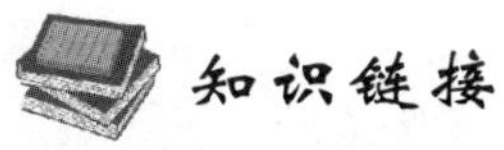

计税依据确定的特殊规定

(1)用于换取生产资料和消费资料、投资入股和抵偿债务的应税消费品，应以纳税人同类应税消费品的最高销售价格作为消费税计税依据。

(2)酒类产品消费税最低计税价格的确定。白酒生产企业销售给销售单位的白酒，生产企业消费税计税价格低于销售单位对外销售价格(不含增值税，下同)70%以下的，税务机关应核定消费税最低计税价格；生产企业消费税计税价格高于销售单位对外销售价格70%(含70%)以上的，税务机关暂不核定消费税最低计税价格。已核定最低计税价格的白酒，生产企业实际销售价格高于消费税最低计税价格的，按实际销售价格申报纳税；实际销售价格低于消费税最低计税价格的，按最低计税价格申报纳税。

3. 自产自用应税消费品应纳税额的计算

(1)从价定率征税的应税消费品应纳税额的计算。

实行从价定率征税的自产自用应税消费品应纳消费税额计算公式为：

应纳税额＝自产自用同类应税消费品销售额或组成计税价格×适用税率

(2)从量定额征税的应税消费品应纳税额的计算。

实行从量定额征税的应税消费品应纳消费税额计算公式为：

应纳税额＝应税消费品移送数量×适用单位税额

(3)从价从量复合征税的应税消费品应纳税额的计算。

实行从价从量复合征税的应税消费品应纳消费税额计算公式为：

应纳税额＝自产自用同类应税消费品销售额或组成计税价格×适用税率＋应税消费品移送使用数量×适用单位税额

【例3-3】某汽车制造有限公司2017年3月将其所生产的小轿车50辆投资组建出租车公司，该小轿单位制造成本为80 000元，市场单位销售价格为110 000元，该轿车适用的消费税为5%。计算其应纳消费税额。

解析：

应纳消费税额＝110 000×50×5%＝275 000(元)

【例3-4】某日化厂2017年3月将一批新研制的高档化妆品发给本厂女职工作为“三八节”的福利。该化妆品尚未对外公开销售，无同类产品销售价格，生产成本为85 000元。计算其应纳消费税额。

解析：

组成计税价格＝85 000×(1＋5%)÷(1－15%)＝105 000(元)

应纳消费税额＝105 000×15%＝15 750(元)

【例3-5】某酒厂2017年6月将自产的一批啤酒捐赠给某大型超市，共2吨，该啤酒属于乙类啤酒，每吨啤酒的成本为2 000元，当月销售价格每吨为2 600元。计算其应纳消费税额。

解析：

应纳消费税额＝2×220＝440(元)

【例3-6】某酒厂2017年2月将本厂新研制的薯类白酒300瓶(每瓶500毫升)作为广告样品，该白酒无同类产品的市场销售价格，生产成本为15元/瓶。计算其应纳消费税额。

解析：

组成计税价格＝[15×(1＋5%)×300＋0.5×300]÷(1－20%)＝6 093.75(元)

应纳消费税额＝6 093.75×20%＋0.5×300＝1 368.75(元)

二、委托加工环节应税消费品应纳税额的计算

1.委托加工应税消费品的确定

委托加工应税消费品是指由委托方提供原料和主要材料，受托方只收取加工费和代垫部分辅助材料加工的应税消费品。对于由受托方提供原材料生产的应税消费品，或者受托方先将原材料卖给委托方，然后再接受加工的应税消费品，以及由受托方以委托方名义购进原材料生产的应税消费品，无论纳税人在财务上是否作销售处理，都不得作为委托加工应税消费品，而应当按照销售自制应税消费品缴纳消费税。这种处理方法体现了税收管理的源泉控制原则，避免了应缴税款的流失。

2.委托加工应税消费品计税依据的确定

委托加工的应税消费品，按受托方同类消费品的销售价格计算纳税，如果当月同类消费品各期销售价格高低不同，应按销售数量加权平均计算。但销售的应税消费品有下列情况之一的，不得列入加权平均计算：①销售价格明显偏低又无正当理由的；②无销售价格的。如果当月无销售或者当月未完结，应按照同类消费品上月或最近月份的销售价格计算纳税。没有同类消费品销售价格的，按照组成计税价格计算纳税。组成计税价格计算公式为：

组成计税价格＝(材料成本＋加工费)÷(1－比例税率)

上述公式中所说的“材料成本”是指委托方所提供加工材料的实际成本，不包括增值税税款。“加工费”是指受托方加工应税消费品向委托方所收取的全部费用，包括代垫辅助材料的实际成本，不包括增值税税款。

3.委托加工应税消费品应纳税额的计算

(1)受托方有同类消费品销售价格的。其应纳税额计算公式为：

应纳税额＝同类消费品单位销售价格×委托加工数量×适用税率

(2)受托方没有同类消费品销售价格的。其应纳税额计算公式为：

应纳税额＝组成计税价格×适用税率

三、进口环节应税消费品应纳税额的计算

纳税人进口应税消费品，按照组成计税价格和规定的税率计算应纳税额，组成计税价格包括到岸价格、关税和消费税三部分。

(1)从价定率征税的应税消费品应纳税额的计算。

实行从价定率征税的进口应税消费品应纳消费税额计算公式为：

应纳税额＝组成计税价格×适用税率

组成计税价格＝(关税完税价格＋关税)÷(1－比例税率)

(2)从量定额征税的应税消费品应纳税额的计算。

实行从量定额征税的进口应税消费品应纳消费税额计算公式为：

应纳税额＝应税消费品数量×消费税单位税额

提示：公式中应税消费品数量为海关核定的应税消费品征税数量。

(3)从价从量复合征税的应税消费品应纳税额的计算。

实行从价从量复合征税的进口应税消费品应纳消费税额计算公式为：

应纳税额＝组成计税价格×适用税率＋应税消费品数量×消费税单位税额

组成计税价格＝(关税完税价格＋关税＋进口数量×消费税单位税额)÷(1－比例税率)

【例3-7】某公司进口一批高档化妆品，该批高档化妆品关税完税价格为300 000元，关税税率为50%。计算该公司进口环节应纳消费税税额。

解析：

组成计税价格＝(300 000＋300 000×50%)÷(1－30%)＝529 411.76(元)

应纳税额＝529 411.76×15%＝79 411.76(元)

【例3-8】某公司从国外进口白酒2吨，关税完税价格为44 000元，关税税率为10%。计算该公司进口环节应纳消费税税额。

解析：

组成计税价格＝(44 000＋44 000×10%＋2×2 000×0.5)÷(1－20%)＝63 000(元)

应纳税额＝63 000×20%＋2×2 000×0.5＝14 600(元)

四、应税消费品已纳的消费税税款的扣除

下列应税消费品准予从应纳消费税税额中扣除原料已纳消费税税款：

(1)外购或委托加工收回的已税烟丝生产的卷烟；

(2)外购或委托加工收回的已税高档化妆品生产的高档化妆品；

(3)外购或委托加工收回的已税珠宝玉石生产的贵重首饰及珠宝玉石；

(4)外购或委托加工收回的已税鞭炮、焰火生产的鞭炮、焰火；

(5)以外购或委托加工收回的已税杆头、杆身和握把为原料生产的高尔夫球杆；

(6)以外购或委托加工收回的已税木制一次性筷子为原料生产的木制一次性筷子；

(7)以外购或委托加工收回的已税实木地板为原料生产的实木地板；

(8)以外购或委托加工收回的已税石脑油为原料生产的应税消费品；

(9)外购或委托加工收回的已税润滑油为原料生产的润滑油。

按照规定，当期准予扣除外购或委托加工的应税消费品的已纳消费税税款，应按当期生产领用数量计算。

对于外购已税消费品，当期准予扣除的已纳消费税税款的计算公式为：

当期准予扣除的外购应税消费品的已纳税款＝当期准予扣除的外购应税消费品的买价×外购应税消费品消费税税率

当期准予扣除的外购应税消费品的买价＝期初库存的外购应税消费品的买价＋当期购进的应税消费品的买价－期末库存的外购应税消费品的买价

对于委托加工收回的消费品，当期准予扣除的已纳消费税税款的计算公式为：

当期准予扣除的委托加工应税消费品已纳税款＝期初库存的委托加工应税消费品已纳税款＋当期收回的委托加工应税消费品已纳税款－期末库存的委托加工应税消费品已纳税款

任务三 消费税会计核算

一、账户设置

为了核算消费税的应交、已交、欠交等情况，需要缴纳消费税的企业应在“应交税费”账户下设置“应交消费税”明细账户进行会计核算。“应交消费税”借方核算实际缴纳的消费税和待抵扣的消费税，贷方核算按规定应缴纳的消费税，期末贷方余额表示尚未缴纳的消费税，借方余额表示多缴纳的消费税或待抵扣的消费税。

二、涉税业务的会计核算

(一)自产销售应税消费品应纳消费税的会计核算

消费税属于价内税，实现的销售额包括销售货物的收入和消费税，企业应缴纳的消费税是对商品销售收入的抵减，因此企业计算出应纳消费税应列入“税金及附加”账户核算。

企业将生产的应税消费品直接对外出售时，按规定计算出的应纳消费税额，借记“税金及附加”科目，贷记“应交税费——应交消费税”科目。实际缴纳消费税时，借记“应交税费——应交消费税”，贷记“银行存款”等科目。如果发生销货退回及退税时，做相反的会计分录。企业出口应税消费品如按规定不予免税或退税的，应视同国内销售，按上述规定进行会计处理。另外，随产品出售、出借包装物的消费税在会计上应按计提的消费税税额，借记“税金及附加”科目，贷记“应交税费——应交消费税”科目。

【例 3-9】沿用例 3-1 资料，编制会计分录。

①销售货物时。

借：银行存款　　351 000

　贷：主营业务收入　　300 000

　　　应交税费——应交增值税(销项税额)　　51 000

②计提应缴纳的消费税时。

借：税金及附加　　30 000

　贷：应交税费——应交消费税　　30 000

③结转产品成本时。

借：主营业务成本　　150 000

　贷：库存商品　　150 000

【例 3-10】2017 年 3 月 15 日，汉芳集团公司销售散装粮食白酒 20 吨，不含税售价 2 500 元/吨，生产成本 1 800 元/吨。随同白酒出售单独计价的包装桶 600 个，每个不含税售价 30 元，成本价 20 元/个，款项均已通过银行收讫，增值税税率为 17%。编制会计分录。

解析：

应纳消费税＝(20×2 500＋600×30)×20%＋20×2 000×0.5＝33 600(元)

①销售货物时。

借：银行存款　　79 560

　贷：主营业务收入　　50 000

其他业务收入 18 000

应交税费——应交增值税(销项税额) 11 560

②计提应缴纳的消费税。

借:税金及附加 33 600

贷:应交税费——应交消费税 33 600

③结转产品和包装物销售成本。

借:主营业务成本 36 000

贷:库存商品 36 000

借:其他业务成本 12 000

贷:周转材料——包装物 12 000

(二)自产自用应税消费品应纳消费税的会计核算

1.视同销售,不确认收入

(1)自产产品用于连续生产非应税消费品、在建工程、非生产机构提供劳务,由于产品未发生所有权转移,不符合收入确认条件,会计上不确认为收入,但税法规定应计征消费税。

纳税人应于货物移交使用时,借记“生产成本”“在建工程”“固定资产”等科目,按产品账面成本贷记“库存商品”科目,按规定计算的应纳增值税、消费税税额贷记“应交税费——应交增值税(销项税额)”和“应交税费——应交消费税”科目。

【例 3-11】2017 年 3 月 18 日,华凌汽车制造公司将一辆自产的小轿车移交厂部办公室使用,该种型号的汽车不含税售价为 200 000 元,单位成本为 150 000 元,增值税税率为 17%,消费税税率为 12%。编制会计分录。

借:固定资产 208 000

贷:库存商品 150 000

应交税费——应交增值税(销项税额) 34 000

——应交消费税 24 000

(2)自产产品用于对外捐赠、赞助、广告、样品等业务,以及不具有商业实质的非货币性交换,此类业务因为不能产生可以准确计量的经济利益的流入,因此在会计上不确认收入,但税法规定应计征消费税。

纳税人应于移送产品时,借记“营业外支出”“销售费用”等科目,按捐赠产品的账面成本贷记“库存商品”科目,按规定计算的应纳增值税、消费税税额贷记“应交税费——应交增值税(销项税额)”和“应交税费——应交消费税”科目。

【例 3-12】2017 年 4 月 18 日,华凌汽车制造公司将一辆自产小轿车捐赠给希望小学,该种型号的汽车不含税价格为 100 000 元,单位成本为 75 000 元,增值税税率为 17%,消费税税率为 5%。编制会计分录。

借:营业外支出 97 000

贷:库存商品 75 000

应交税费——应交增值税(销项税额) 17 000

——应交消费税 5 000

2.视同销售,并确认收入

(1)自产应税消费品用于对外投资的业务,其所有权已经转移,而且所产生的经济利益的流入也能可靠地计量，因此确认为当期收入的增加。

纳税人应于移送产品时，按长期股权投资的初始成本借记“长期股权投资”科目，按移送产品的售价或组成计税价格贷记“主营业务收入”科目，按规定计算的应纳增值税、消费税税额贷记“应交税费——应交增值税（销项税额）”和“应交税费——应交消费税”科目。

【例 3-13】 2017 年 5 月 18 日，华凌汽车制造公司将一辆自产小轿车用于对广雅公司投资，该厂这种型号的小汽车不含税售价为 180 000 元，单位成本 140 000 元，双方协议投资作价 160 000 元，增值税税率为 17%，消费税税率为 5%。编制会计分录。

借：长期股权投资　　210 600
　贷：主营业务收入　　180 000
　　应交税费——应交增值税（销项税额）　　30 600
借：税金及附加　　9 000
　贷：应交税费——应交消费税　　9 000

（2）自产应税消费品用于职工福利、劳动保护、股利分红的业务，其所有权已经转移，而且所产生的经济利益的流入也能可靠地计量，因此确认为当期收入的增加。

纳税人应于移送产品时，借记“应付职工薪酬”“制造费用”“应付股利”等科目，按移送产品的售价或组成计税价格，贷记“主营业务收入”科目，按规定计算的应纳增值税、消费税税额，贷记“应交税费——应交增值税（销项税额）”和“应交税费——应交消费税”科目。

【例 3-14】 2017 年 1 月 15 日，洪福集团将其自产的一批焰火作为员工福利发放给本厂职工，该批焰火不含税售价为 100 000 元，单位成本 50 000 元，增值税税率为 17%，消费税税率为 15%。编制会计分录。

借：应付职工薪酬　　117 000
　贷：主营业务收入　　100 000
　　应交税费——应交增值税（销项税额）　　17 000
借：税金及附加　　15 000
　贷：应交税费——应交消费税　　15 000

（三）委托加工应税消费品应纳消费税的会计核算

1. 委托方的会计核算

委托加工应税消费品应纳消费税应区分以下两种不同情况分别进行账务处理：

①委托方收回委托加工应税消费品直接用于销售的，委托方应将受托方代收代缴的消费税随同应支付的加工费一并计入委托加工应税消费品的成本，借记“委托加工物资”科目，贷记“应付账款”“银行存款”等科目。委托方将委托加工收回的已由受托方代收代缴消费税的消费品对外出售的，不再缴纳消费税。

②委托方收回委托加工应税消费品后，用于连续生产应税消费品，受托方代收代缴的消费税准予抵扣，按受托方代收代缴的消费税，借记“应交税费——应交消费税”科目，贷记“应付账款”“银行存款”等科目。待连续生产的最终消费品销售时，按最终应税消费品应缴纳的消费税，借记“税金及附加”科目，贷记“应交税费——应交消费税”科目。“应交税费——应交消费税”这两笔借、贷发生额的差额即为委托方实际应纳消费税税额。

【例 3-15】 A 企业委托 B 企业（均为一般纳税人）加工烟丝，发出材料的实际成本为 4 000

元，加工费800元(不含税价)，B企业同类、同量烟丝的销售收入为8 000元。A企业将烟丝提回后直接销售，已售7 900元，烟丝的加工费及B企业代交的消费税均未结算。编制会计分录。

解析：

委托加工的应税消费品，应按照受托方同类消费品的销售价格计算纳税；没有同类消费品销售价格的，按照组成计税价格计算纳税。本例中受托方同类、同量烟丝的销售收入为8 000元，因此受托方应以8 000元为依据计算应代扣代缴烟丝的消费税，烟丝的消费税税率为30%，受托方应代扣代缴的消费税为2 400元(8 000×30%)。

A企业的会计处理如下：

①发出材料时。

借：委托加工物资　　4 000

　贷：原材料　　4 000

②提回烟丝计算应付的加工费时。

借：委托加工物资　　3 200

　　应交税金——应交增值税(进项税额)　　136

　贷：应付账款　　3 336

借：库存商品　　7 200

　贷：委托加工物资　　7 200

③销售烟丝时。

借：应收账款　　9 243

　贷：主营业务收入　　7 900

　　　应交税金——应交增值税(销项税额)　　1 343

【例3-16】甲企业委托乙企业加工材料一批，属于应税消费品，原材料实际成本为10 000元，付的加工费为8 000元(不含增值税)，消费税税率为10%，无同类消费品销售价格，按组成计税价格计算消费税。材料加工完成验收入库，加工费用等已支付，增值税税率为17%，甲企业收回后直接对外销售。甲企业的会计处理如下：

①发出材料时。

借：委托加工物资　　10 000

　贷：原材料　　10 000

②加工完成并支付加工费用及消费税。

组成计税价格＝(8 000＋10 000)÷(1－10%)＝20 000(元)

受托方代收代缴的消费税＝20 000×10%＝2 000(元)

借：委托加工物资　　10 000

　　应交税费——应交增值税(进项税额)　　1 360

　贷：银行存款　　11 360

借：库存商品　　20 000

　贷：委托加工物资　　20 000

2.受托方的会计核算

需要缴纳消费税的委托加工应税消费品，于委托方提货时，由受托方代收代缴消费税。受托方按应收取的加工费和应代收代缴的消费税，借记"应收账款""银行存款"等科目；按应收取的加工费和增值税，贷记"主营业务收入"或"其他业务收入"、"应交税费——应交增值税（销项税额）"等科目；按应代收代缴的消费税，贷记"应交税费——代收代缴消费税"科目。

【例 3-17】沿用例 3-16 的资料，受托方乙企业收取加工费，并代收代缴消费税。

①收取加工费时。

借：银行存款　　9 360

　贷：主营业务收入（或其他业务收入）　　8 000

　　应交税费——应交增值税（销项税额）　　1 360

②收取代收代缴消费税时。

借：银行存款　　2 000

　贷：应交税费——代收代缴消费税　　2 000

（四）进口应税消费品应纳税额的会计核算

进口应税消费品时，由海关代征的进口消费税，应计入应税消费品的成本中，根据海关完税凭证上注明的消费税税额，借记"固定资产""物资采购""库存商品""应交税费——应交增值税（进项税额）"等科目，贷记"银行存款""应付账款"等科目。

【例 3-18】亚特公司 2017 年 5 月从德国进口小汽车 10 辆作为固定资产使用，小汽车的到岸价格折合人民币 1 200 000 元，应纳关税 150 000 元，适用消费税税率 20%，该公司增值税税率为 17%。编制会计分录。

解析：

组成计税价格＝（1 200 000＋150 000）÷（1－20%）＝1 687 500（元）

应纳消费税＝1 687 500×20%＝337 500（元）

应纳增值税＝1 687 500×17%＝286 875（元）

借：固定资产　　1 687 500

　　应交税费——应交增值税（进项税额）　　286 875

　贷：银行存款　　1 974 375

（五）消费税出口退（免）税的会计核算

1. 出口应税消费品退（免）税范围的限定

（1）有出口经营权的外贸企业购进应税消费品直接出口以及外贸企业受其他外贸企业委托代理出口的应税消费品，出口免税并退税。

（2）有出口经营权的生产企业自营出口或生产企业委托外贸企业代理出口自产的应税消费品，依其实际出口数量免征消费税，不予办理退还消费税。

（3）除生产企业、外贸企业外的其他企业（即一般商贸企业）委托外贸企业代理出口应税消费品一律不予退（免）税。

2. 出口应税消费品的退税率

计算出口应税消费品应退消费税的税率或单位税额，依据《中华人民共和国消费税暂行条例》所附"消费税税目税率表"执行。这是退（免）消费税与退（免）增值税的一个重要区别。

当出口的货物是应税消费品时，其退还增值税要按规定的退税率计算，其退还消费税则按该应税消费品所适用的消费税税率计算。企业应将不同消费税税率的出口应税消费品分开核算和申报，凡划分不清适用税率的，一律从低适用税率，计算应退消费税税额。

3. 出口应税消费品退税的会计核算

生产企业将应税消费品销售给外贸企业，由外贸企业自营出口的，生产企业缴纳消费税的会计处理和在国内销售应税消费品缴纳消费税的会计处理相同。而生产企业委托外贸企业代理出口应税消费品，应按规定实行先征后退方法的，需要进行会计处理。委托出口的生产企业应在计算消费税时，按应缴纳的消费税借记“应收账款”科目，贷记“应交税费——应交消费税”。应税消费品出口后，收到外贸企业退回的税金，借记“银行存款”科目，贷记“应收账款”科目。

【例 3－19】某生产企业委托外贸企业出口香烟 24 箱，销售收入为 500 000 元，适用消费税税率 56%，计算应缴纳的消费税 283 600 元。则生产企业委托外贸企业出口时应做的会计分录如下：

①发出出口商品时。

借：应收账款　　783 600

　贷：主营业务收入　　500 000

　　应交税金——应交消费税　　283 600

②生产企业实际交纳消费税时。

借：应交税金——应交消费税　　283 600

　贷：银行存款　　283 600

③收到货款和退回的税款时。

借：银行存款　　783 600

　贷：应收账款　　783 600

4. 外贸企业直接出口应税消费品退税的会计核算

(1)属于从价定率计征消费税的应税消费品依据外贸企业从生产企业购进应税消费品的价格计算应退消费税税款。其计算公式为：

应退消费税税款＝出口货物工厂的销售额×税率

公式中出口货物工厂的销售额是指不含增值税的收购金额，对含增值税的价格，应换算为不含增值税的销售额或收购金额计算。

(2)属于定量计征消费税的应税消费品依照货物购进和报关出口的数量计算应退消费税税款。其计算公式为：

应退消费税税款＝出口数量×单位税额

【例 3－20】外贸公司从某化妆品厂购入高档化妆品一批，增值税专用发票注明价款 300 万元、增值税 51 万元，外贸公司将该批高档化妆品销往国外，离岸价位 60 万美元(当日外汇牌价 1 美元兑换 6.2 元人民币)，并按规定申报办理消费税退税。消费税税率为 15%，增值税退税率为 11%。上述款项均已收付。编制会计分录如下：

①购入化妆品验收入库时。

借：库存商品　　3 000 000

　　应交税费——应交增值税(进项税额)　　510 000

　贷：银行存款　　3 510 000

②化妆品报关出口时。

借：银行存款　　3 720 000

贷:主营业务收入　　3 720 000

③结转销售成本时。

借:主营业务成本　　3 000 000

贷:库存商品　　3 000 000

④不得抵扣或退税税额,调整出口成本。

借:主营业务成本　　180 000

贷:应交税费——应交增值税(进项税额转出)　　180 000

⑤申请退税。

借:其他应收款　　1 230 000

贷:应交税费——应交增值税(出口退税)　　330 000

主营业务成本　　900 000

⑥收到出口退税。

借:银行存款　　1 230 000

贷:其他应收款　　1 230 000

任务四　消费税的纳税申报与缴纳

一、纳税时间

(一)纳税义务发生时间

(1)纳税人销售的应税消费品,其纳税义务发生的时间为:

①纳税人采取赊销和分期收款结算方式的,其纳税义务的发生时间为书面合同约定的收款日期的当天,书面合同没有约定收款日期或者无书面合同的,为发出应税消费品的当天。

②纳税人采取预收货款结算方式的,其纳税义务的发生时间为发出应税消费品的当天。

③纳税人采取托收承付结算方式销售的应税消费品,其纳税义务的发生时间为发出应税消费品并办妥托收手续的当天。

④纳税人采取其他结算方式的,其纳税义务的发生时间为收讫销售款或者取得索取销售款凭据的当天。

(2)纳税人自产自用的应税消费品,其纳税义务的发生时间为移送使用的当天。

(3)纳税人委托加工的应税消费品,其纳税义务的发生时间为纳税人提货的当天。

(4)纳税人进口的应税消费品,其纳税义务的发生时间为报关进口的当天。

(二)纳税期限

根据《中华人民共和国消费税暂行条例》的规定,消费税的纳税期限分别为1日、3日、5日、10日、15日、1个月或者1个季度。纳税人的具体纳税期限,由主管税务机关根据纳税人应纳税额的大小分别核定;不能按照固定期限纳税的,可以按次纳税。

纳税人以1个月或者1个季度为1个纳税期的,自期满之日起15日内申报纳税;以1日、3日、5日、10日或者15日为1个纳税期的,自期满之日起5日内预缴税款,于次月1日起15日内申报纳税并结清上月应纳税款。

纳税人进口应税消费品，应当自海关填发海关进口消费税专用缴款书之日起15日内缴纳税款。

二、纳税地点

根据《中华人民共和国消费税暂行条例》的规定，纳税人销售的应税消费品，以及自产自用的应税消费品，除国务院财政、税务主管部门另有规定外，应当向纳税人机构所在地或者居住地的主管税务机关申报纳税。委托加工的应税消费品，除受托方为个人外，由受托方向机构所在地或者居住地的主管税务机关解缴消费税税款。进口的应税消费品，应当向报关地海关申报纳税。个人携带或者邮寄进境的应税消费品的消费税，连同关税一并计征。

三、纳税申报

纳税人无论当期有无销售或是否盈利，均应在次月1—15日内按有关规定向主管税务机关进行纳税申报。消费税纳税申报表应根据应税消费品不同种类分别填列，共七类：酒类应税消费品消费税纳税申报表（见表3-3）、烟类应税消费品消费税纳税申报表（见表3-4）、成品油消费税纳税申报表、小汽车消费税纳税申报表、电池消费税纳税申报表、涂料消费税纳税申报表、其他应税消费品消费税纳税申报表。

表3-3 酒类应税消费品消费税纳税申报表

税款所属期： 年 月 日至 年 月 日

纳税人名称（公章）：

纳税人识别号：

填表日期： 年 月 日　　　金额单位：元（列至角分）

项目 应税消费品名称	适用税率		销售数量	销售额	应纳税额
	定额税率	比例税率			
粮食白酒	0.5元/斤	20%			
薯类白酒	0.5元/斤	20%			
啤酒	250元/吨	—			
啤酒	220元/吨	—			
黄酒	240元/吨	—			
其他酒	—	10%			
合计	—	—	—	—	

	声明
本期准予抵减税额：	此纳税申报表是根据国家税收法律的规定填报的，我确定它是真实的、可靠的、完整的。
本期减（免）税额：	经办人（签章）： 财务负责人（签章）：
期初未缴税额：	联系电话：

续表 3－3

<table>
<tr><td>本期缴纳前期应纳税额：</td><td rowspan="4">（如果你已委托代理人申报，请填写）
授权声明
为代理一切税务事宜，现授权＿＿＿＿＿（地址）＿＿＿＿＿为本纳税人的代理申报人，任何与本申报表有关的往来文件，都可寄予此人。
授权人签章：</td></tr>
<tr><td>本期预缴税额：</td></tr>
<tr><td>本期应补（退）税额：</td></tr>
<tr><td>期末未缴税额：</td></tr>
</table>

以下由税务机关填写

受理人（签章）：　　受理日期：　年　月　日　　受理税务机关（章）

表 3－4　烟类应税消费品消费税纳税申报表

税款所属期：　年　月　日至　年　月　日

纳税人名称（公章）：

纳税人识别号：□□□□□□□□□□□□□□□□□□□□

填表日期：　年　月　日　单位：卷烟万支、雪茄烟支、烟丝千克；金额单位：元（列至角分）

<table>
<tr><td rowspan="2">项目
应税消费品名称</td><td colspan="2">适用税率</td><td rowspan="2">销售数量</td><td rowspan="2">销售额</td><td rowspan="2">应纳税额</td></tr>
<tr><td>定额税率</td><td>比例税率</td></tr>
<tr><td>卷烟</td><td>30 元/万支</td><td>56%</td><td></td><td></td><td></td></tr>
<tr><td>卷烟</td><td>30 元/万支</td><td>36%</td><td></td><td></td><td></td></tr>
<tr><td>雪茄烟</td><td>—</td><td>36%</td><td></td><td></td><td></td></tr>
<tr><td>烟丝</td><td>—</td><td>30%</td><td></td><td></td><td></td></tr>
<tr><td>合计</td><td>—</td><td>—</td><td>—</td><td>—</td><td></td></tr>
</table>

<table>
<tr><td>本期准予扣除税额：</td><td rowspan="3">声明
此纳税申报表是根据国家税收法律的规定填报的，我确定它是真实的、可靠的、完整的。
经办人（签章）：
财务负责人（签章）：
联系电话：</td></tr>
<tr><td>本期减（免）税额：</td></tr>
<tr><td>期初未缴税额：</td></tr>
<tr><td>本期缴纳前期应纳税额：</td><td rowspan="4">（如果你已委托代理人申报，请填写）
授权声明
为代理一切税务事宜，现授权＿＿＿＿＿（地址）＿＿＿＿＿为本纳税人的代理申报人，任何与本申报表有关的往来文件，都可寄予此人。
授权人签章：</td></tr>
<tr><td>本期预缴税额：</td></tr>
<tr><td>本期应补（退）税额：</td></tr>
<tr><td>期末未缴税额：</td></tr>
</table>

以下由税务机关填写

受理人（签章）：　　受理日期：　年　月　日　　受理税务机关（章）：

四、消费税纳税申报举例

根据案例导入的资料，填制消费税纳税申报表（见表 3-5）。

表 3-5 其他应税消费品消费税纳税申报表

税款所属期：2017 年 04 月 01 日至 2017 年 04 月 30 日

纳税人名称（公章）：

纳税人识别号：| 3 | 4 | 0 | 1 | 4 | 4 | 5 | 6 | 4 | 4 | 7 | 4 | 3 | 3 | 6 |

填表日期： 年 月 日　　　　金额单位：元（列至角分）

项目 应税消费品名称	适用税率	销售数量	销售额	应纳税额
甲型化妆品	15%		120 000.00	18 000.00
乙型化妆品	15%		30 000.00	4 500.00
A 类化妆品	15%		60 000.00	9 000.00
合计	—	—	—	31 500.00

<table>
<tr><td>本期准予抵减税额：21 600.00</td><td rowspan="3">声明
此纳税申报表是根据国家税收法律的规定填报的，我确定它是真实的、可靠的、完整的。
经办人（签章）：
财务负责人（签章）：
联系电话：</td></tr>
<tr><td>本期减（免）税额：0.00</td></tr>
<tr><td>期初未缴税额：54 000.00</td></tr>
<tr><td>本期缴纳前期应纳税额：54 000.00</td><td rowspan="4">（如果你已委托代理人申报，请填写）
授权声明
为代理一切税务事宜，现授权______（地址）______为本纳税人的代理申报人，任何与本申报表有关的往来文件，都可寄予此人。
授权人签章：</td></tr>
<tr><td>本期预缴税额：0.00</td></tr>
<tr><td>本期应补（退）税额：9 900.00</td></tr>
<tr><td>期末未缴税额：9 900.00</td></tr>
</table>

以下由税务机关填写

受理人（签章）：　　受理日期： 年 月 日　　受理税务机关（章）：

技能训练

一、单选题

1. 我国绝大多数应税消费品选择征收消费税的环节是(　　)。

A. 生产环节　　B. 流通环节　　C. 消费环节　　D. 分配环节

2. 下列消费品中,实行从量征收的有(　　)。

A. 黄酒　　B. 白酒　　C. 小汽车　　D. 高尔夫球

3. 进口应税消费品,按照海关的相关规定,应当自(　　)缴纳消费税。

A. 应税消费品报关进口当天

B. 海关填发税款缴纳证之日起 15 日内

C. 海关填发税款缴纳证之日起 14 日内

D. 海关填发税款缴纳证次日起 7 日内

4. 下列环节既征消费税又征增值税的是(　　)。

A. 粮食白酒的生产和批发环节　　B. 金银首饰的生产和零售环节

C. 金银首饰的进口环节　　D. 高档化妆品的生产环节

5. 烟丝加工厂为增值税一般纳税人,4 月接受某烟厂委托加工烟丝,烟丝厂自行提供烟叶的成本为 32 000 元,代垫辅助材料 2 000 元,加工费支出 50 000 元;烟丝厂上月留抵税额为 3 400元。烟丝消费税税率为 30%,成本利润率为 5%,加工费专用发票经过认证,下列正确的是(　　)。

A. 加工厂应纳增值税 5 100 元,应代收代缴消费税 28 450 元

B. 加工厂应纳增值税 10 115 元,应纳消费税 15 000 元

C. 加工厂应纳增值税 5 100 元,应纳消费税 15 000 元

D. 加工厂本月应纳增值税 18 020 元,应纳消费税 37 800 元

6. 纳税人将应税消费品与非应税消费品以及适用税率不同的应税消费品组成成套消费品销售的,应按(　　)。

A. 应税消费品的平均税率计征　　B. 应税消费品的最高税率计征

C. 应税消费品的不同税率,分别计征　　D. 应税消费品的最低税率计征

7. 2017 年 8 月某首饰厂从某商贸企业购进一批珠宝玉石,增值税发票注明价款 50 万元,增值税税款 8.5 万元,打磨后再将其销售给首饰商城,收到不含税价款 90 万元。已知珠宝玉石消费税税率为 10%,该首饰厂以上业务应缴纳消费税(　　)。

A. 4 万元　　B. 5 万元　　C. 9 万元　　D. 14 万元

8. 下列各项中,可按委托加工应税消费品的规定征收消费税的有(　　)。

A. 受托方代垫原料和主要材料,委托方提供辅助材料的

B. 委托方提供原料和主要材料,受托方代垫部分辅助材料的

C. 受托方负责采购委托方所需原材料的

D. 受托方提供原材料、材料和全部辅助材料的

9. 根据税法规定,下列说法不正确的是(　　)。

A. 应税消费品征收消费税的,其税基不含有增值税

B. 凡是征收增值税的货物都征收消费税

C. 应税消费品征收增值税的，其税基含有消费税

D. 增值税属于价外税，消费税属于价内税

10. 将自产的啤酒分给职工当福利，征收消费税的依据应是（　　）。

A. 所分数量×不含税（增值税）单价　　B. 所分数量×含税（增值税）单价

C. 所分数量×适用定额　　D. 所分数量

11. 下列各项中，属于消费税和增值税都可采用的税率形式是（　　）。

A. 全额累进税率　　B. 比例税率　　C. 超额累进税率　　D. 定额税率

二、多选题

1. 下列各项中，应同时征收增值税和消费税的有（　　）。

A. 批发环节销售的卷烟

B. 零售环节销售的金基合金首饰

C. 生产环节销售的普通护肤护发品

D. 进口环节取得外国政府捐赠的小汽车

2. 下列各项中，可按委托加工应税消费品的规定征收消费税的有（　　）。

A. 受托方代垫原料、收加工费，委托方提供辅助材料的

B. 委托方提供原材料和主要材料，受托方代垫部分辅助材料并收加工费的

C. 受托方负责采购委托方所需原材料并收加工费的

D. 委托方提供原料、主要材料和全部辅助材料，受托方收加工费的

3. 下列各项中，外购应税消费品已纳消费税款准予扣除的有（　　）。

A. 外购已税烟丝生产的卷烟

B. 外购已税杆头为原料生产的高尔夫球杆

C. 外购已税珠宝原料生产的金银首饰

D. 外购已税石脑油为原料生产的应税消费品

4. 下列各项中关于从量计征消费税计税依据确定方法的表述中，正确的有（　　）。

A. 销售应税消费品的，为应税消费品的销售数量

B. 进口应税消费品的，为海关核定的应税消费品数量

C. 以应税消费品投资入股的，为应税消费品移送使用数量

D. 委托加工应税消费品的，为加工完成的应税消费品数量

5. 纳税人收回委托加工的应税消费品后，下列情况中不需再缴纳消费税的有（　　）。

A. 用于直接销售　　B. 继续加工成应税消费品并销售

C. 用于对外投资或无偿赠送他人　　D. 用于职工福利品发放

6. 按消费品的生产、经营方式不同，应征收消费税的是（　　）。

A. 生产销售的应税消费品

B. 以自产应税消费品连续生产应税消费品

C. 以自产应税消费品用于生产非应税消费品

D. 委托加工应税消费品

7. 下列应税消费品中，采用复合计税方法计算消费税的有（　　）。

A. 烟丝　　B. 卷烟　　C. 白酒　　D. 啤酒

8. 下列说法中，正确的有（　　）。

A. 凡是征收消费税的货物都征收增值税

B. 凡是征收增值税的货物都征收消费税

C. 应税消费品征收增值税的,其计税依据含有消费税

D. 应税消费品征收消费税的,其计税依据含有增值税

9. 进口应税消费品为原材料的,“原材料”科目的金额包括关税完税价格、(　　)。

A. 发票价格　　B. 关税　　C. 消费税　　D. 增值税

10. 下列消费品种,属于消费税征税范围的有(　　)。

A. 贵重首饰　　B. 鞭炮　　C. 木质一次性筷子　　D. 摩托车

三、业务题

1. 某企业为增值税一般纳税人,4 月接受某烟厂委托加工烟丝,该企业自行提供烟叶的成本为 35 000 元,代垫辅助材料 2 000 元,发生加工支出 4 000 元。烟丝成本利润率为 5%。

要求:计算该企业应代收代缴消费税税额。

2. 某黄酒厂 6 月份销售情况如下:

(1)销售瓶装黄酒 100 吨,每吨 5 000 元(含增值税),随黄酒发出不单独计价包装箱 1 000 个,一个月内退回,每个收取押金 100 元,共收取押金 100 000 元。

(2)销售散装黄酒 40 吨,取得含增值税的价款 180 000 元。

(3)作为福利发给职工个人黄酒 10 吨,参加展示会赞助 4 吨,每吨黄酒成本为 4 000 元,销售价格为 5 000 元(不含增值税)。

要求:计算该黄酒厂本月应纳消费税税额,并编制会计分录。

3. 某化妆品公司为庆祝“三八妇女节”,特别生产高档套装化妆品,全公司 600 名职工每人发一套,此套化妆品没有供应市场,每套生产成本 100 元,若国家税务总局确定化妆品全国平均成本利润率为 5%,高档化妆品消费税税率为 15%。

要求:计算该公司应纳消费税税额。

4. 某酒厂 2017 年 5 月发生如下经济业务:

(1)销售粮食白酒 20 吨,不含税单价 6 000 元/吨,销售散装白酒 8 吨,不含税单价 4 500 元/吨,款项全部存入银行。

(2)销售以外购薯类白酒和自产糠麸白酒勾兑的散装白酒 4 吨,不含税单价 3 200 元/吨,货款已收回。

(3)用自产的散装白酒 10 吨,从农民手中换玉米,玉米已验收入库,开出收购专用发票。

(4)该厂委托某酒厂为其加工酒精,收回的酒精全部用于连续生产套装礼品白酒 6 吨,每吨不含税单价为 8 000 元。

要求:计算该酒厂当月应纳消费税税额。

5. 某卷烟厂为增值税一般纳税人,2016 年生产经营情况如下:

(1)2016 年期初库存外购已税烟丝 80 万元,当年外购已税烟丝取得防伪增值税专用发票,注明支付货款金额 1 200 万元,进项税额 204 万元,取得专用发票通过税务机关的认证。

(2)1—4 月领用外购已税烟丝 400 万元,生产卷烟 1 500 箱(标准箱),全部对外销售,取得含税销售额 4 563 万元,支付销货运输费用 60 万元,取得运输单位开具的普通发票。

(3)5—12 月领用外购已税烟丝 850 万元,生产卷烟 3 500 标准箱,销售 3 000 箱给某烟草批发公司开具增值税专用发票,不含税销售额 7 500 万元。

要求：

(1)计算卷烟厂1—4月销售卷烟应纳消费税。

(2)计算卷烟厂5—12月销售卷烟应纳消费税。

(3)计算卷烟厂2016年可抵扣的生产领用的外购已税烟丝中的消费税。

(4)计算卷烟厂2016年应缴纳的消费税。

项目四 关税纳税实务

技能目标

1.根据学习项目、任务的需要查阅有关资料。

2.能准确计算应纳关税税额。

3.能根据资料填制关税纳税申报表,能办理关税的日常纳税申报工作。

4.能进行关税涉税业务的会计处理。

知识目标

1.理解关税的基本法规知识。

2.掌握关税征税对象和纳税人的认定方法。

3.掌握关税应纳税额的计算。

4.熟悉关税的纳税申报流程及相关处理。

案例导入

某具有进出口经营权企业 2016 年发生以下进口业务:

(1)以租赁方式进口一台设备,设备价款 78 万元,完税价格 80 万元,分 8 次支付租金,每次支付 10 万元,承租人申请一次性缴纳税款。

(2)进口材料一批,进料成交价 100 万元,发生运费 1 万元,保险费 0.4 万元。

(3)将一台设备运往境外修理,设备价 60 万元,修理费 5 万元,材料费 6 万元,运输费 1 万元,保险费 0.4 万元。

(4)转让 2 年前免税进口的一台设备,设备价款 60 万元,转让价格 50 万元。海关监管期 5 年。

(5)进口一批材料,进口完税价格 50 万元,报关进口后发现其中 20%部分有严重质量问题将其退货,出口方同意更换,进口方取得无代价抵偿物价值 10 万元。有质量问题货物已退运国外。

(上述进口关税税率:设备 15%,材料 20%)

要求:计算该企业当年应纳进口关税。

任务一 认识关税

一、关税的概念

关税是指一国海关根据该国法律规定,对通过其关境的进出口货物课征的一种税收。关税具有强制性、无偿性和预定性。其目的是通过对产自不同国家或地区的进口货物使用不同关税税率征收进口关税，以及通过对少数国内资源型产品及易于竞相杀价、盲目进口、需要规范出口秩序的半制成品征收出口关税，维护国家主权和经济利益，保护和促进本国工农业生产的发展，调节国民经济和对外贸易，以及筹集国家财政收入。

二、关税的纳税人

关税的纳税人是指进口货物的收货人、出口货物的发货人和进出境物品的所有人。对经批准直接经营进出口商品的企业而言，关税的纳税人就是自营进出口业务的收货人或发货人。对于虽然从事进出口业务，但没有自营进出口权利的关税纳税人，他们就需要委托专门的报关人代理报关和缴纳关税。另外，一般情况下，对于携带进境的物品，推定其携带人为所有人；对分离运输的行李，推定相应的进出境旅客为所有人；对以邮寄方式进境的物品，推定其收件人为所有人；以邮寄或其他运输方式出境的物品，推定其寄件人或托运人为所有人。

三、关税的征税范围

关税的征税对象是准许进出境的货物和物品。货物是指贸易性商品；物品指入境旅客随身携带的行李物品、个人邮递物品、各种运输工具上的服务人员携带进口的自用物品、馈赠物品以及其他方式进境的个人物品。

四、关税税率

关税税率是整个关税制度的核心要素，目前我国的关税税率主要包括进口货物税率、出口货物税率和特别关税。

（一）进口货物税率

改革开放后，我国多次降低进口关税税率。1997 年 10 月 1 日起，平均税率为 17%，2001 年 12 月 11 起我国正式成为世界贸易组织成员，2001 年平均税率为 15.3%，2007 年我国的关税总水平为 9.8%。《2015 年关税实施方案》于 2015 年 1 月 1 日起正式实施。据介绍，我国加入世贸组织的降税承诺已于 2010 年全部履行完毕，我国关税总水平仍将为 9.8%。

进口关税设置最惠国税率、协定税率、特惠税率、普通税率、配额税率等，进口货物在一定期限内可以实行暂定税率。

1. 最惠国税率

最惠国税率适用原产于与我国共同适用最惠国待遇条款的世界贸易组织成员国或地区的进口货物；或原产于与我国签订有相互给予最惠国待遇条款的双边贸易协定的国家或地区的进口货物；以及原产于中华人民共和国境内的进口货物。

2. 协定税率

协定税率适用原产于与我国订有含关税优惠条款的区域性贸易协定的有关缔约方的进口货物。

3. 特惠税率

特惠税率适用原产于与我国签订有特殊优惠关税协定的国家或地区的进口货物。

4. 普通税率

普通税率适用原产于上述国家或地区以外的国家和地区的进口货物；或者原产地不明的国家或地区的进口货物。

5. 暂定税率

暂定税率是对某些税目的部分货物在适用最惠国税率的前提下，通过法律程序暂时实施的进口税率，它具有非全税目的特点，低于最惠国税率。

6. 配额税率

配额内关税是对一部分实行关税配额的货物，按低于配额外税率的进口税率征收的关税。

(二)出口货物税率

为鼓励我国国内企业出口创汇，又做到能够控制一些商品的盲目出口，因此我国对绝大部分出口货物不征收出口关税，只对少数产品征收出口关税。2017 年对鳗鱼苗等 213 项商品征收出口关税，其中有 50 项暂定税率为零。

(三)特别关税

根据《中华人民共和国进出口关税条例》规定，特别关税包括报复性关税、反倾销税、反补贴税、保障性关税和其他特别关税。任何国家或者地区对其进口的原产于中华人民共和国的货物征收歧视性关税或者给予歧视性待遇的，海关对原产于该国家或者地区的进口货物，可以征收特别关税。征收特别关税的货物、适用国别、税率、期限和征收办法，由国务院关税税则委员会决定，海关总署负责实施。

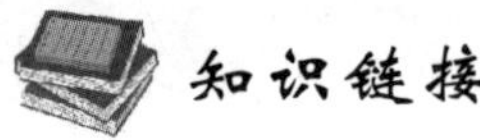
知识链接

关税的税收优惠

关税减免分为法定减免、特定减免、临时减免三种类型。

1. 法定减免税(包括但不限于)

(1)关税税额在人民币 50 元以下的一票货物，可免征关税。

(2)无商业价值的广告品和货样，可免征关税。

(3)外国政府、国际组织无偿赠送的物资，可免征关税。

(4)进出境运输工具装载的途中必需的燃料、物料和饮食用品，可予免税。

(5)因故退还的中国出口货物，经海关审查属实，可予免征进口关税，但已征收的出口关税不予退还。

(6)因故退还的境外进口货物，经海关审查属实，可予免征出口关税，但已征收的进口关税不予退还。

(7)进口货物如有以下情形，经海关查明属实，可酌情减免进口关税：

①在境外运输中或在起卸时，遭受损坏或者损失的；

②起卸后海关放行前，因不可抗力遭受损坏或者损失的；

③海关查验时已经破漏、损坏或者腐烂，经证明不是保管不慎造成的；

④无代价抵偿货物，符合规定的可以免税。

2.特定减免税

特定减免税也称政策性减免税，是在法定减免税之外，国家按照国际通行规则和我国实际情况，制定发布的有关进出口货物减免关税的政策。其包括科教用品、残疾人专用品、扶贫及慈善性捐赠物资、加工贸易产品、边境贸易进口物资、保税区进出口货物、出口加工区进出口货物等。

3.临时减免税

临时减免税是指以上法定和特定减免税以外的其他减免税，即由国务院根据《中华人民共和国海关法》对某个单位、某类商品、某个项目或某批进出口货物的特殊情况，给予特别照顾，一案一批，专文下达的减免税。一般有单位、品种、期限、金额或数量等限制。

任务二　关税的计算

关税税额的计算公式为：

应纳关税税额＝关税完税价格×关税税率

公式中关税完税价格是海关以进出口货物的实际成交价格为基础审定的完税价格。实际成交价格是一般贸易项下进口或出口货物的买方为购买该项货物向卖方实际支付或应当支付的价格。实际成交价格不能确定时，完税价格由海关依法估定。纳税人向海关申报的价格不一定等于完税价格，只有经海关审核并接受的申报价格才能作为完税价格。

一、完税价格的确定

(一)一般进口货物完税价格的确定

1.以成交价格为基础的完税价格

《中华人民共和国进出口关税条例》规定，进口货物以海关审定的成交价格为基础的到岸价格作为完税价格。到岸价格包括货价，加上货物运抵我国关境内输入地点起卸前的包装费、运费、保险费和其他劳务费等费用组成的一种价格。成交价格是指卖方向中国境内销售该货物时，买方为进口该货物向卖方实付、应付的并按照规定调整后的价格总额，包括直接支付的价款和间接支付的价款。

在确定完税价格时，进口货物的下列费用应当计入完税价格：

(1)由买方负担的购货佣金以外的佣金和经纪费；

(2)由买方负担的在审查确定完税价格时与该货物视为一体的容器的费用；

(3)由买方负担的包装材料费用和包装劳务费用；

(4)与该货物的生产和向我国境内销售有关的，由买方免费或者以低于成本的方式提供并可以按适当比例分摊的料件、工具、模具、消耗材料以及类似货物的价款，以及在境外开发、设计等相关服务的费用；

(5)作为该货物向我国境内销售的条件，买方必须支付的、与该货物有关的特许权使用费；

(6)卖方直接或间接从买方获得的该货物进口后转售、处置或者使用的收益。

2.进口货物海关估价的方法

进口货物的价格不符合成交价格条件或者成交价格不能确定的，海关应当依次以下列方法估定完税价格：

(1)相同货物成交价格法。即以从该进口货物的同一出口国(地区)购进的相同货物的成交价格作为该被估货物完税价格依据。

(2)类似货物成交价格法。即以从该进口货物的同一出口国(地区)购进的类似货物的成交价格作为被估货物的完税价格依据。

(3)国际市场价格法。即以该进口货物的相同或类似货物在国家市场上公开的成交价格为该进口货物的完税价格依据。

(4)国内市场价格倒扣法。即以该进口货物的相同或类似货物在国内市场的批发价格，减去进口关税和进口环节其他税费以及进口后的正常运输、储存、营业费用及利润后的价格。

(5)其他合理方法。如果按上述方法顺序估价仍不能确定完税价格时，可由海关按照规定的估价原则，采用其他合理方法估定完税价格。

(二)特殊进口货物完税价格的确定

1.运往境外修理的货物

运往境外修理的机械器具、运输工具或者其他货物，出境时已向海关报明并在海关规定期限内复运进境的，应当以境外修理费和料件费，以及该货物复运进境的运输及相关费用、保险费审查确定完税价格。

2.运往境外加工的货物

运往境外加工的货物，出境时已向海关报明，并在海关规定期限内复运进境的，应当以海关审定的境外加工费和料件费以及该货物复运进境的运输及其相关费用、保险费审查确定完税价格。

3.租赁方式进口货物

租赁方式进口的货物中，以租金方式对外支付的租赁货物，在租赁期间以海关审定的租金作为完税价格；留购的租赁货物，以海关审定的留购价格作为完税价格；承租人申请一次性缴纳税款的，经海关同意，按照一般进口货物估价办法的规定估定完税价格。

4.暂时进境货物

对于经海关批准的暂时进境的货物，应当按照一般进口货物估价办法的规定估定完税价格。

(三)出口货物完税价格的确定

1.以成交价格为基础的完税价格

出口货物的完税价格由海关以该货物的成交价格为基础审查确定，并应当包括货物运至我国境内输出地点装载前的运输及其相关费用、保险费。

出口货物的成交价格，是指该货物出口销售到我国境外时买方向卖方实付或应付的价格。但下列税收、费用应予扣除：①出口关税；②在货物价款中单独列明的货物运至中国境内输出地点装载后的运输及其相关费用、保险费；③在货物价款中单独列明由卖方承担的佣金。

2.出口货物海关估价的方法

出口货物的成交价格未确定的，海关经了解有关情况，并与纳税义务人进行价格磋商后，依次按下列方法予以估定：

(1)同时或大约同时向同一国家或地区销售出口的相同货物的成交价格；

(2)同时或大约同时向同一国家或地区销售出口的类似货物的成交价格；

(3)根据境内生产相同或类似货物的成本、利润和一般费用、境内发生的运输及其相关费用、保险费计算所得的价格；

(4)按照其他合理方法估定的价格。

二、关税应纳税额的计算

(一)进口货物应纳关税的计算

1.从价关税应纳税额的计算

关税税额＝应税进口货物数量×单位完税价格×关税税率

其具体分以下几种情况：

(1)以我国口岸到岸价格(CIF)成交的，或者和我国毗邻的国家以两国共同边境点交货价格成交的进口货物，其成交价格为完税价格。应纳关税计算公式为：

应纳进口关税税额＝CIF×关税税率

【例4-1】明远公司2017年2月从美国进口一批化妆品，到岸价格为CIF上海USD 75 000，另外在货物成交过程中，公司向卖方支付佣金USD 8 000，当时外汇牌价为USD100＝￥683.85元，该化妆品进口关税税率为20%。计算该公司进口该批货物应纳的关税。

解析：

完税价格＝(75 000＋8 000)×6.838 5＝567 595.5(元)

应纳进口关税税额＝567 595.5×20%＝113 519.1(元)

(2)以国外口岸离岸价格(FOB)或国外口岸到岸价格成交的，应另加从发货口岸或国外交货口岸运到我国口岸以前的运杂费和保险费作为完税价格。应纳关税计算公式为：

应纳进口关税税额＝(FOB＋运杂费＋保险费)×关税税率

【例4-2】美联公司委托某进出口贸易公司2017年4月从美国进口一批化工原料，离岸价格为FOB上海50 000美元，海外运输费、包装费和保险费共计21 000美元，进口报关当日中国人民银行公布的市场汇率为1美元兑换6.831元人民币，该化工原料进口关税税率为20%。计算该公司进口该批货物应纳的关税。

解析：

完税价格＝(50 000＋21 000)×6.831＝485 001(元)

应纳进口关税税额＝485 001×20%＝97 000(元)

(3)以国外口岸离岸价格加运费(CFR)成交的，应另加保险费作为完税价格。应纳关税计算公式为：

应纳进口关税税额＝(CFR ＋保险费)×关税税率

【例4-3】宏达公司2017年4月从中国香港进口原产地为韩国的设备三台，该设备的总成交价格为CFR上海200 000港元，保险费为600港元，该设备进口关税税率为10%，当日外汇牌价为1港元兑换0.88元人民币。计算该公司进口该批货物应纳的关税。

解析：

完税价格＝(200 000＋600)×0.88＝176 528(元)

应纳进口关税税额＝176 528×10％＝17 652.8(元)

(4)特殊进口商品关税计算。特殊进口货物种类繁多,需在确定完税价格基础上,再计算应纳税额,应纳关税的计算公式为:

应纳进口关税税额＝特殊进口货物完税价格×关税税率

【例4-4】 宏达公司2017年将以前年度进口的设备运往境外修理,该设备进口时成交价格为200万元,在海关规定的期限内复运进境,进境时同类设备价格为220万元。经海关审定的修理费和料件费为40万元,进口关税税率为10％。计算该设备复运进境时应纳的进口关税税额。

解析:

根据规定,运往境外修理的设备,出境时已向海关报明,并在海关规定期限内复运进境的,应当以海关审定的境外修理费和料件费为完税价格。

应纳进口关税税额＝400 000×10％＝40 000(元)

2.从量关税应纳税额的计算

应纳进口关税税额＝应税进口货物数量×单位货物税额

3.复合关税应纳税额的计算

我国目前实行的复合关税都是先计征从量税,再计征从价税,出口关税税额的计算也是如此。计算公式为:

$$\text{应纳进口关税税额}=\text{应税进口货物数量}\times\text{单位税额}+\text{应税进口货物数量}\times\text{单位完税价格}\times\text{关税税率}$$

(二)出口货物应纳关税的计算

1.从价关税应纳税额的计算

出口关税＝应税出口货物数量×单位完税价格×关税税率

具体分以下几种情况:

(1)以我国口岸离岸价格(FOB)成交的应纳出口关税的计算公式为:

应纳出口关税税额＝FOB÷(1＋关税税率)×关税税率

【例4-5】 明达进出口贸易公司2017年2月接受某单位委托,为其代理出口一批商品,该批商品我国口岸FOB价折合人民币480 000元,出口关税税率为20％。计算该公司出口该批货物应纳的关税。

解析:

应纳出口关税税额＝480 000÷(1＋20％)×20％＝80 000(元)

(2)以国外口岸到岸价格(CIF)成交的,应纳出口关税的计算公式为:

应纳出口关税税额＝(CIF－运费－保险费)÷(1＋关税税率)×关税税率

(3)以国外口岸价格加运费(CFR)成交的,应纳出口关税的计算公式为:

应纳出口关税税额＝(CFR－运费)÷(1＋关税税率)×关税税率

2.从量关税应纳税额的计算

应纳出口关税税额＝应税出口货物数量×单位货物税额

3.复合关税应纳税额的计算

$$\text{应纳出口关税税额}=\text{应税出口货物数量}\times\text{单位税额}+\text{应税出口货物数量}\times\text{单位完税价格}\times\text{关税税率}$$

任务三　关税会计核算

一、账户设置

为了核算关税的应交、已交、欠交等情况，需要缴纳关税的企业应在“应交税费”账户下设置“应交进口关税”“应交出口关税”两个明细账户进行会计核算。“应交进(出)口关税”借方核算实际缴纳的进(出)口关税，贷方核算按规定应缴纳的进(出)口关税。余额一般在贷方，表示企业应交而未交的关税税额。同时，企业负担的关税税额根据具体情况，分别在“在途物资”“在建工程”“税金及附加”等账户列支。

二、涉税业务的会计核算

在实际工作中，由于企业经营进出口业务的形式和内容不同，具体会计核算方式也会有所区别。根据企业进出口业务的形式不同主要分为自营进出口和代理进出口。自营进出口是指有进出口自营权的企业办理对外洽谈和签订进出口合同，执行合同并办理运输、开证、付汇全过程，并自负进出口盈亏。代理进出口是外贸企业接受国内委托方的委托，办理对外洽谈和签订进出口合同，执行合同并办理运输、开证、付汇全过程，受托企业不负担进出口盈亏，只按规定收取一定比例的手续费。

(一)进口关税的会计核算

1. 自营进口关税的会计核算

企业自营进口商品计算应纳进口关税额时，借记“在途物资”“在建工程”等科目，贷记“应交税费——应交进口关税”科目。实际缴纳进口关税时，借记“应交税费——应交进口关税”科目，贷记“银行存款”科目。

【例 4-6】明达进出口公司 2017 年 4 月从德国自营进口物资一批，货物以境外离岸价格为 FOB 上海 50 000 欧元，海外运输费、包装费和保险费共计 20 000 欧元，进口报关当日中国人民银行公布的市场汇率为 1 欧元兑换 6.65 元人民币，该物资进口关税税率为 20%，增值税税率为 17%，消费税税率为 5%。计算该物资进口环节应缴纳的关税、消费税和增值税，并编制会计分录。

解析：

完税价格＝(50 000＋20 000)×6.65＝465 500(元)

应纳进口关税税额＝465 500×20%＝93 100(元)

应交增值税＝(465 500＋93 100)÷(1－5%)×17%＝99 960(元)

应交消费税＝(465 500＋93 100)÷(1－5%)×5%＝29 400(元)

①购进物资并计算应纳税款时。

科目	借方	贷方
借：在途物资	588 000	
贷：银行存款		465 500
应交税费——应交进口关税		93 100
——应交消费税		29 400

②实际缴纳税款时。

借:应交税费——应交进口关税　　93 100

——应交增值税(进项税额)　　99 960

——应交消费税　　29 400

贷:银行存款　　222 460

2.代理进口关税的会计处理

由于外贸企业代理进出口业务不负担进出口盈亏,只按规定收取一定比例的手续费,因此,外贸企业及受托企业进口商品计算应纳进口关税额时,借记"应收账款"等科目,贷记"应交税费——应交进口关税"科目,代交进口关税时,借记"应交税费——应交进口关税"科目,贷记"银行存款"科目。

【例4-7】某进出口公司接受美联公司的委托进口商品一批,进口货款750 000元人民币,已汇入进出口公司存款户。该进口商品我国口岸CIF价格为96 000美元,该商品进口关税税率为20%,当日的外汇牌价为1美元兑换6.2元人民币,代理手续费按货价3%收取,现该批商品已运达,向委托单位办理结算。编制相关会计分录。

解析:

商品货价=96 000×6.2=595 200(元)

应纳进口关税税额=595 200×20%=119 040(元)

代理手续费=595 200×3%=17 856(元)

①收到委托单位交来进口货款时。

借:银行存款　　750 000

贷:应付账款——美联公司　　750 000

②对外付汇进口商品时。

借:应收账款——外商　　595 200

贷:银行存款　　595 200

③支付进口关税时。

借:应付账款——美联公司　　119 040

贷:应交税费——应交进口关税　　119 040

借:应交税费——应交进口关税　　119 040

贷:银行存款　　119 040

④将进口商品交付美联公司并收取手续费时。

借:应付账款——美联公司　　613 056

贷:其他业务收入(或主营业务收入)　　17 856

应收账款——外商　　595 200

⑤将委托单位美联公司剩余的进口货款退回时。

借:应付账款——美联公司　　17 904

贷:银行存款　　17 904

(二)出口关税的会计核算

1. 自营出口关税的会计处理

企业自营出口商品计算应纳关税税额时,借记“税金及附加”科目,贷记“应交税费——应交出口关税”。

【例 4-8】明达进出口公司 2017 年 4 月直接对外出口一批产品,该产品离岸价格 1 100 000元,出口税率为 10%。计算应纳出口关税税额并编制会计分录。

解析:

应纳出口关税税额=1 100 000÷(1+10%)×10%=100 000(元)

①计提关税时。

借:税金及附加　　100 000

　贷:应交税费——应交出口关税　　100 000

②实际缴纳出口关税时。

借:应交税费——应交出口关税　　100 000

　贷:银行存款　　100 000

2. 代理出口关税的会计处理

受托企业出口商品计算应纳出口关税税额时,借记“应收账款”等科目,贷记“应交税费——应交出口关税”科目;代交出口关税时,借记“应交税费——应交出口关税”科目,贷记“银行存款”科目。

【例 4-9】某进出口公司接受美华公司的委托出口商品一批到美国,该商品的 FOB 价格折合人民币 240 000 元,该商品出口关税税率为 20%,代理手续费 12 000 元。计算应纳出口关税税额并编制相关会计分录。

解析:

应纳出口关税税额=240 000÷(1+20%)×20%=40 000(元)

①计算并缴纳出口关税时。

借:应收账款——美华公司　　40 000

　贷:应交税费——应交出口关税　　40 000

借:应交税费——应交出口关税　　40 000

　贷:银行存款　　40 000

②计算应收手续费时。

借:应收账款——美华公司　　12 000

　贷:其他业务收入(或主营业务收入)　　12 000

③收到美华公司支付的税款及手续费时。

借:银行存款　　52 000

　贷:应收账款——美华公司　　52 000

任务四　关税的纳税申报与缴纳

一、关税的缴纳

进口货物的纳税人应当自运输货物工具申报进境之日起14日内，出口货物的纳税人应当在货物运抵海关监管区后装货的24小时以前，向货物的进出境海关申报。海关在接受进出口货物通关手续申报后，逐票计算应征关税并向纳税人或其代理人填发“海关进(出)口关税专用缴款书”，如表4-1所示。

表4-1　海关进(出)口关税专用缴款书(收据联)

收入系统：　　　　　　填发日期：　　年　　月　　日　　　　　　No.

<table>
<tr><td rowspan="3">收款单位</td><td>收入机关</td><td colspan="3"></td><td rowspan="3">缴款单位(人)</td><td>名称</td><td colspan="2"></td><td rowspan="10">第一联：(收据)国库收款盖章后交缴款单位或缴款人</td></tr>
<tr><td>科目</td><td></td><td>预算级次</td><td></td><td>账号</td><td colspan="2"></td></tr>
<tr><td>收缴国库</td><td colspan="3"></td><td>开户银行</td><td colspan="2"></td></tr>
<tr><td>税号</td><td>货物名称</td><td>数量</td><td>单位</td><td colspan="2">完税价格(¥)</td><td>税率(%)</td><td>税款金额(¥)</td></tr>
<tr><td></td><td></td><td></td><td></td><td colspan="2"></td><td></td><td></td></tr>
<tr><td colspan="7">金额人民币(大写)</td><td>合计(¥)</td></tr>
<tr><td colspan="2">申请单位编号</td><td></td><td>报关单编号</td><td></td><td colspan="2">填制单位</td><td>收缴国库(银行)</td></tr>
<tr><td colspan="2">(合同批文)号</td><td></td><td>运输工具号</td><td></td><td colspan="2" rowspan="3">制单人：
复核人：</td><td rowspan="3"></td></tr>
<tr><td colspan="2">缴款期限</td><td></td><td>提/装货单号</td><td></td></tr>
<tr><td>备注</td><td colspan="4">一般征税：
国际代码：</td></tr>
</table>

纳税人应当自海关填发税款缴款书之日起15日内向指定银行缴纳税款。纳税人因不可抗力或在国家税后政策调整的情形下，不能按期缴纳税款的，经海关总署批准，可以延期缴纳税款，但是最长不得超过6个月。

纳税人未按照规定缴纳税款的，自滞纳税款之日起，按日加收滞纳税款万分之五的滞纳金。如纳税人自海关填发缴款书之日起3个月仍未缴纳税款，经海关关长批准，海关可采取强制扣款和变价抵缴等强制措施。

二、关税的退还

关税退还是关税纳税义务人按海关核定的税额缴纳关税后，因某种原因的出现，海关将实际征收多于应当征收的税额退还给原纳税义务人的一种行政行为。根据《中华人民共和国海关法》规定，海关多征的税款，海关发现后应当立即退还。

按规定，有下列情形之一的，进出口货物的纳税义务人可以自缴纳税款之日起1年内，书面声明理由，连同原纳税收据向海关申请退税，逾期不予受理：

(1)因海关误征，多纳税款的。

(2)海关核准免验进口的货物，在完税后，发现有短卸情形，经海关审查认可的。

(3)已征出口关税的货物，因故未将其运出口，申报退关，经海关查验属实的。

对已征出口关税的出口货物和已征进口关税的进口货物，因货物品种或规格原因(非其他原因)原状复运进境或出境的，经海关查验属实的，也应退还已征关税。

海关应当自受理退税申请之日起30日内，作出书面答复并通知退税申请人。纳税人应当自收到通知之日起3个月内办理有关退税手续。

三、关税的补征和追征

补征和追征是海关在关税纳税义务人按海关核定的税额缴纳关税后，发现实际征收税额少于应当征收的税额时，责令纳税义务人补缴所差税款的一种行政行为。由于纳税人违反海关规定造成短征关税的，称为追征；非因纳税人违反海关规定造成短征关税的，称为补征。

区分关税追征和补征的目的是为了区别不同情况适用不同的征收时效，超过时效规定的期限，海关就丧失了追补关税的权力。根据《中华人民共和国海关法》规定，进出境货物和物品放行后，海关发现少征或者漏征税款，应当自缴纳税款或者货物、物品放行之日起1年内，向纳税义务人补征；因纳税义务人违反规定而造成的少征或者漏征，海关在3年以内可以追征，并从缴纳税款或货物放行之日起按日加收少征或漏征税款万分之五的滞纳金。

四、关税纳税申报举例

(一)企业概况

企业名称：宏运贸易有限公司

法定代表人：张宏

纳税人类型：有限责任公司

地址及电话：上海市闵行区莘朱路20号　021-54590226

企业开户银行及账号：建设银行上海市闵行区支行 5680005353662495670

税务登记号：231220980386432

主管国税机关：上海市闵行区国家税务局

(二)业务资料

宏运贸易有限公司具有进出口经营权，单位编号为2301866695。2017年3月，该公司从美国进口一批餐具，3月20日该批货物到达我国上海口岸，报关人员持相关材料到海关报关，外汇牌价为1美元兑换6.174元人民币，该餐具的交易具体资料如表4-2所示。

表 4-2　中华人民共和国海关进口货物报关单

预录入编号：　　　　　　　　　　　　海关编号:052892543

进口口岸　上海	备案号	进口日期:2017.3.20	申请日期:2017.3.20
经营单位	运输方式 江海运输	运输工具名称 BUEKCY110/453	提运单号 KHCLB238278
收货单位 宏运贸易有限公司	贸易方式 一般贸易	征免性质 一般征税	征税比例

许可证号 558944204	起运国(地区) 美国		装货港　美国	境内目的地 上海
批准文号 129954067	成交方式 FOB	运费 USD 2 500	保费 USD 5 000	杂费
合同协议号	件数	包装种类 纸箱	毛重(公斤)500	净重(公斤)400
集装箱号　0(3)	随附单据		用途　销售	

标记唛码及备注

项号	商品编号	商品名称	规格型号	数量及单位	原产国(地区)	单价	总价	币制	征免
		餐具	箱	20	美国	USD 4 000	USD 80 000	美元	照章征收

税费征收情况
进口关税 20%

录入员　录入单位	兹申明以上申报无讹并承担法律责任	海关审单批注及放行日期(签章) 审单　　　　审价
报关员 单位地址 申报单位(签章) 邮编　　　电话　　　填制日期 2017.3.20		征税　　　统计 查验　　　放行

从填发缴款书之日起限 15 日内缴纳(期末遇法定节假日顺延)，逾期按日征收税款万分之五的滞纳金。

(三)任务要求

根据相关资料填写进口关税、增值税、消费税缴款书。

填写的海关进口关税专用缴款书和海关进口增值税专用缴款书如表 4-3 和表 4-4 所示。

表 4-3　海关进口关税专用缴款书(收据联)

收入系统：税务系统　　　　填发日期：2017 年 3 月 20 日　　　　No. ××××

<table>
<tr><td rowspan="3">收款单位</td><td>收入机关</td><td colspan="3">中央金库</td><td rowspan="3">缴款单位(人)</td><td>名称</td><td>宏运贸易有限公司</td><td rowspan="10">第一联：(收据)国库收款盖章后交缴款单位或缴款人</td></tr>
<tr><td>科目</td><td>进口关税</td><td>预算级次</td><td>中央</td><td>账号</td><td>5680005353662495670</td></tr>
<tr><td>收缴国库</td><td colspan="3">中国人民银行上海支行</td><td>开户银行</td><td>建设银行上海市闵行区支行</td></tr>
<tr><td>税号</td><td>货物名称</td><td>数量</td><td>单位</td><td colspan="2">完税价格(￥)</td><td>税率(%)</td><td>税款金额(￥)</td></tr>
<tr><td></td><td>餐具</td><td>20</td><td>箱</td><td colspan="2">540 225</td><td>20%</td><td>108 045</td></tr>
<tr><td colspan="7">金额人民币(大写)壹拾万捌仟零肆拾伍元零角零分</td><td>合计(￥)108 045</td></tr>
<tr><td colspan="2">申请单位编号</td><td>2301866695</td><td>报关单编号</td><td colspan="2">052892543</td><td>填制单位</td><td>收缴国库(银行)</td></tr>
<tr><td colspan="2">(合同批文)号</td><td>129954067</td><td>运输工具号</td><td colspan="2">BUEKCY110/453</td><td rowspan="3">制单人：
复核人：</td><td rowspan="3"></td></tr>
<tr><td colspan="2">缴款期限</td><td>2017 年 4 月 6 日前</td><td>提/装货单号</td><td colspan="2">KHCLB238278</td></tr>
<tr><td>备注</td><td colspan="5">一般征税：照章征税
国际代码：××××</td></tr>
</table>

从填发缴款书之日起限 15 日内缴纳(期末遇法定节假日顺延)，逾期按日征收税款万分之五的滞纳金。

表 4-4　海关进口增值税专用缴款书(收据联)

收入系统：税务系统　　　　填发日期：2017 年 3 月 20 日　　　　No. ××××

<table>
<tr><td rowspan="3">收款单位</td><td>收入机关</td><td colspan="3">中央金库</td><td rowspan="3">缴款单位(人)</td><td>名称</td><td>宏运贸易有限公司</td><td rowspan="10">第一联：(收据)国库收款盖章后交缴款单位或缴款人</td></tr>
<tr><td>科目</td><td>进口增值税</td><td>预算级次</td><td>中央</td><td>账号</td><td>5680005353662495670</td></tr>
<tr><td>收缴国库</td><td colspan="3">中国人民银行上海支行</td><td>开户银行</td><td>建设银行上海市闵行区支行</td></tr>
<tr><td>税号</td><td>货物名称</td><td>数量</td><td>单位</td><td colspan="2">组成计税价格(￥)</td><td>税率(%)</td><td>税款金额(￥)</td></tr>
<tr><td></td><td>餐具</td><td>20</td><td>箱</td><td colspan="2">648 270</td><td>17%</td><td>110 205.90</td></tr>
<tr><td colspan="7">金额人民币(大写)壹拾壹万零贰佰零伍元玖角零分</td><td>合计(￥)110 205.90</td></tr>
<tr><td colspan="2">申请单位编号</td><td>2301866695</td><td>报关单编号</td><td colspan="2">052892543</td><td>填制单位</td><td>收缴国库(银行)</td></tr>
<tr><td colspan="2">(合同批文)号</td><td>129954067</td><td>运输工具号</td><td colspan="2">BUEKCY110/453</td><td rowspan="3">制单人：
复核人：</td><td rowspan="3"></td></tr>
<tr><td colspan="2">缴款期限</td><td>2017 年 4 月 6 日前</td><td>提/装货单号</td><td colspan="2">KHCLB238278</td></tr>
<tr><td>备注</td><td colspan="5">一般征税：照章征税
国际代码：××××</td></tr>
</table>

从填发缴款书之日起限 15 日内缴纳(期末遇法定节假日顺延)，逾期按日征收税款万分之五的滞纳金。

技能训练

一、单选题

1. 下列各项中，(　　)不属于关税的纳税义务人。

A. 进口货物的收货人　　B. 出口货物的发货人

C. 进境物品的所有人　　D. 进口货物的发货人

2. 计入进口货物关税完税价格的项目有(　　)。

A. 国内保险费

B. 货物运抵境内输入地点之后的运输费用

C. 进口关税

D. 卖方间接从卖方对该货物进口后使用所得中获得的收益

3. 某外贸企业收购一批货物出口，离岸价折合人民币 49.8 万元，出口关税率为 20%。则该批货物应纳出口关税为(　　)。

A. 8.3 万元　　B. 9.96 万元　　C. 10 万元　　D. 12.45 万元

4. 根据我国税法规定，进口货物以海关审定的成交价格为基础的(　　)为完税价格。

A. 公允价格　　B. 到岸价格　　C. 离岸价格　　D. 货价

5. 按照中国海关现行规定，进出口货物完税后，如发现少征或漏征税款，海关应当自缴纳税款或货物放行之日起(　　)内，向收发货人或他们的代理人补征。

A. 半年　　B. 1 年　　C. 2 年　　D. 3 年

6. 某公司进口一台机器设备，成交价格为 4 500 万元人民币，起卸前运费和保险费共为 1.5 万元，购货佣金 4 万元，进口关税税率为 15%，则甲公司应纳进口关税为(　　)。

A. 60 万元　　B. 60.18 万元　　C. 675.225 万元　　D. 60.825 万元

7. 关税的纳税义务人或他们的代理人应在海关填发税款缴纳证的次日起(　　)内，向指定银行缴纳，并由当地银行解缴中央金库。

A. 7 日　　B. 10 日　　C. 15 日　　D. 30 日

8. 某工艺品进出口公司 3 月从泰国进口宝石一批，到岸价格共计 200 000 元，另外在宝石成交过程中，公司还向卖方支付了购货佣金 30 000 元，但在该批宝石成交价格中已包括宝石进口后发生的技术指导费 40 000 元(能够单独分列)。宝石进口关税税率为 20%。请计算该批宝石应纳关税税额为(　　)元。

A. 46 000　　B. 38 000　　C. 32 000　　D. 40 000

9. 在关税会计处理中，借记的账户可能有(　　)。

A. 税金及附加　　B. 在建工程　　C. 银行存款　　D. 在途物资

10. 在进口货物正常成交价格中若含以下费用(　　)，可以从中扣除。

A. 包装费　　B. 运输费　　C. 卖方付的回扣　　D. 保险费

二、多选题

1. 下列各项中，属于关税征税对象的是(　　)。

A. 贸易性商品　　B. 个人邮寄物品

C. 入境旅客随身携带的行李和物品　　D. 馈赠物品或以其他方式进入国境的个人物品

2. 下列各项中，属于我国现行进口关税比例税率的形式有(　　)。

A. 普通税率　　B. 协定税率　　C. 优惠税率　　D. 最惠国税率

3. 我国特别关税包括(　　)。

A. 报复性关税　　B. 财政性关税　　C. 反补贴关税　　D. 保障性关税

4. 进口货物的成交价格不符合规定或者成交价格不能确定的,海关经了解有关情况,并与纳税义务人进行价格磋商后,可以按顺序采用一定方法审查确定该货物的完税价格。下列属于海关可以采用的方法是(　　)。

A. 相同货物成交价格估价方法　　B. 类似货物成交价格估价方法

C. 倒扣价格估价方法　　D. 最大销售总量法

5. 进出境物品的所有人,包括该物品的所有人和推定为所有人的人。一般情况下,推定为所有人的人包括(　　)。

A. 对于携带进境的物品,推定其携带人为所有人

B. 对分离运输的行李,推定相应的进出境旅客为所有人

C. 对以邮递方式进境的物品,只推定其寄件人为所有人

D. 对以邮递或其他运输方式出境的物品,推定其寄件人或托运人为所有人

6. 进口货物的下列(　　)费用应当计入完税价格。

A. 由买方负担的购货佣金

B. 由买方负担的在审查确定完税价格时与该货物视为一体的容器的费用

C. 由买方负担的包装材料费用和包装劳务费用

D. 作为该货物向中华人民共和国境内销售的条件,买方必须支付的、与该货物有关的特许权使用费

7. 进口时在货物的价款中列明的下列(　　)税收、费用,不计入该货物的完税价格。

A. 机械、设备进口后进行安装、装配、维修和技术服务的费用

B. 进口货物运抵境内输入地点起卸后的运输及其相关费用、保险费

C. 由买方负担的购货佣金以外的佣金和经纪费

D. 进口关税及国内税收

8. 出口货物的完税价格,由海关以该货物向境外销售的成交价格为基础审查确定,并应包括货物运至我国境内输出地点装载前的(　　)。

A. 运输及其相关费用　　B. 保险费

C. 单独列明支付给境外的佣金　　D. 出口关税税额

9. 关税征收管理规定中,关于补征和追征的期限为(　　)。

A. 补征期 1 年内　　B. 追征期 1 年内　　C. 补征期 3 年内　　D. 追征期 3 年内

10. 关于关税的描述正确的是(　　)。

A. 关税的征税主体是国家

B. 其他税收主要由税务机关征收,而关税由海关征收

C. 关税是对有形的货物征税,对无形的货品不征关税

D. 一国的关境和国境可能一致,也可能不一致

三、业务题

1. 某公司进口一批应缴消费税的消费品,货价为 500 万元;该公司另外向境外支付的特许权使用费 25 万元;此外,该批货物运抵我国关境须支付运费和保险费 25 万元。假设该货物适

用关税税率为8%，增值税税率为17%，消费税税率为20%。要求：请分别计算该公司应纳的关税、消费税和增值税。

2.某公司为增值税一般纳税人，并具有进出口经营权，2016年12月发生相关经营业务如下：

(1)从国外进口小轿车一辆，支付买价400 000元、相关费用30 000元，支付到达我国海关起卸点前的运输费用40 000元、保险费用20 000元。

(2)将生产中使用的价值500 000元设备运往国外修理，出境时已向海关报明，支付给境外的修理费为50 000元，料件费100 000元，并在海关规定的期限内收回了该设备。

(3)从国外进口卷烟80 000条(每条200支)，支付买价2 000 000元，运费120 000元，保险费用80 000元。(注：进口关税税率均为20%，小轿车消费税税率9%)

要求：

根据上述资料，计算下列税费：

(1)计算进口小轿车、修理设备和进口卷烟应缴纳的关税；

(2)计算小轿车在进口环节应缴纳的消费税；

(3)计算卷烟在进口环节应缴纳的消费税；

(4)计算小轿车、修理设备和卷烟在进口环节应缴纳的增值税。

3.某进出口贸易公司为增值税一般纳税人，地处市区，于2017年2月进口应税消费品一批，以离岸价格成交，成交价折合人民币2 760万元。另外支付该货物运抵我国关境内输入地点起卸前发生的运费20万元、保险费10万元、包装材料费用10万元，委托境内某运输企业将进口货物运抵本单位取得增值税专用发票，注明运输费10万元，税款1.1万元。取得海关开具的完税凭证。入库后本月将进口应税消费品全部销售，取得不含税销售额7 000万元。该货物适用关税税率为50%，增值税税率为17%，消费税税率为10%。

要求：根据税法规定，计算该公司进口环节及内销环节应纳的关税、增值税、消费税税额，并进行相关的会计处理。

项目五 企业所得税纳税实务

技能目标

1. 能正确计算纳税人企业所得税的应纳税额并进行会计处理。
2. 能填制企业所得税纳税申报表及附列资料。
3. 正确办理企业所得税纳税申报事项。

知识目标

1. 掌握企业所得税的基本政策。
2. 理解企业所得税与会计制度的差异。
3. 掌握企业所得税会计的核算和运用。
4. 掌握企业所得税纳税申报的要求。

案例导入

天虹公司为居民企业,2016年部分经营业务如下:

(1)全年取得销售收入4 200万元,营业外收入300万元;

(2)发生销售成本2 300万元,销售费用820万元(其中广告费650万元),管理费用340万元(其中业务招待费30万元),财务费用140万元(其中向其他企业拆借资金200万元使用1年,支付借款利息20万元,银行同期同类贷款利率7.5%);

(3)缴纳税金320万元(其中增值税290万元);

(4)营业外支出150万元(其中公益性的捐赠100万元,税收滞纳金3万元);

(5)计入成本、费用中的实发工资总额500万元,发生职工福利费支出72万元,拨缴职工工会经费11万元,发生职工教育经费支出15.1万元。

要求:计算天虹公司2016年度应纳企业所得税税额,并进行相关会计处理。

任务一 认识企业所得税

一、企业所得税的概念及特征

(一)企业所得税的概念

企业所得税是对我国境内的企业和其他取得收入的组织的生产经营所得和其他所得征收的一种税种,是国家参与企业利润分配的重要手段。现行企业所得税法及其实施条例自2008年1月1日起施行,它是将原来的内外资企业所得税税法合二为一后形成的新税法。

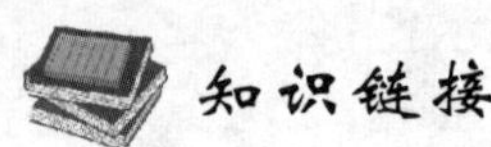
知识链接

我国企业所得税的发展

我国企业所得税的历史不长。1937年1月1日,《所得税原则及所得税暂行草案》正式实施,标志着中国所得税的产生。

新中国成立后,1950年政务院发布《全国税政实施要则》,规定了属于所得税性质的工商税种的所得税、存款利息所得与薪金报酬所得,标志着我国企业所得税体系的初步建立。1958年实行工商税制改革时,所得税从工商业税分离出来,定名为工商所得税。

1980年,我国颁布了《中华人民共和国中外合资经营企业所得税法》,这是我国第一部企业所得税法。1981年又颁布了《中华人民共和国外国企业所得税法》。1991年将两部涉外企业所得税法合并为《中华人民共和国外商投资企业和外国企业所得税法》,完善了我国涉外所得税制。

1984年9月,国务院发布了《中华人民共和国国营企业所得税条例(草案)》和《国营企业调节税征收办法》,开征国营企业所得税。

1985年4月,国务院发布了《中华人民共和国集体企业所得税暂行条例》,后于1988年开征了私营企业所得税。

1993年12月,国务院发布了《中华人民共和国企业所得税暂行条例》,将原来的国营企业所得税、集体企业所得税、私营企业所得税合并,统一了内资企业所得税制度,并从1994年1月1日起正式施行。

2007年3月16日,十届全国人大五次会议审议通过《中华人民共和国企业所得税法》,12月26日,国务院公布了《中华人民共和国企业所得税法实施条例》,统一了内、外资企业所得税制度,并于2008年1月1日起正式施行。

(二)企业所得税的特征

企业所得税的特征主要有:

1.征税范围广

在中国境内的企业和其他取得收入的组织都是企业所得税的纳税人,其征税对象包括生产经营所得和其他所得。因此,企业所得税具有征收上的广泛性。

2.税负公平

企业所得税对企业和其他组织不分所有制,不分地区、行业和层次,实行统一的比例税率,而且企业所得税的负担与纳税人所得多少直接关联,即“所得多的多征、所得少的少征、无所得的不征”。因此,企业所得税是能较好体现公平税负和税收中性的一个良好税种。

3.税基约束力强

企业所得税的税基是应纳税所得额,即纳税人每个纳税年度的收入总额减去准予扣除项目金额之后的余额,计算时涉及纳税人财务会计核算的各个方面,与企业会计核算关系密切。为了保护税基,国家明确了收入总额、扣除项目金额的具体内容以及资产的具体税务处理办法,使应税所得额的计算相对独立于企业的会计核算,体现了税法的强制性与统一性。

4.纳税人与负税人一致

企业所得税属于企业的终端税种,纳税人缴纳的所得税一般不易转嫁,而由纳税人自己负担，在会计利润总额的基础上，扣除企业所得税后的余额为企业生产经营的净利润。

二、企业所得税的纳税人与扣缴义务人

企业所得税的纳税人是指在我国境内的企业和其他取得收入的经济组织。个人独资企业、合伙企业不适用于企业所得税。根据国际上的通行做法，我国按照“地域管辖权”和“居民管辖权”的双重标准，将企业所得税的纳税人分为居民企业和非居民企业。

(一)纳税人

1. 居民企业

居民企业是指依照中国的法律、行政法规在中国境内成立的企业，以及依照外国(地区)的法律成立但其实际管理机构在中国境内的企业。实际管理机构是指对企业的生产经营、人员、账务、财产等实施实质性全面管理和控制的机构。例如，在我国注册成立的松下电子(中国)公司、通用汽车(中国)公司，就是我国的居民企业；再如在开曼群岛地区注册的阿里巴巴、汇源果汁等公司，其实际管理机构在我国境内，也是我国的居民企业。

2. 非居民企业

非居民企业是指依照外国(地区)法律、法规成立且实际管理机构不在中国境内，但在中国境内设立机构、场所的，或者在中国境内未设立机构、场所，但有来源于中国境内所得的企业。例如，在我国设有代表处及其他分支机构的外国企业。

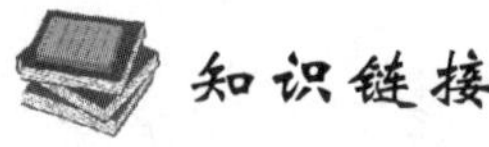

知识链接

“机构、场所”的含义

机构、场所是指在中国境内从事生产经营活动的机构、场所，包括：

(1)管理机构、营业机构、办事机构；

(2)工厂、农场、开采自然资源的场所；

(3)提供劳务的场所；

(4)从事建筑、安装、装配、修理、勘探等工程作业的场所；

(5)其他从事生产经营活动的机构、场所；

(6)非居民企业委托代理人在中国境内从事生产经营活动的，包括委托单位或者个人经常代其签订合同，或者存储、交付货物等，该营业代理人视为非居民企业在中国境内设立的机构、场所。

(二)扣缴义务人

非居民企业在中国境内未设立机构、场所的，或者虽然设立机构、场所但取得的所得与其所设机构、场所没有实际联系的，其来源于中国境内的所得缴纳企业所得税，实行源泉扣缴，以支付人为扣缴义务人。税款由扣缴义务人在每次支付或到期应支付时，从支付或到期应支付的款项中扣缴。例如，中国某家公司向美国某家公司购买一项技术，美国公司要输出此技术给中国公司，中国公司就得支付特许权技术引进费，在中国公司支付此笔外汇之前必须代为扣缴所得税。实行源泉扣缴可以有效保护税源，保证国家财政收入，防止偷漏税，简化纳税手续。

三、企业所得税的征税对象

企业所得税的征税对象是指企业取得的生产经营所得、其他所得和清算所得，不同纳税人的征税对象存在一定差异。

(一)居民企业的征税对象

居民企业应就来源于中国境内、境外的所得作为征税对象。所得，包括销售货物所得、提供劳务所得、转让财产所得、股息红利等权益性投资所得、利息所得、租金所得、特许权使用费所得、接受捐赠所得和其他所得。

(二)非居民企业的征税对象

非居民企业在中国境内设立机构、场所的，应当就其所设机构、场所取得的来源于中国境内的所得，以及发生在中国境外但与其所设机构、场所有实际联系的所得，缴纳企业所得税。非居民企业在中国境内未设立机构、场所，或者虽设立机构、场所，但取得的所得与其所设机构、场所没有实际联系的，应当就其来源于中国境内的所得缴纳企业所得税。

提示：实际联系是指非居民企业在中国境内设立的机构、场所拥有的据以取得所得的股权、债权，以及拥有、管理、控制据以取得所得的财产。

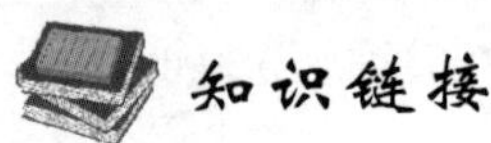

知识链接

所得来源地的确定

来源于中国境内、境外的所得，按照以下方法确定：

(1)销售货物所得，按照交易活动发生地确定；

(2)提供劳务所得，按照劳务发生地确定；

(3)转让财产所得：不动产转让所得按照不动产所在地确定，动产转让所得按照转让动产的企业或机构、场所所在地确定，权益性投资资产转让所得按照被投资企业所在地确定；

(4)股息、红利等权益性投资所得，按照分配所得的企业所在地确定；

(5)利息所得、租金所得、特许权使用费所得，按照负担、支付所得的企业或机构、场所所在地确定，或者按照负担、支付所得的个人的住所地确定；

(6)其他所得，由国务院财政、税务主管部门确定。

四、企业所得税的税率

企业所得税的税率即据以计算企业所得税应纳税额的法定比率，我国实行比例税率。现行规定如下：

(1)基本税率为25%。适用于居民企业和在中国境内设有机构、场所的，企业所得与机构、场所有关联的非居民企业(认定为境内常设机构)。

(2)低税率为20%。适用于非居民企业在中国境内未设立机构、场所的，或者虽设立机构、场所但取得的所得与其所设机构、场所没有实际联系的，应当就其来源于中国境内的所得缴纳企业所得税，但现在减按10%的税率征收。

(3)对符合条件的小型微利企业，减按20%的税率征收企业所得税。

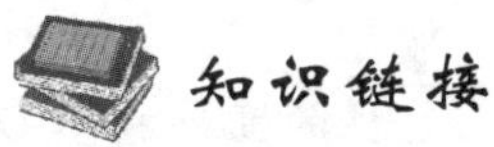

知识链接

企业所得税的税收优惠

税法规定的企业所得税的税收优惠方式包括免税、减税、加计扣除、加速折旧、减计收入、税额抵免等。

一、免税收入

企业下列收入为免税收入：

(1)国债利息收入；

(2)符合条件的居民企业之间的股息、红利等权益性投资收益；

(3)在中国境内设立机构、场所的非居民企业从居民企业取得与该机构、场所有实际联系的股息、红利等权益性投资收益；

(4)符合条件的非营利组织的收入。

二、免征与减征优惠

1.从事农、林、牧、渔项目的所得

(1)企业从事下列项目的所得,免征企业所得税:蔬菜、谷物、薯类、油料、豆类、棉花、麻类、糖料、水果、坚果的种植;农作物新品种的选育;中药材的种植;林木的培育和种植;牲畜、家禽的饲养;林产品的采集;灌溉、农产品初加工、兽医、农技推广、农机作业和维修等农、林、牧、渔服务业项目;远洋捕捞。

(2)企业从事下列项目的所得,减半征收企业所得税:花卉、茶以及其他饮料作物和香料作物的种植;海水养殖、内陆养殖。

2.从事国家重点扶持的公共基础设施项目投资经营的所得

国家重点扶持的公共基础设施项目,是指《公共基础设施项目企业所得税优惠目录》规定的港口码头、机场、铁路、公路、城市公共交通、电力、水利等项目。

国家重点扶持的公共基础设施项目投资经营所得,自项目取得第一笔生产经营收入所属纳税年度起,第一年至第三年免征企业所得税,第四年至第六年减半征收企业所得税。

3.从事符合条件的环境保护、节能节水项目的所得

环境保护、节能节水项目的所得,自项目取得第一笔生产经营收入所属纳税年度起,第一年至第三年免征企业所得税,第四年至第六年减半征收企业所得税。符合条件的环境保护、节能节水项目,包括公共污水处理、公共垃圾处理、沼气综合开发利用、节能减排技术改造、海水淡化等。

4.符合条件的技术转让所得

《中华人民共和国企业所得税法》所称符合条件的技术转让所得免征、减征企业所得税,是指一个纳税年度内,居民企业技术转让所得不超过 500 万元的部分,免征企业所得税;超过 500 万元的部分,减半征收企业所得税。

三、高新技术企业优惠

1.国家需要重点扶持的高新技术企业减按 15%的税率征收企业所得税

国家需要重点扶持的高新技术企业,必须同时符合下列条件:

(1)拥有核心自主知识产权;

(2)产品(服务)属于《高新技术企业认定管理办法》的附件《国家重点支持的高新技术领域》规定的范围;

(3)有关比例符合规定标准,即研究开发费用占销售收入的比例、高新技术产品(服务)收入占企业总收入的比例、科技人员占企业员工总数的比例不低于规定比例;

(4)《高新技术企业认定管理办法》规定的其他条件。

2.经济特区和上海浦东新区新设立高新技术企业过渡性税收优惠

经济特区和上海浦东新区新设立高新技术企业取得的所得,自取得第一笔生产经营收入所属纳税年度起,第一年至第二年免征企业所得税,第三年至第五年按照25%的法定税率减半征收企业所得税。

四、小型微利企业优惠

自2017年1月1日至2019年12月31日,符合条件的小型微利企业,无论采取查账征收方式还是核定征收方式,其年应纳税所得额低于50万元(含50万元)的,均可以其所得减按50%计入应纳税所得额,按20%的税率缴纳企业所得税的政策(以下简称“减半征税政策”)。

小型微利企业的条件如下:

(1)工业企业,年度应纳税所得额不超过30万元,从业人数不超过100人,资产总额不超过3 000万元。

(2)其他企业,年度应纳税所得额不超过30万元,从业人数不超过80人,资产总额不超过1 000万元。

五、加计扣除优惠

加计扣除优惠包括以下两项内容:

1.研究开发费用的加计扣除

研究开发费用的加计扣除是指企业为开发新技术、新产品、新工艺发生的研究开发费用,未形成无形资产计入当期损益的,在按照规定据实扣除的基础上,按照研究开发费用的50%加计扣除;形成无形资产的,按照无形资产成本的150%摊销。

科技型中小企业开展研发活动中实际发生的研发费用,未形成无形资产计入当期损益的,在按规定据实扣除的基础上,在2017年1月1日至2019年12月31日期间,再按照实际发生额的75%在税前加计扣除;形成无形资产的,在上述期间按照无形资产成本的175%在税前摊销。

2.残疾职工工资的加计扣除

企业安置残疾人员的,在按照支付给残疾职工工资据实扣除的基础上,可以在计算应纳税所得额时按照支付给残疾职工工资的100%加计扣除。

六、创投企业优惠

创业投资企业采取股权投资方式投资于未上市的中小高新技术企业2年(24个月)以上,凡符合以下条件的,可以按照其对中小高新技术企业投资额的70%:在股权持有满2年的当年抵扣该创业投资企业的应纳税所得额;当年不足抵扣的,可以在以后纳税年度结转抵扣。

七、加速折旧优惠

企业固定资产由于技术进步等原因,确需加速折旧的,可以缩短折旧年限或采取加速折旧的方法。可采用以上折旧方法的固定资产是指：

(1)由于技术进步，产品更新换代较快的固定资产；

(2)常年处于强震动、高腐蚀状态的固定资产。

八、减计收入优惠

减计收入优惠，是企业综合利用资源，生产符合国家产业政策规定的产品所取得的收入，可以在计算应纳税所得额时减计收入。

企业以《资源综合利用企业所得税优惠目录》规定的资源作为主要原材料，生产国家非限制和禁止并符合国家和行业相关标准的产品取得的收入，减按90%计入收入总额。与以往规定相比，原优惠政策采用免征的方法进行税收优惠，而新法则采用减记收入的优惠办法。

九、税额抵免优惠

税额抵免，是指企业购置并实际使用《环境保护专用设备企业所得税优惠目录》、《节能节水专用设备企业所得税优惠目录》和《安全生产专用设备企业所得税优惠目录》规定的环境保护、节能节水、安全生产等专用设备的，该专用设备的投资额的10%可以从企业当年的应纳税额中抵免；当年不足抵免的，可以在以后5个纳税年度结转抵免。

十、其他优惠

(1)非居民企业减按10%的所得税税率优惠；

(2)民族自治地方的优惠；

(3)低税率优惠过渡政策；

(4)"两免三减半""五免五减半"过渡政策；

(5)西部大开发税收优惠。

任务二　企业所得税应纳税额的计算

一、企业应纳税所得额的确定

应纳税所得额是企业所得税的计税依据。按照《中华人民共和国企业所得税法》的规定，应纳税所得额为企业每一个纳税年度的收入总额，减除不征税收入、免税收入、各项扣除以及允许弥补以前年度亏损后的余额。其基本公式为：

应纳税所得额＝收入总额－不征税收入－免税收入－各项扣除－以前年度亏损

企业应纳税所得额的计算，除特殊规定外，以权责发生制为原则，属于当期的收入与费用，无论款项是否收付，均作为当期的收入和费用；不属于当期的收入与费用，即使款项已经在当期收付，也不作为当期的收入和费用。《中华人民共和国企业所得税法》对应纳税所得额计算作了明确规定，主要内容包括收入总额、扣除范围和标准、资产的税务处理、亏损弥补等。

(一)收入总额

企业的收入总额包括以货币形式和非货币形式从各种来源取得的收入，具体有：销售货物收入，提供劳务收入，转让财产收入，股息、红利等权益性投资收益，利息收入，租金收入，特许权使用费收入，接受捐赠收入，其他收入。

企业取得收入的货币形式，包括现金、存款、应收账款、应收票据、准备持有至到期的债券投资以及债务的豁免等；纳税人以非货币形式取得的收入，包括固定资产、生物资产、无形资产、股权投资、存货、不准备持有至到期的债券投资、劳务以及有关权益等,这些非货币资产应当按照公允价值确定收入额。公允价值是指按照市场价格确定的价值。

1. 一般收入的确认

(1)销售货物收入,是指企业销售商品、产品、原材料、包装物、低值易耗品以及其他存货取得的收入。

(2)提供劳务收入,是指企业从事建筑安装、修理修配、交通运输、仓储租赁、金融保险、邮电通信、咨询经纪、文化体育、科学研究、技术服务、教育培训、餐饮住宿、中介代理、卫生保健、社区服务、旅游、娱乐、加工以及其他劳务服务活动取得的收入。

(3)转让财产收入,是指企业转让固定资产、生物资产、无形资产、股权、债权等财产取得的收入。

(4)股息、红利等权益性投资收益,是指企业因权益性投资从被投资方取得的收入。股息、红利等权益性投资收益,除国务院财政、税务主管部门另有规定外,按照被投资方作出利润分配决定的日期确认收入的实现。

(5)利息收入,是指企业将资金提供他人使用但不构成权益性投资,或者因他人占用本企业资金取得的收入,包括存款利息、贷款利息、债券利息、欠款利息等收入。利息收入,按照合同约定的债务人应付利息的日期确认收入的实现。

(6)租金收入,是指企业提供固定资产、包装物或者其他有形资产的使用权取得的收入。租金收入,按照合同约定的承租人应付租金的日期确认收入的实现。

(7)特许权使用费收入,是指企业提供专利权、非专利技术、商标权、著作权以及其他特许权的使用权取得的收入。特许权使用费收入,按照合同约定的特许权使用人应付特许权使用费的日期确认收入的实现。

(8)接受捐赠收入,是指企业接受的来自其他企业、组织或者个人无偿给予的货币性资产、非货币性资产。接受捐赠收入,按照实际收到捐赠资产的日期确认收入的实现。

(9)其他收入,是指企业取得的除上述收入外的其他收入,包括企业资产溢余收入、逾期未退包装物押金收入、确实无法偿付的应付款项、已作坏账损失处理后又收回的应收款项、债务重组收入、补贴收入、违约金收入、汇兑损益等。

2. 特殊收入的确认

(1)以分期收款方式销售货物的,按照合同约定的收款日期确认收入的实现。

(2)企业受托加工制作大型机械设备、船舶、飞机,以及从事建筑、安装、装配工程业务或提供其他劳务等,持续时间超过12个月的,按照纳税年度内完工进度或完成的工作量确认收入的实现。

(3)采取产品分成方式取得收入的,按照企业分得产品的日期确认收入的实现,其收入额按照产品的公允价值确定。

(4)企业发生非货币性资产交换,以及将货物、财产、劳务用于捐赠、偿债、赞助、集资、广告、样品、职工福利或者利润分配等用途的,应当视同销售货物、转让财产或提供劳务,但国务院财政、税务主管部门另有规定的除外。

(二)不征税收入和免税收入

国家为了扶持和鼓励某些特定的项目,对企业取得的某些收入予以不征税或免税的特殊政策，促进经济的协调发展。

1. 不征税收入

(1)财政拨款。财政拨款是指各级人民政府对纳入预算管理的事业单位、社会团体等组织拨付的财政资金，但国务院和国务院财政、税务主管部门另有规定的除外。

(2)依法收取并纳入财政管理的行政事业性收费、政府性基金。行政事业性收费，是指依照法律法规等有关规定，按照国务院规定程序批准，在实施社会公共管理，以及在向公民、法人或者其他组织提供特定公共服务过程中，向特定对象收取并纳入财政管理的费用。政府性基金，是指企业依照法律、行政法规等有关规定，代政府收取的具有专项用途的财政资金。

(3)国务院规定的其他不征税收入。这是指企业取得的，由国务院财政、税务主管部门规定专项用途并经国务院批准的财政性资金。

2. 免税收入

(1)国债利息收入。为鼓励企业积极购买国债，支援国家建设，税法规定，企业因购买国债所得的利息收入，免征企业所得税。

(2)符合条件的居民企业之间的股息、红利等权益性投资收益。这是指居民企业直接投资于其他居民企业取得的投资收益。该收益不包括连续持有居民企业公开发行并上市流通的股票不足12个月取得的投资收益。

(3)在中国境内设立机构、场所的非居民企业从居民企业取得与该机构、场所有实际联系的股息、红利权益性投资收益。该收益不包括连续持有居民企业公开发行并上市流通的股票不足12个月取得的投资收益。

(4)符合条件的非营利公益组织的收入等。

(三)扣除范围

1. 税前扣除项目的范围

《中华人民共和国企业所得税法》规定："企业实际发生的与取得收入有关的、合理的支出，包括成本、费用、税金、损失和其他支出，准予在计算应纳税所得额时扣除。"

(1)成本。成本是指企业在生产经营活动中发生的销售成本、销货成本、业务支出以及其他耗费，即企业销售商品(产品、材料、下脚料、废料、废旧物资等)、提供劳务、转让固定资产、无形资产(包括技术转让)的成本。

(2)费用。费用是指企业在生产经营活动中发生的销售费用、管理费用和财务费用，已经计入成本的有关费用除外。

(3)税金。税金是指企业发生的除企业所得税和允许抵扣的增值税以外的各项税金及其附加，即企业按规定缴纳的消费税、城市维护建设税、关税、资源税、土地增值税、房产税、车船税、土地使用税、印花税、教育费附加等产品销售税金及附加。这些已纳税金准予税前扣除，扣除的方式有两种：一是在发生当期扣除；二是在发生当期计入相关资产的成本，在以后各期分摊扣除。

(4)损失。损失是指企业在生产经营活动中发生的固定资产和存货的盘亏、毁损、报废损失，转让财产损失，呆账损失，坏账损失，自然灾害等不可抗力因素造成的损失以及其他损失。

(5)其他支出。其他支出是指除成本、费用、税金、损失外，企业在生产经营活动中发生的与生产经营活动有关的、合理的支出。

2.扣除项目的标准

在计算应纳税所得额时，下列项目可按照实际发生额或规定的标准扣除。

(1)工资、薪金支出。

企业发生的合理的工资、薪金支出准予据实扣除。工资、薪金支出是指企业每一纳税年度支付给本企业任职或与其有雇佣关系的员工的所有现金形式或非现金形式的劳动报酬，包括基本工资、奖金、津贴、补贴、年终加薪、加班工资，以及与员工任职或者受雇有关的其他支出。

(2)职工福利费、工会经费、职工教育经费。

企业发生的职工福利费、工会经费、职工教育经费按标准扣除，未超过标准的按实际数扣除，超过标准的只能按标准扣除，超出标准的部分不得扣除，也不得在以后年度结转扣除。

①企业发生的职工福利费支出，不超过工资、薪金总额14%的部分准予扣除。

②企业缴拨的工会经费，不超过工资、薪金总额2%的部分准予扣除。

③除国务院财政、税务主管部门另有规定外，企业发生的职工教育经费支出，不超过工资、薪金总额2.5%的部分，准予扣除；超过部分，准予在以后纳税年度扣除。

【例5-1】米菲公司2016年计入成本、费用中的实发工资为300万元，发生的工会经费为7.8万元，职工福利费为45万元，职工教育经费为10万元。试计算“三项经费”的扣除限额。

解析：

工会经费限额＝300×2%＝6(万元)

职工福利费限额＝300×14%＝42(万元)

职工教育经费限额＝300×2.5%＝7.5(万元)

(3)社会保险费。

①企业依照国务院有关主管部门或者省级人民政府规定的范围和标准为职工缴纳的基本养老保险费、基本医疗保险费、失业保险费、工伤保险费、生育保险费等基本社会保险费和住房公积金，准予扣除；

②企业为在本企业任职或受雇的全体员工支付的补充养老保险费、补充医疗保险费，分别不超过职工工资总额5%标准内的部分，准予扣除。超过部分，不可以扣除。

③企业参加财产保险，按照规定缴纳的保险费，准予扣除。企业为投资者或职工支付的商业保险费，不得扣除。

(4)利息费用。

①非金融企业向金融企业借款的利息支出、金融企业的各项存款利息支出和同业拆借利息支出、企业经批准发行债券的利息支出，准予扣除；

②非金融企业向非金融企业借款的利息支出，不超过按照金融企业同期同类贷款利率计算的数额的部分，准予扣除。

提示：“同期同类贷款利率”是指在贷款期限、贷款金额、贷款担保以及企业信誉等条件基本相同时，金融企业提供贷款的利率。它既可以是金融企业公布的同期同类平均利率，也可以是金融企业对某些企业提供的实际贷款利率。

【例5-2】某居民企业2016年发生财务费用50万元，其中含向非金融企业借款250万元所支付的年利息20万元，金融企业贷款的年利率为5.8%。试计算利息费用的扣除限额。

解析：

利息费用的扣除限额＝250×5.8%＝14.5(万元)

(5)借款费用。

①企业在生产经营活动中发生的合理的不需要资本化的借款费用,准予扣除。

②企业为购置、建造固定资产、无形资产和经过12个月以上的建造才能达到预定可销售状态的存货发生借款的,在有关资产购置、建造期间发生的合理的借款费用,应当作为资本性支出计入有关资产的成本,并依照《中华人民共和国企业所得税法实施条例》的规定扣除。

③企业通过发行债券、取得贷款、吸收保户储金等方式融资而发生的合理的费用支出,符合资本化条件的,应计入相关资产成本;不符合资本化条件的,应作为财务费用,准予在企业所得税前据实扣除。

(6)汇兑损失。

货币交易过程中,以及纳税年度终了时将人民币以外的货币性资产、负债按照期末即期人民币汇率中间价折算为人民币时产生的汇兑损失,除已经计入有关资产成本以及向所有者进行利润分配相关的部分外,准予扣除。

(7)业务招待费。

企业发生的与生产经营活动有关的业务招待费支出,按照发生额的60%扣除,但最高不得超过当年销售(营业)收入的5‰。

【例5-3】某公司2016年度销售收入净额为2 000万元,全年发生业务招待费25万元,且能提供有效凭证。试计算该公司在计算应纳税所得额时的业务招待费的扣除限额。

解析:

发生额×60%=25×60%=15(万元)

销售(营业)收入×5‰=2 000×5‰=10(万元)

因此,业务招待费的扣除限额为10万元。

(8)广告费和业务宣传费。

企业发生的符合条件的广告费和业务宣传费支出,除国务院财政、税务主管部门另有规定外,不超过当年销售(营业)收入15%的部分,准予扣除;超过部分,准予在以后纳税年度结转扣除。企业申报扣除的广告费支出,必须符合下列条件:广告是通过工商部门批准的专门机构制作的;已实际支付费用,并已取得相应发票;通过一定的媒体传播。

提示:烟草企业的烟草广告费和业务宣传费支出,一律不得在计算应纳税所得额时扣除。

【例5-4】某公司2016年销售产品收入2 500万元,转让专利收入500万元,广告费和业务宣传费500万元,试计算该公司在计算应纳税所得额时的广告费和业务宣传费的扣除限额。

解析:

广告费和业务宣传费的扣除限额=(2 500+500)×15%=450(万元)

(9)环境保护专项资金。

企业依照法律、行政法规有关规定提取的用于环境保护、生态恢复等方面的专项资金,准予扣除。上述专项资金提取后改变用途的,不得扣除。

(10)租赁费。

企业根据生产经营活动的需要租入固定资产支付的租赁费,按照以下方法扣除:

①以经营租赁方式租入固定资产发生的租赁费支出,按照租赁期限均匀扣除;

②以融资租赁方式租入固定资产发生的租赁费支出,按照规定构成融资租入固定资产价值的部分应当提取折旧费用,分期扣除。

(11)劳动保护费。

企业发生的合理的劳动保护支出,准予扣除。

(12)公益性捐赠支出。

企业通过公益性社会团体或者县级以上人民政府及其部门,用于公益事业的捐赠支出,在年度利润总额12%以内的部分,准予在计算应纳税所得额时扣除。年度利润总额,是指企业依照国家统一会计制度的规定计算的大于零的数额。

【例5-5】鸿华公司2016年度实现利润总额50万元,在营业外支出账户列支了通过公益性社会团体向贫困地区的捐款8万元。试分析,在计算该公司2016年度应纳税所得额时允许扣除的捐款限额。

解析:

捐款的扣除限额=50×12%=6(万元)

(13)总机构分摊的费用。

非居民企业在中国境内设立的机构、场所,就其中国境外总机构发生的与该机构、场所生产经营有关的费用,能够提供总机构出具的费用汇集范围、定额、分配依据和方法等证明文件,并合理分摊的,准予扣除。

(14)资产损失。

企业当期发生的固定资产和流动资产盘亏、毁损净损失,由其提供清查盘存资料经向主管税务机关备案后,准予扣除;企业因存货盘亏、毁损、报废等原因不得从销项税金中抵扣的进项税金,应视同企业财产损失,准予与存货损失一起在所得税前按规定扣除。

(15)符合法律法规规定和有关税费规定准予扣除的其他项目。

如会员费,与其经营活动有关的合理的差旅费、会议费、董事会费、违约金、诉讼费等。

(四)不得扣除的项目

在计算应纳税所得额时,下列支出不得扣除:

(1)向投资者支付的股息、红利等权益性投资收益款项;

(2)企业所得税税款;

(3)税收滞纳金,具体是指纳税人违反税收法规,被税务机关处以的滞纳金;

(4)罚金、罚款和被没收财物的损失,是指纳税人违反国家有关法律、法规规定,被有关部门处以的罚款,以及被司法机关处以的罚金和被没收财物;

(5)超过规定标准的捐赠支出;

(6)赞助支出,具体是指企业发生的与生产经营活动无关的各种非广告性质支出;

(7)未经核定的准备金支出,具体是指不符合国务院财政、税务主管部门规定的各项资产减值准备、风险准备等准备金支出;

(8)企业之间支付的管理费、企业内营业机构之间支付的租金和特许权使用费,以及非银行企业内营业机构之间支付的利息;

(9)与取得收入无关的其他支出。

(五)亏损弥补

亏损是指企业按照《中华人民共和国企业所得税法》及其实施条例的规定,将每一纳税年度的收入总额减去不征税收入、免税收入和各项扣除后小于零的数额。企业发生的年度亏损,可以用下一纳税年度的所得弥补；下一纳税年度的所得不足弥补的，可以逐年延续弥补，但是延续弥补期最长不得超过5年。但企业在汇总计算缴纳企业所得税时，其境外营业机构的亏损不得抵减境内营业机构的盈利。

二、资产的税务处理

资产是由于资本投资而形成的财产，对于资本性支出以及无形资产受让、开办、开发费用，不允许作为成本、费用从纳税人的收入总额中作一次性扣除，只能采取分次计提折旧或分次摊销的方式予以扣除。即纳税人经营活动中使用的固定资产的折旧费用、无形资产和长期待摊费用的摊销费用可以扣除。

税法规定，纳税人税务处理范围的资产形式主要有固定资产、生物资产、无形资产、长期待摊费用、投资资产、存货等，除盘盈固定资产外，均以历史成本为计税基础。历史成本，是指企业取得该项资产时实际发生的支出。企业持有各项资产期间资产增值或者减值，除国务院财政、税务主管部门规定可以确认损益外，不得调整该资产的计税基础。

(一)固定资产的税务处理

固定资产是指企业为生产产品、提供劳务、出租或经营管理而持有的、使用时间超过12个月的非货币性资产，包括房屋、建筑物、机器、机械、运输工具以及其他与生产经营活动有关的设备、器具、工具等。

1.固定资产的计税基础

(1)外购的固定资产，以购买价款和支付的相关税费以及直接归属于使该资产达到预定用途发生的其他支出为计税基础；

(2)自行建造的固定资产，以竣工结算前发生的支出为计税基础；

(3)融资租入的固定资产，以租赁合同约定的付款总额和承租人在签订租赁合同过程中发生的相关费用为计税基础，租赁合同未约定付款总额的，以该资产的公允价值和承租人在签订租赁合同过程中发生的相关费用为计税基础；

(4)盘盈的固定资产，以同类固定资产的重置完全价值为计税基础；

(5)通过捐赠、投资、非货币性资产交换、债务重组等方式取得的固定资产，以该资产的公允价值和支付的相关税费为计税基础；

(6)改建的固定资产，除已足额提取折旧的固定资产和租入的固定资产以外的其他固定资产，以改建过程中发生的改建支出增加计税基础。

2.固定资产折旧的范围

在计算应纳税所得额时，企业按照规定计算的固定资产折旧，准予扣除。下列固定资产不得计算折旧扣除：

(1)房屋、建筑物以外未投入使用的固定资产；

(2)以经营租赁方式租入的固定资产；

(3)以融资租赁方式租出的固定资产；

(4)已足额提取折旧仍继续使用的固定资产；

(5)与经营活动无关的固定资产；

(6)单独估价作为固定资产入账的土地；

(7)其他不得计算折旧扣除的固定资产。

3. 固定资产折旧的计提方法

(1)企业应当自固定资产投入使用月份的次月起计算折旧;停止使用的固定资产,应当自停止使用月份的次月起停止计算折旧。

(2)企业应当根据固定资产的性质和使用情况,合理确定固定资产的预计净残值。固定资产的预计净残值一经确定,不得变更。

(3)固定资产按照直线法计算的折旧,准予扣除。

4. 固定资产折旧的计提年限

除国务院财政、税务主管部门另有规定外,固定资产计算折旧的最低年限如下:

(1)房屋、建筑物,为 20 年;

(2)飞机、火车、轮船、机器、机械和其他生产设备,为 10 年;

(3)与生产经营活动有关的器具、工具、家具等,为 5 年;

(4)飞机、火车、轮船以外的运输工具,为 4 年;

(5)电子设备,为 3 年。

从事开采石油、天然气等矿产资源的企业,在开始商业性生产前发生的费用和有关固定资产的折耗、折旧方法,由国务院财政、税务主管部门另行规定。

(二)生物资产的税务处理

生物资产是指有生命的动物和植物。生物资产分为消耗性生物资产、生产性生物资产和公益性生物资产。消耗性生物资产,是指为出售而持有的,或在将来收获为农产品的生物资产,包括生长中的动物、蔬菜、用材林以及存栏待售的牲畜等。生产性生物资产,是指为产出农产品、提供劳务或出租等目的而持有的生物资产,包括经济林、薪炭林、产畜和役畜等。公益性生物资产,是指以防护、环境保护为主要目的的生物资产,包括防风固沙、水土保护林和水源涵养林等。

1. 生物资产的计税基础

生产性生物资产按照以下方法确定计税基础:

(1)外购的生产性生物资产,以购买价款和支付的相关税费为计税基础;

(2)通过捐赠、投资、非货币性资产交换、债务重组等方式取得的生产性生物资产,以该资产的公允价值和支付的相关税费为计税基础。

2. 生物资产的折旧方法和折旧年限

生产性生物资产按照直线法计算的折旧,准予扣除。企业应当自生产性生物资产投入使用月份的次月起计算折旧;停止使用的生产性生物资产,应当自停止使用月份的次月起停止计算折旧。

企业应当根据生产性生物资产的性质和使用情况,合理确定生产性生物资产的预计净残值。生产性生物资产的预计净残值一经确定,不得变更。

生产性生物资产计算折旧的最低年限如下:

①林木类生产性生物资产,为 10 年;

②畜类生产性生物资产,为 3 年。

(三)无形资产的税务处理

无形资产,是指企业为生产产品、提供劳务、出租或者经营管理而持有的、没有实物形态的非货币性长期资产,包括专利权、商标权、著作权、土地使用权、非专利技术、商誉等。

1. 无形资产的计税基础

无形资产按照以下方法确定计税基础:

(1)外购的无形资产,以购买价款和支付的相关税费以及直接归属于使该资产达到预定用途发生的其他支出为计税基础;

(2)自行开发的无形资产,以开发过程中该资产符合资本化条件后至达到预定用途前发生的支出为计税基础;

(3)通过捐赠、投资、非货币性资产交换、债务重组等方式取得的无形资产,以该资产的公允价值和支付的相关税费为计税基础。

2. 无形资产摊销的范围

下列无形资产不得计算摊销费用扣除:

(1)自行开发的支出已在计算应纳税所得额时扣除的无形资产;

(2)自创商誉;

(3)与经营活动无关的无形资产;

(4)其他应当作为长期待摊费用的支出。

3. 无形资产的摊销方法及年限

无形资产按照直线法计算的摊销费用,准予扣除。无形资产的摊销年限不得低于 10 年。作为投资或者受让的无形资产,有关法律规定或者合同约定了使用年限的,可以按照规定或者约定的使用年限分期摊销。外购商誉的支出,在企业整体转让或者清算时,准予扣除。

(四)长期待摊费用的税务处理

长期待摊费用是指企业发生的应在一个年度以上或几个年度进行摊销的费用。在计算应纳税所得额时,企业发生的下列支出作为长期待摊费用,按照规定摊销的,准予扣除:

(1)已足额提取折旧的固定资产的改建支出;

(2)租入固定资产的改建支出;

(3)固定资产的大修理支出;

(4)其他应当作为长期待摊费用的支出。

固定资产的改建支出,是指改变房屋或者建筑物结构、延长使用年限等发生的支出。已足额提取折旧的固定资产的改建支出,按照固定资产预计尚可使用年限分期摊销。租入固定资产的改建支出,按照合同约定的剩余租赁期限分期摊销。改建的固定资产延长使用年限的,除已足额提取折旧的固定资产、租入固定资产的改建支出外,其他的固定资产发生改建支出,应当适当延长折旧年限。固定资产的大修理支出,是指同时符合下列条件的支出:①修理支出达到取得固定资产时的计税基础 50%以上;②修理后固定资产的使用年限延长 2 年以上。其按照固定资产尚可使用年限分期摊销。其他应当作为长期待摊费用的支出,自支出发生月份的次月起,分期摊销,摊销年限不得低于 3 年。

(五)存货的税务处理

存货是指企业持有以备出售的产品或商品、处在生产过程中的在产品、在生产或提供劳务过程中耗用的材料和物料等。

1. 存货的计税基础

存货按照以下方法确定成本：

(1)通过支付现金方式取得的存货，以购买价款和支付的相关税费为成本。

(2)通过支付现金以外的方式取得的存货，以该存货的公允价值和支付的相关税费为成本。

(3)生产性生物资产收获的农产品，以产出或者采收过程中发生的材料费、人工费和分摊的间接费用等必要支出为成本。

2. 存货的成本计算方法

企业使用或者销售的存货的成本计算方法，可以在先进先出法、加权平均法、个别计价法中选用一种。计价方法一经选用，不得随意变更。

(六)投资资产的税务处理

投资资产是指企业对外进行权益性投资和债权性投资而形成的资产。

1. 投资资产的成本

投资资产按照以下方法确定成本：

(1)通过支付现金方式取得的投资资产，以购买价款为成本。

(2)通过支付现金以外的方式取得的投资资产，以该资产的公允价值和支付的相关税费为成本。

2. 投资资产成本的扣除方法

(1)企业对外投资期间，投资资产的成本在计算应纳税所得额时不得扣除。

(2)企业在转让或者处置投资资产时，投资资产的成本，准予扣除。

三、应纳税额的计算

(一)居民企业应纳税额的计算

1. 居民企业应纳税额的计算公式

居民企业应纳税额等于应纳税所得额乘以适用税率，基本计算公式为：

应纳税额＝应纳税所得额×适用税率－减免税额－抵免税额

根据计算公式可以看出，居民企业应纳税额的多少，取决于应纳税所得额和适用税率两个因素。在实际过程中，应纳税所得额的计算一般有两种方法，即直接计算法和间接计算法。

(1)直接计算法。

在直接计算法下，居民企业每一纳税年度的收入总额减除不征税收入、免税收入、各项扣除以及允许弥补的以前年度亏损后的余额为应纳税所得额，其计算公式与前述相同：

应纳税所得额＝收入总额－不征税收入－免税收入－各项扣除－以前年度亏损

(2)间接计算法。

在间接计算法下，在会计利润总额的基础上加或减按照税法规定调整的项目金额后，即为应纳税所得额。其计算公式为：

应纳税所得额＝会计利润总额±纳税调整项目金额

纳税调整项目金额包括两个方面的内容：一是企业财务会计制度规定的项目范围与税收

法规规定的项目范围不一致应予以调整的金额；二是财务会计制度规定的扣除标准与税法规定的扣除标准不一致应予以调整的金额。

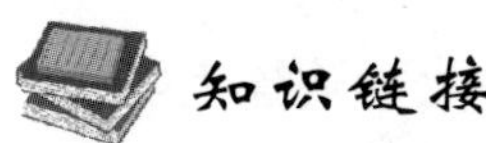

应纳税所得额与会计利润的区别

应纳税所得额与会计利润是两个不同的概念，两者既有联系又有区别。

应纳税所得额是一个税法的概念，是经纳税调整以后的税前利润，是企业所得税的计税依据。会计利润是会计上的概念，是按照财务会计制度的规定核算得出的会计利润总额，是会计报表上反映的未经调整的利润总额，是确定应纳税所得额的基础。

【例 5－6】承接案例导入的资料，计算天虹公司 2016 年度应纳企业所得税。

解析：

(1)会计利润＝4 200＋300－2 300－820－340－140－(320－290)－150＝720(万元)

(2)广告费与业务宣传费应调增所得额＝650－4 200×15％＝20(万元)

(3)业务招待费应调增所得额＝30－30×60％＝12(万元)

30×60％＝18(万元)＜4 200×5‰＝21(万元)

(4)利息费用应调增所得额＝20－200×7.5％＝5(万元)

(5)捐赠支出应调增所得额＝100－720×12％＝13.6(万元)

(6)税收滞纳金不能税前扣除，故应调增所得额＝3(万元)

(7)职工福利费应调增所得额＝72－500×14％＝2(万元)

(8)工会经费应调增所得额＝11－500×2％＝1(万元)

(9)职工教育经费应调增所得额＝15.1－500×2.5％＝2.6(万元)

(10)应纳税所得额＝720＋20＋12＋5＋13.6＋3＋2＋1＋2.6＝779.2(万元)

(11)天虹公司 2016 年度应缴纳企业所得税＝779.2×25％＝194.8(万元)

【例 5－7】某企业 2016 年度有关财务资料如下：

(1)全年销售收入 3 000 万元，营业外收入 620 万元，其中包括依法收取政府性基金 200 万元、国债利息收入 20 万元、直接投资 A 公司取得红利收益 100 万元、租金收入 140 万元、特许权使用费收入 160 万元；

(2)有关销售成本支出 1 800 万元，缴纳增值税 336 万元，预缴企业所得税 120 万元；

(3)管理费用 280 万元，财务费用 100 万元，销售费用 220 万元；

(4)营业外支出 80 万元，其中非公益性捐赠 20 万元。

已知：该企业上年度未弥补亏损 12 万元。企业适用所得税税率 25％。

要求：计算该企业 2016 年度应纳企业所得税。

解析：

(1)政府性基金收入属于不征税收入；国债利息收入属于免税收入；取得直接投资其他居民企业的权益性收益属于免税收入。

(2)非公益性捐赠支出不得税前扣除。

(3)应纳税所得额＝3 000＋620－200－20－100－1 800－280－100－220－(80－20)－12＝828(万元)

(4)2016 年度应缴纳企业所得税＝828×25％－120＝87(万元)

2. 境外所得抵扣税额的计算

为避免国际间对同一所得重复征税，我国税法对境外已纳税款实行限额扣除。

提示：境外已纳税额是指企业来源于中国境外的所得依照中国境外税法应缴纳并已实际缴纳的企业所得税性质的税款。

（1）税额抵扣的范围。

企业取得的下列所得已在境外缴纳的所得税税额，可以从其当期应纳税额中限额抵免，抵免限额为该项所得依照《中华人民共和国企业所得税法》规定计算的应纳税额；超过抵免限额的部分，可以在以后5个年度内，用每年度抵免限额抵免当年应抵税额后的余额进行抵补：

①居民企业来源于中国境外的应税所得。

②非居民企业在中国境内设立机构、场所，取得发生在中国境外但与该机构、场所有实际联系的应税所得。

居民企业从其直接或者间接控制的外国企业分得的来源于中国境外的股息、红利等权益性投资收益，外国企业在境外实际缴纳的所得税税额中属于该项所得负担的部分，可以作为该居民企业的可抵免境外所得税税额，在税法规定的抵免限额内抵免。

（2）税额抵扣的方法。

我国境外所得税额抵扣采用限额抵免法计算。限额抵免法，是指对纳税人在境外取得的所得按照我国税法规定计算出其应纳所得税额，将该应纳税额作为汇总计算应纳税额时扣除限额的一种方法。

（3）抵免税额的计算。

抵免限额，是指企业来源于中国境外的所得，依照《中华人民共和国企业所得税法》及其实施条例的规定计算的应纳税额。除国务院财政、税务主管部门另有规定外，该抵免限额应当分国（地区）不分项计算，计算公式为：

抵免限额＝中国境内、境外所得依照《中华人民共和国企业所得税法》及其实施条例规定计算的应纳税总额×来源于某国（地区）的应纳税所得额÷中国境内、境外应纳税所得额总额

＝来源于某国（地区）的应纳税所得额（境外税前所得额）×25％

如果境外已纳税额小于抵免税额，实际扣除限额为境外已纳税款。如果境外已纳税额大于抵免税额，实际扣除限额为抵免限额，其超过部分不得从本年度应纳税额中扣除，也不得列为本年度费用支出，但可以用以后年度抵免限额抵免当年应抵税额后的余额进行抵补，补扣期限最长不能超过5年。

【例5-8】某居民企业2016年度境内应纳税所得额为200万元，适用25％的企业所得税税率。另外，该企业分别在A、B两国设有分支机构（我国与A、B两国已经缔结避免双重征税协定），在A国分支机构的应纳税所得额为60万元，A国企业所得税税率为20％；在B国的分支机构的应纳税所得额为20万元，B国企业所得税税率为30％。假设该企业在A、B两国所得按我国税法计算的应纳税所得额和按A、B两国税法计算的应纳税所得额一致，两个分支机构在A、B两国分别缴纳了12万元和6万元的企业所得税。试计算该企业汇总纳税时在我国应缴纳的企业所得税税额。

解析：

①计算该企业按我国税法计算的境内、境外所得的应纳税额。

应纳税额＝（200＋60＋20）×25％＝70（万元）

②计算A、B两国的扣除限额。

A国扣除限额＝70×[60÷(200＋60＋20)]＝15(万元)

B国扣除限额＝70×[20÷(200＋60＋20)]＝ 5(万元)

在A国缴纳的所得税为12万元，低于扣除限额15万元，可全额扣除；

在B国缴纳的所得税为6万元，高于扣除限额5万元，其超过扣除限额的部分，即1万元当年不能扣除。

③汇总时，在我国应缴纳的所得税＝70－12－5＝53(万元)

(二)居民企业核定征收应纳税额的计算

税务机关应根据纳税人具体情况，对核定征收企业所得税的纳税人，核定应税所得率或核定应纳所得税额。

1.核定征收企业所得税的范围

居民企业纳税人具有下列情形之一的，核定征收企业所得税：

(1)按规定可以不设置账簿的。

(2)按规定应当设置但未设置账簿的。

(3)不提供纳税资料的。

(4)虽设置账簿，但账目混乱或者成本资料、收入凭证、费用凭证残缺不全，难以查账的。

(5)发生纳税义务，未按照规定的期限办理纳税申报，经税务机关责令限期申报，逾期仍不申报的。

(6)申报的计税依据明显偏低，又无正当理由的。所以企业所得税核定征收适用于不能正确提供企业利润所得的企业。

2.核定征收的办法

核定征收方式包括定额征收和核定应税所得率征收两种方法。

(1)定额征收。定额征收是税务机关按照一定的标准、程序和方法，直接核定纳税人年度应纳所得税额，由纳税人按规定申报缴纳的办法。

(2)核定应税所得率征收。核定应税所得率征收是税务机关按照一定的标准、程序和方法，预先核定纳税人的应税所得率，由纳税人根据纳税年度内的收入总额或成本费用等项目的实际发生额，按预先核定的应税所得率计算缴纳企业所得税的办法。

3.选择应税所得率

应税所得率统一执行标准见表5－1。

表5－1　应税所得率

行业	应税所得率(%)
农、林、牧、渔业	3～10
制造业	5～15
批发和零售贸易业	4～15
交通运输业	7～15
建筑业	8～20

续表 5-1

行业	应税所得率(%)
饮食业	8～25
娱乐业	15～30
其他行业	10～30

4. **计算应税所得额**

应税所得额计算公式如下：

应税所得额＝应税收入额×应税所得率

＝成本费用支出额÷(1－应税所得率)×应税所得率

应税收入额＝收入总额－不征税收入－免税收入

应纳所得税额＝应税所得额×适用税率

(三)非居民企业应纳税额的计算

非居民企业在中国境内设立机构、场所，且取得的所得与其所设机构、场所有实际联系的所得，计算应纳税所得额的方法同居民企业。非居民企业在中国境内未设立机构、场所的，或者虽然设立机构、场所但取得的所得与其所设机构、场所没有实际联系的所得，按下列方法计算应纳税所得额：

(1)股息、红利等权益性投资收益和利息、租金、特许权使用费所得，以收入全额为应纳税所得额。

(2)转让财产所得，以收入全额减除财产净值后的余额为应纳税所得额。

(3)其他所得额，参照前两项规定的方法计算应纳税所得额。

任务三　企业所得税会计核算

我国《企业会计准则》规定，我国所得税会计采用资产负债表债务法，要求企业从资产负债表出发，通过比较资产负债表上列示的资产、负债按照会计准则规定确定的账面价值与按税法规定确定的计税基础，对于两者之间的差异分别应纳税暂时性差异与可抵扣暂时性差异，确认相关的递延所得税负债与递延所得税资产，并在此基础上确定每一会计期间利润表中的所得税费用。

一、资产负债表债务法的理论基础

资产负债表债务法较为完全地体现了资产负债表，在所得税会计核算方面贯彻了资产、负债的界定。从资产负债表的角度考虑，资产的账面价值代表的是某项资产在持续持有及最终处置的一定期间内未来的经济利益，而其计税基础代表的是该期间内按照税法规定就该项资产可以税前扣除的总额。资产的账面价值小于其计税基础的，表明该项资产于未来期间产生的经济利益流入低于按照税法规定允许税前扣除的金额，产生可抵减未来期间应纳税所得额的因素，减少未来期间以应交所得税的方式流出企业的经济利益，应确认为递延所得税资产。反之，一项资产的账面价值大于其计税基础的，两者之间的差额会增加企业于未来期间的应纳税所得额，对企业形成经济利益流出的义务，应确认为递延所得税负债。

二、所得税会计核算的一般程序

在采用资产负债表债务法核算所得税的情况下，企业一般应于每一资产负债表日进行所得税的核算。发生特殊交易或事项时，如企业合并，在确认因交易或事项取得的资产、负债时即应确认相关的所得税影响。企业进行所得税核算一般应遵循以下程序：

(1)按照相关企业会计准则规定，确定资产负债表中除递延所得税资产和递延所得税负债以外的其他资产和负债项目的账面价值。

(2)按照企业会计准则中对于资产和负债计税基础的确定方法，以适用的税收法规为基础，确定资产负债表中有关资产、负债项目的计税基础。

(3)比较资产、负债的账面价值与其计税基础，对于两者之间的差额形成的暂时性差异，按其不同种类，分为应纳税暂时性差异与可抵扣暂时性差异。确定资产负债表日递延所得税负债和递延所得税资产的应有金额，并与期初递延所得税资产和递延所得税负债的余额相比，确定当期应予进一步确认的递延所得税资产和递延所得税负债金额或应予转销的金额，作为递延所得税。

(4)就当期发生的交易或事项，按照税法的规定计算确定当期应纳税所得额，将应纳税所得额与适用的所得税税率计算的结果确认为当期应交所得税，作为当期所得税。

(5)确定利润表中的所得税费用。利润表中的所得税费用包括当期所得税(当期应交所得税)和递延所得税两个组成部分，企业在计算确定了当期所得税和递延所得税后，两者之和(或之差)是利润表中的所得税费用。

三、资产、负债的计税基础及暂时性差异

所得税会计的关键在于确定资产、负债的计税基础。在确定资产、负债的计税基础时，应严格遵循税收法规中对于资产的税务处理以及可在税前扣除的费用等的规定进行。

(一)资产的计税基础

资产的计税基础，是指企业收回资产账面价值过程中，计算应纳税所得额时按照税法规定可以自应税经济利益中抵扣的金额，即某一项资产在未来期间计税时按照税法规定可以税前扣除的金额。

资产在初始确认时，其计税基础一般为取得成本，即企业为取得某项资产支付的成本在未来期间准予税前扣除。在资产持续持有的过程中，其计税基础是指资产的取得成本减去以前期间按照税法规定应经税前扣除的金额后的余额。如固定资产、无形资产等长期资产在某一资产负债表日的计税基础是指其成本扣除按照税法规定已在以前期间税前扣除的累计折旧或累计摊销额后的金额。

1. 固定资产

企业以各种方式取得的固定资产，初始确认时按照会计准则规定确定的入账价值基本上是被税法认可的，即取得时其账面价值一般等于计税基础。

固定资产在持有期间进行后续计量时，由于会计与税法规定就折旧方法、折旧年限以及固定资产减值准备的提取等处理的不同，可能造成固定资产的账面价值与计税基础的差异。

资产负债表日固定资产的账面价值＝初始成本－累计折旧－固定资产减值准备

资产负债表日固定资产的计税基础＝初始成本－税前已扣除的累计折旧

(1)因折旧方法、折旧年限不同产生的差异。

会计准则规定，企业应当合理选择折旧方法，可以按年限平均法计提折旧，也可以按照双倍余额递减法、年数总和法等计提折旧。税法中除某些按照规定可以加速折旧的情况外，基本上可以税前扣除的是按照年限平均法计提的折旧，同时税法还就每一类固定资产的最低折旧年限作出了规定，而会计处理时按照准则规定折旧年限是由企业根据固定资产的性质和使用情况合理确定的。

(2)因计提固定资产减值准备产生的差异。

持有固定资产的期间内，对固定资产计提了减值准备以后，因税法规定企业计提的资产减值准备在发生实质性损失前不允许税前扣除，也会造成固定资产的账面价值与计税基础的差异。

【例 5-9】某公司于 2014 年 12 月以 500 万元购入一套生产设备，估计使用寿命为 20 年，采用直线法计提折旧，预计净残值为 0。假定税法规定的折旧年限、折旧方法及净残值与会计规定相同。2016 年 12 月 31 日，该公司估计该设备未来可收回金额为 400 万元。试分析 2016 年末该设备的账面价值与计税基础之间的差异。

解析：

2016 年末账面价值＝500－500÷20×2－50＝400(万元)

2016 年末计税基础＝500－500÷20×2＝450(万元)

该固定资产账面价值与计税基础之间的 50 万元的差额，将减少企业未来期间应交所得税的义务。

2. 无形资产

除内部研究开发形成的无形资产以外，企业以其他方式取得的无形资产，初始确认时按照会计准则规定确定的入账价值与按照税法规定确定的计税成本之间一般不存在差异。无形资产的差异主要产生于内部研究开发形成的无形资产以及使用寿命不确定的无形资产。后续计量时，差异主要产生于对无形资产是否需要摊销及无形资产减值准备的提取。

(1)内部研究开发形成的无形资产。

会计准则规定，有关研究开发支出分两个阶段，研究阶段的支出应当费用化计入当期损益，开发阶段符合资本化条件以后发生的支出应当资本化作为无形资产的成本。税法规定，企业为开发新技术、新产品、新工艺发生的研究开发费用，未形成无形资产计入当期损益的，在按照规定据实扣除的基础上，按照研究开发费用的 50%加计扣除；形成无形资产的，按照无形资产成本的 150%摊销。

【例 5-10】某公司 2016 年发生研究开发支出共计 2 500 万元，其中研究阶段支出 500 万元，开发阶段符合资本化条件前发生的支出为 600 万元。假定开发形成的无形资产在 2016 年年末已达到预定用途(尚未开始摊销)。试分析 2016 年末该项研究开发支出的账面价值与计税基础之间的差异。

解析：

无形资产的账面价值＝2 500－500－600＝1 400(万元)

无形资产的计税基础＝1 400×150%＝2 100(万元)

该无形资产账面价值与计税基础之间的700万元的差额，将减少企业未来期间应交所得税的义务。

(2)因无形资产是否摊销及计提减值准备而产生的差异。

会计准则规定，根据无形资产的使用寿命情况，区分为使用寿命有限的无形资产与使用寿命不确定的无形资产。使用寿命不确定的无形资产，不要求摊销，但在持有期间每年应进行减值测试。而税法则允许无形资产在一定期限内摊销，不允许税前扣除无形资产减值准备，造成账面价值与计税基础产生差异。

【例5-11】某公司2016年1月购入一项无形资产，取得成本200万元，使用寿命不确定。2016年末，该无形资产未发生减值。企业计税时，对该项无形资产按10年期限摊销。试计算分析2016年末该项无形资产的账面价值和计税基础。

解析：

2016年末无形资产账面价值＝200(万元)

2016年末无形资产计税基础＝200－20＝180(万元)

该无形资产账面价值与计税基础之间的20万元的差额，将增加企业未来期间应交所得税的义务。

3.以公允价值计量且其变动计入当期损益的金融资产

税法规定，企业以公允价值计量的金融资产、金融负债及投资性房地产等，持有期间公允价值的变动不计入应纳税所得额，在实际处置或结算时，处置取得的价款扣除其历史成本(或历史成本减去累计折旧)后的差额应计入处置或结算期间的应纳税所得。按照该规定，以公允价值计量的金融资产在持有期间市价的波动在计税时不予考虑，有关金融资产在某一会计期末的计税基础为其取得成本，从而造成在公允价值变动的情况下，以公允价值计量的金融资产账面价值与计税基础之间的差异。

【例5-12】2016年1月，某公司购入一项交易性金融资产，成本为500万元，2016年末公允价值为550万元。试计算分析2016年末该项交易性金融资产的账面价值和计税基础。

解析：

2016年末该项交易性金融资产的账面价值＝500＋(550－500)＝550(万元)

2016年末该项交易性金融资产的计税基础＝500(万元)

该交易性金融资产账面价值与计税基础之间的50万元的差额，将增加企业未来期间应交所得税的义务。

4.其他资产

(1)投资性房地产。

对于采用成本模式进行后续计量的投资性房地产，涉及折旧(摊销)、减值准备的计提等，因此其与固定资产(无形资产)类似，也可能产生暂时性差异。对于公允价值模式进行后续计量的投资性房地产，其期末账面价值为公允价值，而如果税法规定不认可该类资产在持有期间因公允价值变动产生的利得或损失，其计税基础应以取得时支付的历史成本为基础计算确定。

(2)其他计提了资产减值准备的各项资产。

有关资产在计提了减值准备后，其账面价值会随之下降，而税法规定资产在发生实质性损失之前，不允许税前扣除，即其计税基础不会因减值准备的提取而变化，造成在计提减值准备以后，资产的账面价值与计税基础之间的差异，如应收账款、存货等。

【例5-13】某公司2016年末应收账款余额为400万元，计提了30万元的坏账准备。试计算分析2016年末应收账款的账面价值和计税基础。

解析：

2016年末应收账款的账面价值＝400－30＝370(万元)

2016年末应收账款的计税基础＝400(万元)

该应收账款账面价值与计税基础之间的30万元的差额，将减少企业未来期间应交所得税的义务。

(二)负债的计税基础

负债的计税基础，是指负债的账面价值减去未来期间计算应纳税所得额时按照税法规定可予抵扣的金额。

负债的计税基础＝账面价值－未来期间按照税法规定可予税前扣除的金额

负债的确认与偿还一般不会影响企业的损益，也不会影响其应纳税所得额，未来期间计算应纳税所得额时按照税法规定可予抵扣的金额为零，计税基础即为账面价值。但某些情况下，负债的确认可能影响企业的损益，进而影响不同期间的应纳税所得额，使得其计税基础与账面价值之间产生差额，如按照会计规定确认的某些预计负债。

1.预计负债

(1)因销售商品提供售后服务等原因确认的预计负债。

按照会计准则规定，企业对于预计提供售后服务将发生的支出在满足有关确认条件时，销售当期即确认为费用，同时确认预计负债。税法规定，与销售产品相关的支出应于发生时在税前扣除。因该类事项产生的预计负债在期末的计税基础为其账面价值与未来期间可税前扣除的金额之间的差额，即为零。

【例5-14】某企业2016年销售某批产品，预计产品保修费用200万元。试计算分析2016年末预计负债的账面价值与计税基础。

解析：

2016年末预计负债的账面价值＝200(万元)

2016年末预计负债的计税基础＝200－200＝0(万元)

该预计负债账面价值与计税基础之间的200万元的差额，将减少企业未来期间应交所得税的义务。

(2)未决诉讼。

因其他事项确认的预计负债，应按照税法规定的计税原则确定其计税基础。在某些情况下，因有些事项确认的预计负债，如果税法规定其支出无论是否实际发生均不允许税前扣除，即在未来期间按照税法规定可予抵扣的金额为零，其账面价值与计税基础相同，如对外提供债务担保确认的预计负债。

【例5-15】某公司2016年底面临一项担保诉讼案件，估计败诉的可能性为75%，若败诉，赔偿金额估计为100万元。试分析2016年末该项预计负债的账面价值与计税基础。

解析：

2016年末该项预计负债的账面价值＝100(万元)

2016年末该项预计负债的计税基础＝100－0＝100(万元)

该预计负债账面价值与计税基础无差异。

2. 预收账款

企业收到客户预付的款项时,因不符合收入确认条件,会计上将其确认为负债。税法中对于收入的确认原则一般与会计规定相同,即会计上未确认收入时,计税时一般亦不计入应纳税所得额,该部分经济利益在未来期间计税时可予税前扣除的金额为零,计税基础等于账面价值。

在某些情况下,因不符合会计准则规定的收入确认条件,未确认为收入的预收款项,按照税法规定应计入当期应纳税所得额时,有关预收账款的计税基础为零,即因其产生时已经计算缴纳所得税,未来期间可全额税前扣除。

【例5-16】某公司于2016年12月收到一笔合同预付款300万元,作为预收账款核算。按税法规定,该款项应计入取得当期应纳税所得额计算交纳所得税。

解析:

2016年末该项预收账款的账面价值＝300(万元)

2016年末该项预收账款的计税基础＝300－300＝0(万元)

该预收账款账面价值与计税基础的300万元差额,将减少企业未来期间应交所得税的义务。

3. 应付职工薪酬

税法中对于合理职工薪酬基本允许税前扣除,但税法中如果规定了税前扣除标准的,按照会计准则规定计入成本费用支出的金额超过规定标准部分,应进行纳税调整。

【例5-17】某公司2016年12月计入成本费用的工资总额为200万元,至2016年12月31日尚未支付。按照税法规定,当期计入成本费用的200万元工资支出中,可予税前扣除的合理部分为80万元。试分析2016年末该项负债的账面价值与计税基础。

解析:

2016年末应付职工薪酬的账面价值＝200(万元)

2016年末应付职工薪酬的计税基础＝200－0＝200(万元)

该应付职工薪酬账面价值与计税基础相等,不产生暂时性差异。

4. 其他负债

其他负债如企业应缴的罚款和滞纳金,在尚未支付之前按照会计规定确认为费用,同时作为负债如其他应付款来反映。税法规定,罚款和滞纳金不能税前扣除(将来也不能扣除),其计税基础等于账面价值,不产生暂时性差异。

(三)暂时性差异

暂时性差异是指资产、负债的账面价值与其计税依据基础不同产生的差额。根据暂时性差异对未来期间应纳税所得额的影响,分为应纳税暂时性差异和可抵扣暂时性差异。除资产、负债的账面价值与其计税基础不同产生的暂时性差异以外,按照税法规定可以结转以后年度的未弥补亏损和税款抵减,也视同可抵扣暂时性差异处理。

1. 应纳税暂时性差异

应纳税暂时性差异,是指在确定未来收回资产或清偿负债期间的应纳税所得额时,将导致产生应税金额的暂时性差异,即在未来期间不考虑该事项影响的应纳税所得额的基础上,由于该暂时性差异的转回,会进一步增加转回期间的应纳税所得额和应交所得税金额,在其产生当期应当确认相关的递延所得税负债。应纳税暂时性差异通常产生以下情况:

(1)资产的账面价值大于其计税基础。资产的账面价值大于其计税基础,该项资产未来期间产生的经济利益不能全部税前抵扣,两者之间的差额需要交税,产生应纳税暂时性差异。

(2)负债的账面价值小于其计税基础。负债的账面价值小于其计税基础,则意味着就该项负债在未来期间可以税前抵扣的金额为负数,即应在未来期间应纳税所得额的基础上调增,增加未来期间的应纳税所得额和应交所得税金额,产生应纳税暂时性差异。

2.可抵扣暂时性差异

可抵扣暂时性差异,是指在确定未来收回资产或清偿负债期间的应纳税所得额时,将导致产生可抵扣金额的暂时性差异。该差异在未来期间转回时会减少转回期间的应纳税所得额,减少未来期间的应交所得税。在可抵扣暂时性差异产生当期,符合确认条件时,应当确认相关的递延所得税资产。可抵扣暂时性差异一般产生于以下情况:

(1)资产的账面价值小于其计税基础。资产的账面价值小于其计税基础,意味着资产在未来期间产生的经济利益少,按照税法规定允许税前扣除的金额多,则企业未来期间应纳税所得额会减少,应交所得税也会减少,形成可抵扣暂时性差异。

(2)负债的账面价值大于其计税基础。负债的账面价值大于其计税基础,意味着未来期间按照税法规定与负债相关的全部或部分支出可以自未来应税经济利益中扣除,减少未来期间的应纳税所得额和应交所得税,形成可抵扣暂时性差异。

3.特殊项目形成的暂时性差异

(1)未作资产、负债确认的项目产生的暂时性差异。

某些交易或事项发生以后,因为不符合资产、负债的确认条件而未体现为资产负债表中的资产或负债,但按照税法规定能够确定其计税基础的,其账面价值与计税基础之间的差异也构成暂时性差异。

例如企业发生的符合条件的广告费和业务宣传费支出,除另有规定外,不超过当年销售收入15%的部分准予扣除,超过部分准予在以后纳税年度结转扣除。这类费用在发生时按照会计准则规定即计入当期损益,不形成资产负债表中的资产,而按照税法规定可以确定其计税基础,两者之间的差异形成暂时性差异。

(2)可抵扣亏损及税款抵减产生的暂时性差异。

对于按照税法规定可以结转以后年度的未弥补亏损及税款抵减,虽不是因资产、负债的账面价值与计税基础不同产生的,但本质上可抵扣亏损和税款抵减与可抵扣暂时性差异具有同样的作用,均能够减少未来期间的应纳税所得额和应交所得税,视同可抵扣暂时性差异,在符合确认条件的情况下,应确认与其相关的递延所得税资产。

例如,甲公司于2016年发生经营亏损4 000万元,按照《中华人民共和国企业所得税法》规定,企业纳税年度发生的亏损,可以向以后年度结转,用以后年度的所得弥补,但结转年限最长不得超过5年。该公司预计其于未来5年期间能够产生足够的应纳税所得额用以该经营亏损。该经营亏损虽不是因比较资产、负债的账面价值与其计税基础产生的,但从其性质上来看可以减少未来期间的应纳税所得额和应交所得税,视同可抵扣暂时性差异。在企业预计未来期间能够产生足够的应纳税所得额用以该可抵扣亏损时，应确认相关的递延所得税资产。

四、企业所得税会计账户的设置

企业在运用资产负债表债务法时，应设置"递延所得税资产""递延所得税负债""所得税费用""应交税费——应交所得税"等账户。

(1)"递延所得税资产"账户用来核算企业确认的可抵扣暂时性差异产生的递延所得税资产。借方反映在资产负债表日企业递延所得税资产的应有余额大于其账面余额的差额；贷方反映在资产负债表日，企业递延所得税资产的应有余额小于其账面余额的差额；期末借方余额反映企业确认的递延所得税资产。

(2)"递延所得税负债"账户用来核算企业确认的应纳税暂时性差异产生的递延所得税负债。贷方反映在资产负债表日，企业递延所得税负债的应有余额大于账面余额的差额；借方反映在资产负债表日，企业递延所得税负债的应有余额小于其账面余额的差额；期末贷方余额反映企业确认的递延所得税负债。

(3)"所得税费用"账户用来核算企业确认的从当期利润总额中扣除的所得税费用。按"当期所得税费用""递延所得税费用"进行明细核算。借方反映在资产负债表日，企业按照税法规定计算确定的当期应交所得税(当期所得税费用)和递延所得税资产应有余额小于"递延所得税资产"账户余额的差额(递延所得税费用)；贷方反映在资产负债表日，递延所得税资产的应有余额大于"递延所得税资产"账户余额的差额(递延所得税费用)。企业应予确认的递延所得税负债，也比照上述原则调整。期末，应将本账户的余额转入"本年利润"账户，结转后无余额。

(4)"应交税费——应交所得税"账户核算企业按照税法规定计算的当期应交的所得税。贷方反映当期应交的所得税，借方反映实际缴纳的所得税，期末贷方余额反映企业尚未缴纳的所得税。

五、递延所得税负债及递延所得税资产的确认与计量

企业在计算确定了应纳税暂时性差异与可抵扣暂时性差异后，应当按照所得税会计准则规定的原则确认相关的递延所得税负债以及递延所得税资产。

(一)递延所得税负债的确认与计量

企业一般应于资产负债表日，分析比较资产、负债的账面价值与其计税基础，将两者之间的应纳税暂时性差异与适用税率的乘积，确认为递延所得税负债；企业合并等特殊交易或事项中取得的资产或负债，应于购买日确认相关的递延所得税负债。除所得税会计准则明确规定可不确认递延所得税负债的情况外，企业对所有的应纳税暂时性差异均应确认相关的递延所得税负债。

提示：递延所得税负债应于相关应纳税暂时性差异转回期间按照税法规定适用的所得税税率计量。无论应纳税暂时性差异的转回期间如何，相关的递延所得税负债都不要求折现。

【例 5－18】宁美公司于 2011 年 12 月购入一台生产设备，成本为 600 000 元，预计使用年限 5 年，预计净残值为零。会计上按直线法计提折旧，因该设备符合税法规定的税收优惠条件，计税时可采用年数总和法计提折旧，假定税法规定的使用年限及净残值与会计相同，且该公司各会计期间均未对固定资产计提减值准备，除该项固定资产产生的会计与税法之间的差异外，不存在其他会计与税收的差异。

该公司每年因固定资产账面价值与计税基础不同应予确认的递延所得税情况如表5-2所示。

表5-2 递延所得税确认

单位:元

	2012年	2013年	2014年	2015年	2016年
实际成本	600 000	600 000	600 000	600 000	600 000
累计会计折旧	120 000	240 000	360 000	480 000	600 000
账面价值	480 000	360 000	240 000	120 000	0
累计计税折旧	200 000	360 000	480 000	560 000	600 000
计税基础	400 000	240 000	120 000	40 000	0
暂时性差异	80 000	120 000	120 000	80 000	0
适用税率	25%	25%	25%	25%	25%
递延所得税负债余额	20 000	30 000	30 000	20 000	0

该项固定资产各年度账面价值与计税基础确定如下:

①2012年资产负债表日。

账面价值=实际成本-会计折旧=600 000-120 000=480 000(元)

计税基础=实际成本-税前扣除的折旧额=600 000-200 000=400 000(元)

账面价值480 000元大于其计税基础400 000元,两者之间产生的80 000元差异会增加未来期间的应纳税所得额和应交所得税,属于应纳税暂时性差异,应确认为与其相关的递延所得税负债20 000(80 000×25%)元,账务处理如下:

借:所得税费用　　20 000

　贷:递延所得税负债　　20 000

②2013年资产负债表日。

账面价值=实际成本-会计折旧=600 000-240 000=360 000(元)

计税基础=实际成本-税前扣除的折旧额=600 000-360 000=240 000(元)

账面价值360 000元大于其计税基础240 000元,两者之间产生的120 000元差异会增加未来期间的应纳税所得额和应交所得税,属于应纳税暂时性差异,应确认为与其相关的递延所得税负债30 000(120 000×25%)元,但递延所得税负债的期初余额为20 000元,当期应进一步确认递延所得税负债10 000元,账务处理如下:

借:所得税费用　　10 000

　贷:递延所得税负债　　10 000

③2014年资产负债表日。

账面价值=实际成本-会计折旧=600 000-360 000=240 000(元)

计税基础=实际成本-税前扣除的折旧额=600 000-480 000=120 000(元)

账面价值240 000元大于其计税基础120 000元,两者之间产生的120 000元差异会增加未来期间的应纳税所得额和应交所得税,属于应纳税暂时性差异,应确认为与其相关的递延所得税负债30 000(120 000×25%)元,但递延所得税负债的期初余额为30 000元,当期不需确认递延所得税负债。

④2015 年资产负债表日。

账面价值＝实际成本－会计折旧＝600 000－480 000＝120 000(元)

计税基础＝实际成本－税前扣除的折旧额＝600 000－560 000＝40 000(元)

账面价值 120 000 元大于其计税基础 40 000 元，两者之间产生的 80 000 元差异会增加未来期间的应纳税所得额和应交所得税，属于应纳税暂时性差异，应确认为与其相关的递延所得税负债 20 000(80 000×25%)元，递延所得税负债的期初余额为 30 000 元，当期应转回原已确认递延所得税负债 10 000 元，账务处理如下：

借：递延所得税负债　　10 000

　贷：所得税费用　　10 000

⑤2016 年资产负债表日。

该项固定资产的账面价值及计税基础均为零，两者之间不存在暂时性差异，原已确认的与该项资产相关的递延所得税负债应予以转回，账务处理如下：

借：递延所得税负债　　20 000

　贷：所得税费用　　200 00

(二)递延所得税资产的确认与计量

企业一般应于资产负债表日，分析比较资产、负债(包括筹建费用、未弥补亏损和税款抵减等在内)的账面价值与其计税基础，将两者之间的可抵扣暂时性差异与适用税率的乘积，确认为递延所得税资产；企业合并等特殊交易或事项中取得的资产和负债，应于购买日确认相关的递延所得税资产。

提示：确认因可抵扣暂时性差异产生的递延所得税资产应以未来期间可能取得的应纳税所得额为限。在可抵扣暂时性差异转回的未来期间内，企业如无法产生足够的应纳税所得额用以利用可抵扣暂时性差异的影响，使得与可抵扣暂时性差异相关的经济利益无法实现的，不应确认递延所得税资产；企业有明确的证据表明其于可抵扣暂时性差异转回的未来期间能够产生足够的应纳税所得额，进而利用可抵扣暂时性差异的，则应以可能取得的应纳税所得额为限，确认相关的递延所得税资产。

六、所得税费用的确认与计量

所得税会计的主要目的之一是为了确定当期应交所得税以及利润表中的所得税费用。在按照资产负债表债务法核算所得税的情况下，利润表中的所得税费用包括当期所得税和递延所得税两个部分。

(一)当期所得税的确认与计量

当期所得税，是指企业按照税法规定计算确定的针对当期发生的交易和事项，应缴纳给税务部门的所得税金额，即应交所得税，应以适用的税收法规为基础计算确定。

企业在确定当期所得税时，对于当期发生的交易或事项，会计处理与税收处理不同的，应在会计利润的基础上，按照适用税收法规的要求进行调整，计算出当期应纳税所得额，按照应纳税所得额与适用所得税税率计算确定当期应交所得税。当期应交所得税的计算公式如下：

当期应交所得税＝应纳税所得额×所得税税率

应纳税所得额＝税前会计利润＋纳税调整增加额－纳税调整减少额

(二)递延所得税的确认与计量

递延所得税是指按照所得税规定,当期应予确认的递延所得税资产和递延所得税负债金额,即递延所得税资产及递延所得税负债当期发生额的综合结果,但不包括计入所有者权益的交易或事项的所得税影响。用公式表示如下:

$$递延所得税=\left(\begin{matrix}期末递延\\所得税负债\end{matrix}-\begin{matrix}期初递延\\所得税负债\end{matrix}\right)-\left(\begin{matrix}期末递延\\所得税资产\end{matrix}-\begin{matrix}期初递延\\所得税资产\end{matrix}\right)$$

(三)所得税费用的确认与计量

所得税费用为当期所得税及递延所得税之和,即:

$$所得税费用=当期所得税+递延所得税$$

【例 5-19】某公司 2016 年度利润总额为 5 000 万元,该公司适用的所得税税率为 25%。递延所得税资产及递延所得税负债不存在期初余额。2016 年度发生的有关交易和事项中,会计处理与税收处理存在差异的有以下几项:

(1)2015 年 12 月 31 日取得一项固定资产,成本为 2 000 万元,使用年限为 10 年,预计净残值为 0,会计处理按双倍余额递减法计提折旧,税收处理按直线法计提折旧。假定税法规定的使用年限及预计净残值与会计规定相同。

(2)向关联企业捐赠现金 300 万元。假定按照税法规定,企业向关联方的捐赠不允许税前扣除。

(3)当期取得作为交易性金融资产的股票投资成本为 1 000 万元。2016 年 12 月 31 日的公允价值为 1 500 万元。税法规定,以公允价值计量的金融资产持有期间市价变动时不计入应纳税所得额。

(4)违反环保法规定应支付罚款 200 万元。

(5)期末对持有的存货计提了 55 万元的存货跌价准备。

该公司 2016 年度资产负债表相关项目及其计税基础如表 5-3 所示。

表 5-3 资产负债表相关项目及其计税基础 单位:万元

项目	账面价值	计税基础	差异	
			应纳税暂时性差异	可抵扣暂时性差异
存货	2 000	2 055		55
固定资产:				
固定资产原价	2 000	2 000		
减:累计折旧	400	200		
减:固定资产减值准备	0	0		
固定资产账面价值	1 600	1 800		200
交易性金融资产	1 500	1 000	500	
其他应付款	250	250		
总计			500	255

要求:根据上述资料,计算该公司 2016 年度所得税费用并进行相应的会计处理。

解析：

①计算2016年度当期应交所得税。

应纳税所得额=5 000+(2 000×2÷10−2 000×1÷10)+300−(1 500−1 000)+200+55
=5 255(万元)

应交所得税=5 255×25%=1 313.75(万元)

②计算2014年度递延所得税。

递延所得税资产=255×25%=63.75(万元)

递延所得税负债=500×25%=125(万元)

递延所得税=125−63.75=61.25(万元)

③计算利润表中应确认的所得税费用。

所得税费用=1 313.75+61.25=1 375(万元)

确认所得税费用的账务处理如下：

借：所得税费用　　13 750 000
　递延所得税资产　　637 500
　贷：应交税费——应交所得税　　13 137 500
　　递延所得税负债　　1 250 000

任务四　企业所得税的纳税申报与缴纳

一、纳税时间

企业所得税按年计征，分月或者分季预缴，年终汇算清缴，多退少补。

企业所得税的纳税年度采用公历年制，企业在一个纳税年度中间开业，或者由于合并、关闭等原因终止经营活动，使该纳税年度的实际经营期不足12个月的，应当以其实际经营期为一个纳税年度。企业清算时，应当以清算期为一个纳税年度。

(一)分期预缴

企业应当自月份或者季度终了之日起15日内，无论盈利或亏损，都应向税务机关报送预缴企业所得税纳税申报表，预缴税款。

(二)年终汇算清缴

实行查账征收和核定应税所得率征收企业所得税的纳税人，无论是否在减税、免税期间，也无论盈利或亏损，都应该在纳税年度终了之日起5个月内，依照法律、法规、规章及其他有关企业所得税的规定，自行计算全年应纳税所得额和应纳所得税额，根据月度或季度预缴所得税的金额，确定该年度应补或应退税额，并填写税务机关要求提供的有关资料，结清全年企业所得税税款。少预缴的所得税额，应在下一年度内补缴。多预缴的所得税额，应在下一年度内抵缴。

提示：实行核定定额征收企业所得税的纳税人，不进行汇算清缴。

企业在年度中间终止经营活动的，应当自实际经营终止之日起60日内，向税务机关办理当期企业所得税汇算清缴。

二、纳税地点

除税收法律法规另有规定的除外，居民企业以企业登记注册地为纳税地点，但是登记地在境外的，以实际管理机构所在地为纳税地点。居民企业在中国境内设立不具有法人资格的营业机构时，应当汇总计算缴纳企业所得税。

非居民企业在中国境内设立机构、场所的，应当就其机构、场所所取得的来源中国境内的所得，以及发生在中国境外但与其机构、场所有实际联系的所得，以机构、场所所在地为纳税地点。非居民企业在中国境内设立两个或者两个以上机构、场所的，经税务机关审核批准，可以选择由其主要机构场所汇总缴纳企业所得税。非居民企业在中国境内未设立机构、场所的，或者虽设立机构、场所，但取得的所得与其机构、场所没有实际联系的，以扣缴义务人所在地为纳税地点。

三、纳税申报

(一)填报企业所得税预缴纳税申报表

查账征收企业所得税的居民企业及在中国境内设立机构的非居民企业，在月(季)度预缴企业所得税时应填制企业所得税预缴纳税申报表(A类)(见表5-4)；实行核定征收管理办法(包括核定应税所得率和核定税额征收方式)缴纳企业所得税的纳税企业，在月(季)度预缴企业所得税时应填制企业所得税预缴纳税申报表(B类)(见表5-5)。

表5-4　中华人民共和国企业所得税月(季)度预缴纳税申报表(A类)

税款所属期间：　　年　　月　　日至　　年　　月　　日

纳税人识别号：□□□□□□□□□□□□□□□

纳税人名称：　　　　　　　　　　　　　　金额单位：人民币元(列至角分)

行次	项　　目	本期金额	累计金额
1	一、按照实际利润额预缴		
2	营业收入		
3	营业成本		
4	利润总额		
5	加：特定业务计算的应纳税所得额		
6	减：不征税收入和税基减免应纳税所得额		
7	固定资产加速折旧(扣除)调减额		
8	弥补以前年度亏损		
9	实际利润额(4行+5行－6行－7行－8行)		
10	税率(25%)		
11	应纳所得税额(9行×10行)		
12	减：减免所得税额		

续表 5－4

<table>
<tr><th>行次</th><th colspan="2">项　　目</th><th>本期金额</th><th>累计金额</th></tr>
<tr><td>13</td><td colspan="2">实际已预缴所得税额</td><td>—</td><td></td></tr>
<tr><td>14</td><td colspan="2">特定业务预缴(征)所得税额</td><td></td><td></td></tr>
<tr><td>15</td><td colspan="2">应补(退)所得税额(11 行－12 行－13 行－14 行)</td><td>—</td><td></td></tr>
<tr><td>16</td><td colspan="2">减:以前年度多缴在本期抵缴所得税额</td><td></td><td></td></tr>
<tr><td>17</td><td colspan="2">本月(季)实际应补(退)所得税额</td><td>—</td><td></td></tr>
<tr><td>18</td><td colspan="2">二、按照上一纳税年度应纳税所得额平均额预缴</td><td></td><td></td></tr>
<tr><td>19</td><td colspan="2">上一纳税年度应纳税所得额</td><td>—</td><td></td></tr>
<tr><td>20</td><td colspan="2">本月(季)应纳税所得额(19 行×1/4 或 1/12)</td><td></td><td></td></tr>
<tr><td>21</td><td colspan="2">税率(25%)</td><td></td><td></td></tr>
<tr><td>22</td><td colspan="2">本月(季)应纳所得税额(20 行×21 行)</td><td></td><td></td></tr>
<tr><td>23</td><td colspan="2">减:减免所得税额</td><td></td><td></td></tr>
<tr><td>24</td><td colspan="2">本月(季)实际应纳所得税额(22 行－23 行)</td><td></td><td></td></tr>
<tr><td>25</td><td colspan="4">三、按照税务机关确定的其他方法预缴</td></tr>
<tr><td>26</td><td colspan="2">本月(季)税务机关确定的预缴所得税额</td><td></td><td></td></tr>
<tr><td>27</td><td colspan="4">总分机构纳税人</td></tr>
<tr><td>28</td><td rowspan="4">总机构</td><td>总机构分摊所得税额(15 行或 24 行或 26 行×总机构分摊预缴比例)</td><td></td><td></td></tr>
<tr><td>29</td><td>财政集中分配所得税额</td><td></td><td></td></tr>
<tr><td>30</td><td>分支机构分摊所得税额(15 行或 24 行或 26 行×分支机构分摊比例)</td><td></td><td></td></tr>
<tr><td>31</td><td>其中:总机构独立生产经营部门应分摊所得税额</td><td></td><td></td></tr>
<tr><td>32</td><td rowspan="2">分支机构</td><td>分配比例</td><td></td><td></td></tr>
<tr><td>33</td><td>分配所得税额</td><td></td><td></td></tr>
<tr><td colspan="5">是否属于小型微利企业:　　是□　　否□</td></tr>
<tr><td colspan="5">谨声明:此纳税申报表是根据《中华人民共和国企业所得税法》、《中华人民共和国企业所得税法实施条例》和国家有关税收规定填报的,是真实的、可靠的、完整的。
法定代表人(签字):　　　年　月　日</td></tr>
<tr><td colspan="2">纳税人公章:
会计主管:
填表日期:　年　月　日</td><td colspan="2">代理申报中介机构公章:
经办人:
经办人执业证件号码:
代理申报日期:　年　月　日</td><td>主管税务机关受理专用章:
受理人:
受理日期:　年　月　日</td></tr>
</table>

表 5-5　中华人民共和国企业所得税月(季)度和年度纳税申报表(B类)

税款所属期间：　　年　月　日至　　年　月　日

纳税人识别号：□□□□□□□□□□□□□□□

纳税人名称：　　　　　　　　　　　　　　　　　　　　金额单位：人民币元(列至角分)

<table>
<tr><th colspan="3">项　　目</th><th>行次</th><th>累计金额</th></tr>
<tr><td colspan="5">一、以下由按应税所得率计算应纳所得税额的企业填报</td></tr>
<tr><td rowspan="14">应纳税所得额的计算</td><td rowspan="11">按收入总额核定应纳税所得额</td><td>收入总额</td><td>1</td><td></td></tr>
<tr><td>减：不征税收入</td><td>2</td><td></td></tr>
<tr><td>免税收入</td><td>3</td><td></td></tr>
<tr><td>其中：国债利息收入</td><td>4</td><td></td></tr>
<tr><td>地方政府债券利息收入</td><td>5</td><td></td></tr>
<tr><td>符号条件居民企业之间股息红利等权益性收益</td><td>6</td><td></td></tr>
<tr><td>符合条件的非营利组织收入</td><td>7</td><td></td></tr>
<tr><td>其他免税收入</td><td>8</td><td></td></tr>
<tr><td>应税收入额(1行－2行－3行)</td><td>9</td><td></td></tr>
<tr><td>税务机关核定的应税所得率(%)</td><td>10</td><td></td></tr>
<tr><td>应纳税所得额(9行×10行)</td><td>11</td><td></td></tr>
<tr><td rowspan="3">按成本费用核定应纳税所得额</td><td>成本费用总额</td><td>12</td><td></td></tr>
<tr><td>税务机关核定的应税所得率(%)</td><td>13</td><td></td></tr>
<tr><td>应纳税所得额[12行÷(100%－13行)×13行]</td><td>14</td><td></td></tr>
<tr><td colspan="2" rowspan="2">应纳所得税额的计算</td><td>税率(25%)</td><td>15</td><td></td></tr>
<tr><td>应纳所得税额(11行×15行或14行×15行)</td><td>16</td><td></td></tr>
<tr><td colspan="2" rowspan="4">应补(退)所得税额的计算</td><td>减：符合条件的小型微利企业减免所得税额</td><td>17</td><td></td></tr>
<tr><td>其中：减半征税</td><td>18</td><td></td></tr>
<tr><td>已预缴所得税额</td><td>19</td><td></td></tr>
<tr><td>应补(退)所得税额(16行－17行－19行)</td><td>20</td><td></td></tr>
<tr><td colspan="5">二、以下由税务机关核定应纳所得税额的企业填报</td></tr>
<tr><td colspan="3">税务机关核定应纳所得税额</td><td>21</td><td></td></tr>
<tr><td colspan="2">预缴申报时填写</td><td colspan="3">是否属于小型微利企业：　是□　否□</td></tr>
<tr><td colspan="2" rowspan="2">年度申报时填写</td><td>所属行业</td><td></td><td>从业人数</td></tr>
<tr><td>资产总额</td><td></td><td>国家限制和禁止行业：是□　否□</td></tr>
</table>

续表 5－5

<table>
<tr><td colspan="3">谨声明：此纳税申报表是根据《中华人民共和国企业所得税法》、《中华人民共和国企业所得税法实施条例》和国家有关税收规定填报的，是真实的、可靠的、完整的。</td></tr>
<tr><td colspan="3">法定代表人(签字)：　　年　月　日</td></tr>
<tr><td>纳税人公章：
会计主管：
填表日期：　年　月　日</td><td>代理申报中介机构公章：
经办人：
经办人执业证件号码：
代理申报日期：　年　月　日</td><td>主管税务机关受理专用章：
受理人：
受理日期：　年　月　日</td></tr>
</table>

(二)填报企业所得税年度纳税申报表

企业应自年度终了之日起 5 个月内，向税务机关报送年度企业所得税纳税申报表，并汇算清缴，结清应缴应退税款。企业在报送企业所得税纳税申报表时，应当按照规定附送财务会计报告和其他有关资料。企业在纳税年度内无论盈利或亏损，均应按期限报送上述纳税资料。

(三)开具税收缴款书缴纳税款

纳税人在向税务机关报送企业所得税月(季)度预缴纳税申报表或年度纳税申报表后，应在规定期限内向税务机关指定为代理金库的银行缴纳税款，缴纳税款时，应开具税收缴款书。税收缴款书共六联，纳税人缴纳税款后，以经国库经收处收款签章后的“收款联”作为完税凭证，证明纳税义务完成，并据此作为会计核算的依据。

四、企业所得税纳税申报举例

1.资料

希望实业有限公司 2016 年度损益类账户的相关资料如表 5－6 所示。

表 5－6　2016 年度损益类账户的相关资料　　单位：万元

账户名称	本期借方发生额	本期贷方发生额
主营业务收入		500
其他业务收入		300
投资收益		20
营业外收入		50
主营业务成本	350	
其他业务成本	80	
销售费用	150	
管理费用	70	

续表 5-6

账户名称	本期借方发生额	本期贷方发生额
财务费用	30	
税金及附加	10	
营业外支出	15	
合计	705	870

经计算，该公司 2016 年度会计利润为 165 万元。对企业取得的收入、成本费用等资料进行分析后，发现以下纳税调整事项：

(1)投资收益中国债利息收益 5 万元；

(2)销售费用中广告费为 125 万元；

(3)管理费用中业务招待费为 10 万元；

(4)年初向非金融机构借款 100 万元，年利率 8%的利息费用 8 万元(同期银行贷款利率为 6%)；

(5)本年度通过民政部门向灾区捐款 25 万元；

(6)公司本年度发生合理的职工薪金 80 万元，职工福利费 12 万元，工会经费 2 万元，职工教育经费 3 万元。

2. 要求

计算希望实业有限公司 2016 年度应缴纳的企业所得税税额，并填写企业所得税纳税申报表。

3. 解析

(1)国债利息收入 5 万元为免税收入，则应纳税所得额应调减 5 万元。

(2)广告费允许税前扣除的部分＝(500＋300)×15%＝120(万元)，则应纳税所得额应调增 125－120＝5(万元)。

(3)业务招待费扣除限额＝10×60%＝6(万元)，允许税前扣除的部分＝(500＋300)×5‰＝4(万元)，则应纳税所得额应调增 10－4＝6(万元)。

(4)不得扣除的利息支出＝100×(8%－6%)＝2(万元)，则应纳税所得额应调增 2 万元。

(5)公益性捐赠支出的扣除限额＝165×12%＝19.8(万元)，则应纳税所得额应调增 25－19.8＝5.2(万元)。

(6)职工福利费的扣除限额＝80×14%＝11.2(万元)，工会经费的扣除限额＝80×2%＝1.6(万元)，职工教育经费的扣除限额＝80×2.5%＝2(万元)，则应纳税所得额应调增(12－11.2)＋(2－1.6)＋(3－2)＝2.2(万元)。

本年度应纳税所得额＝165－5＋5＋6＋2＋5.2＋2.2＝180.4(万元)

本年度应纳所得税额＝180.4×25%＝45.1(万元)

希望实业有限公司填写的企业所得税年度纳税申报表如表 5-7 所示。

表 5-7　中华人民共和国企业所得税年度纳税申报表(A类)

税款所属期间:2016 年 1 月 1 日至 2016 年 12 月 31 日

纳税人识别号:

纳税人名称:希望实业有限公司　　　　金额单位:人民币元(列至角分)

行次	类别	项　　目	金　额
1	利润总额计算	一、营业收入	8 000 000
2		减:营业成本	4 300 000
3		税金及附加	100 000
4		销售费用	1 500 000
5		管理费用	700 000
6		财务费用	300 000
7		资产减值损失	0
8		加:公允价值变动收益	0
9		投资收益	200 000
10		二、营业利润(1－2－3－4－5－6－7＋8＋9)	1 300 000
11		加:营业外收入	500 000
12		减:营业外支出	150 000
13		三、利润总额(10＋11－12)	1 650 000
14	应纳税所得额计算	减:境外所得	
15		加:纳税调整增加额	204 000
16		减:纳税调整减少额	50 000
17		减:免税、减计收入及加计扣除	
18		加:境外应税所得抵减境内亏损	
19		四、纳税调整后所得(13－14＋15－16－17＋18)	1 804 000
20		减:所得减免	
21		减:抵扣应纳税所得额	
22		减:弥补以前年度亏损	
23		五、应纳税所得额(19－20－21－22)	1 804 000

续表 5-7

行次	类别	项目	金额
24	应纳税额计算	税率(25%)	25%
25		六、应纳所得税额(23×24)	451 000
26		减:减免所得税额	
27		减:抵免所得税额	
28		七、应纳税额(25-26-27)	451 000
29		加:境外所得应纳所得税额	
30		减:境外所得抵免所得税额	
31		八、实际应纳所得税额(28+29-30)	451 000
32		减:本年累计实际已预缴的所得税额	
33		九、本年应补(退)所得税额(31-32)	
34		其中:总机构分摊本年应补(退)所得税额	
35		财政集中分配本年应补(退)所得税额	
36		总机构主体生产经营部门分摊本年应补(退)所得税额	
37	附列资料	以前年度多缴的所得税额在本年抵减额	
38		以前年度应缴未缴在本年入库所得税额	

技能训练

一、单选题

1. 下列企业或单位中,不属于企业所得税纳税人的是(　　)。

A. 个人独资企业　B. 联营企业　C. 集体企业　D. 股份制企业

2. 某企业 2016 年取得国债利息收入 10 万元,国债转让收益 120 万元,股权转让净收益 200 万元,股票转让净收益 20 万元,则企业所得税纳税申报表中"投资收益"中的金额应为(　　)万元。

A. 10　B. 130　C. 220　D. 350

3. 企业发生的符合条件的广告费和业务招待费支出,除国务院财政、税务主管部门另有规定外,不超过当年销售(营业)收入(　　)的部分,准予扣除;超过部分,准予在以后纳税年度结转扣除。

A. 5%　B. 10%　C. 12%　D. 15%

4. 根据《中华人民共和国企业所得税法》的规定,下列项目中享受税额抵免政策的是(　　)。

A. 企业综合利用资源,生产符合国家产业政策规定的产品所取得的收入

B. 创意投资企业从事国家需重点扶持和鼓励的创业投资的投资额

C. 安置残疾人员及国家鼓励安置的其他就业人员所支付的工资

D. 企业购置用于环境保护专用设备的投资额

5. 企业所得税分月或分季预缴,企业应当自月份或季度终了之日起(　　)日内,向税务机

关报送预缴企业所得税纳税申报表,预缴税款。

A. 10　　B. 7　　C. 5　　D. 15

6.(　　)差异是指某一会计期间由于会计准则和税法在计算收益、费用或损失时的口径不同所产生的税前会计利润与应纳税所得额之间的差异。

A. 时间性　　B. 永久性　　C. 暂时性　　D. 税法和会计

7. 计算应纳税所得额时,在以下项目中,不超过规定比例的准予扣除,超过部分,准予在以后纳税年度结转的项目是(　　)。

A. 职工福利费　　B. 工会经费　　C. 职工教育经费　　D. 社会保险费

8. 生产性生物资产按照直线法计算的折旧,准予扣除,林木类计算折旧的最低年限是(　　)。

A. 3 年　　B. 10 年　　C. 5 年　　D. 20 年

9. 企业应纳税暂时性差异的产生应确认为(　　),并计入所得税费用。

A. 递延所得税资产　　B. 管理费用　　C. 递延所得税负债　　D. 销售费用

10. 依据《中华人民共和国企业所得税法》的规定,下列各项中按照负债、支付所得的企业或机构、场所所在地确定所得来源地的是(　　)

A. 销售货物所得　　B. 提供劳务所得　　C. 动产转让所得　　D. 特许权使用费所得

二、多选题

1. 企业发生非货币性资产交换,以及将货物、财产、劳务用于(　　),应当视同销售货物、提供劳务。

A. 捐赠　　B. 偿债　　C. 赞助　　D. 在建工程

2. 根据企业所得税法律制度的规定,下列各项中,纳税人在计算企业所得税额时准予扣除的项目有(　　)。

A. 关税　　B. 土地增值税　　C. 城镇土地使用税　　D. 城市维护建设税

3. 根据企业所得税法律制度的规定,下列各项中,在计算企业所得税应纳税额时不得扣除的有(　　)。

A. 向投资者支付的红利　　B. 企业内部营业机构之间支付的租金

C. 企业内部营业机构之间支付的特许权使用费　　D. 未经核定的准备金支出

4. 下列负债项目中,不会导致账面价值与计税基础产生差异的有(　　)。

A. 短期借款　　B. 应付票据　　C. 应付账款　　D. 预计负债

5. 下列情况会形成应纳税暂时性差异的有(　　)。

A. 资产的账面价值大于其计税基础　　B. 资产的账面价值小于其计税基础

C. 负债的账面价值大于其计税基础　　D. 负债的账面价值小于其计税基础

6. 企业的下列研究开发费用,(　　)支出可以在计算应纳税所得额时加计扣除。

A. 开发新技术　　B. 开发新产品　　C. 开发新工艺　　D. 受让新技术

7. 企业的下列(　　)收入为不征税收入。

A. 财政拨款　　B. 依法收取并纳入财政管理的政府性基金

C. 国务院规定的不征税收入　　D. 国债利息收入

8. 在计算广告和业务宣传费税前准予扣除限额时,计算的基数为销售(经营)收入净额,下列收入中可计入收入净额的是(　　)。

A. 主营业务收入　　B. 其他业务收入　　C. 股权投资的持有收益　　D. 罚没收入

9. 下列企业属于居民企业的有(　　)。

A. 在上海市工商局登记注册的企业

B. 在美国注册但实际管理机构在北京的企业

C. 在美国注册的企业设在北京的办事处

D. 在江苏注册但在非洲开展工程承包的企业

10. 在资产负债表债务法的核算下,影响企业当期应纳税所得额的因素有(　　)。

A. 永久性差异　　B. 本期形成的可抵扣时间性差异

C. 本期形成的应纳税时间性差异　　D. 本期转回可抵扣时间性差异

三、业务题

1. 某公司2016年度的生产经营情况如下:

(1)销售商品收入总额150 000 000元。

(2)国债投资520 000元,取得国债利息收入52 000元;金融债券投资320 000元,取得金融债券利息收入32 000元。

(3)产品销售成本9 500 000元。

(4)销售税金及附加760 000元。

(5)营业费用3 990 960元,其中产品广告费2 700 000元。

(6)管理费用2 000 000元,其中业务招待费200 000元。

(7)财务费用95 000元,其中:年初向工商银行贷款1 000 000元,用于商品经营,年利率为5%;年初向某公司借款300 000元,用于经营,年利率10%。

(8)2015年度发生亏损300 000元。

(9)2016年度已预缴企业所得税累计为30 000元。

要求:根据企业所得税征收管理的要求,年终汇算清缴企业所得税,进行相关的会计处理,并计算填列公司企业所得税年度纳税申报表。

2. 甲公司所得税采用资产负债表债务法核算,使用的税率为25%。2016年度实现利润总额2 000万元,当年会计与税收之间的差异包括以下事项:

(1)取得一项无形资产,成本为200万元,由于使用寿命无法合理估计,会计上未摊销其成本。税法规定应按不少于10年的期限摊销。

(2)国债利息收入20万元。

(3)持有一项交易性金融资产,取得成本为150万元。会计期末公允价值为140万元。

(4)公司持有的一批存货,成本为1 000万元,期末清查该存货估计可变现净值为800万元,当期计提存货跌价准备200万元。

要求:

(1)分析应纳税暂时性差异和可抵扣暂时性差异。

(2)分别计算甲公司2016年度的应交所得税、递延所得税资产或递延所得税负债、所得税费用的金额,并编制有关所得税的会计分录。

项目六 个人所得税纳税实务

技能目标

1. 能正确进行个人所得税的计算。
2. 能熟练运用个人所得税的会计核算业务。
3. 能掌握个人所得税纳税申报的业务操作。

知识目标

1. 了解个人所得税的基本法规知识。
2. 掌握个人所得税应纳税额的计算。
3. 掌握个人所得税的账务处理。
4. 掌握个人所得税的纳税申报。

案例导入

中国公民李某在国内某家公司任职,2016 年 12 月份取得以下收入:

(1)工资收入 3 000 元,当月奖金 1 000 元,季度奖 2 000 元;取得 2016 年年终奖12 000元。

(2)接受某公司邀请担任技术顾问,当月取得收入 35 000 元,从中拿出 10 000 元通过希望工程基金会捐给希望工程。

(3)撰写的一本专著由境外某出版社出版,稿酬 36 000 元,已在境外缴纳所得税 2 600 元。

(4)2016 年购入 1 000 份债券,每份买入价 10 元,购进过程中支付的税费共计 150 元。本月以每份 12 元的价格卖出其中 600 份,支付卖出债券的税费共计 110 元。

要求:根据上述资料,计算李某 2016 年 12 月应纳个人所得税税额。

任务一　认识个人所得税

一、个人所得税的概念及特征

(一)个人所得税的概念

个人所得税是世界各国普遍征收的一个税种,它是以个人(自然人)取得的各项应税所得为征税对象征收的一种税。个人所得税对调节个人收入、缩小贫富差距、贯彻税收公平原则起着重要作用。

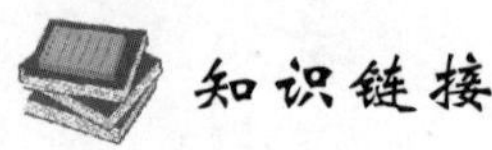

知识链接

我国个人所得税的发展

在改革开放前相当长的时期里,我国对个人所得不征税。为了维护国家的税收权益,1980年9月10日,第五届全国人民代表大会第三次会议通过并公布了《中华人民共和国个人所得税法》,开征个人所得税,统一适用于中国公民和在我国取得收入的外籍人员。1986年和1987年,国务院分别发布了《中华人民共和国城乡个体工商业户所得税暂行条例》和《中华人民共和国个人收入调节税暂行条例》。至此,我国对个人所得税征税制度形成了个人所得税、城乡个体工商业户所得税和个人收入调节税三税并存的格局。

1993年10月31日,第八届全国人民代表大会常务委员会第四次会议通过了《关于修改〈中华人民共和国个人所得税法〉的决定》的修正案,规定不分内、外,所有中国居民和有来源于中国所得的非居民,均应依法缴纳个人所得税,同日发布了新修改的《中华人民共和国个人所得税法》。自此至2011年,《中华人民共和国个人所得税法》经过多次修订。

(二)个人所得税的特征

我国个人所得税主要有以下特点:

1. 实行分类征收

我国现行个人所得税采用的是分类所得税制,即将个人取得的各种所得划分为11类,分别适用不同的费用减除规定、税率和计税方法。实行分类课征制度,可以广泛采用源泉扣缴办法,加强源泉管控,简化纳税手续,方便征纳双方。同时,还可以对不同所得实行不同的征税方法,便于体现国家的政策。

2. 超额累进税率与比例税率并用

分类所得税制一般采用比例税率,综合所得税制通常采用超额累进税率。比例税率计算简便,便于实行源泉扣缴;超额累进税率可以合理调节收入分配,体现公平。我国现行个人所得税根据各类个人所得的不同性质和特点,将这两种形式的税率综合运用于个人所得税制。其中,对工资、薪金所得,个体工商户的生产、经营所得,对企事业单位的承包经营、承租经营所得,采用超额累进税率,实现量能负担。对劳务报酬、稿酬等其他所得,采用比例税率,实行等比负担。

3. 费用扣除额较宽

我国本着费用扣除从宽、从简的原则,采用费用定额扣除和定率扣除两种方法。对工资、薪金所得,适用的减除费用标准为每月3 500元;对劳务报酬等所得,每次收入不超过4 000元的减除800元,每次收入4 000元以上的减除20%的费用。按照这样的标准减除费用,实际上等于对绝大多数的工资、薪金所得予以免税或只征很少的税款,也使得提供一般劳务、取得中低劳务报酬所得的个人大多不用负担个人所得税。

4. 计算简便

我国个人所得税的费用扣除采取总额扣除法,免去了对个人实际生活费用支出逐项计算的麻烦;各种所得项目实行分类计算,并且具有明确的费用扣除规定,费用扣除项目及方法易于掌握,计算比较简单,符合税制简便原则。

5. 采取财务源泉扣缴和个人申报两种征纳方法

《中华人民共和国个人所得税法》规定，对纳税人的应纳税额分别采取由扣缴义务人源泉扣缴和纳税人自行申报两种方法。对凡是可以在应税所得的支付环节扣缴个人所得税的，均由扣缴义务人履行代扣代缴义务；对于没有扣缴义务人的，个人在两处以上取得工资、薪金所得的，以及个人所得超过国务院规定数额(即年所得 12 万元以上)的，由纳税人自行申报纳税。此外，对其他不便于扣缴税款的，亦规定由纳税人自行申报纳税。

二、个人所得税的纳税人和扣缴义务人

(一)纳税人

个人所得税的纳税人是指在中国境内有住所，或者虽无住所但在中国境内居住满 1 年以及无住所又不居住或者无住所而居住不满 1 年但有来源于中国境内所得的个人，包括中国公民、个体工商户、外籍人员(包括无国籍人)和我国香港、澳门、台湾同胞及个人独资企业和合伙企业等。上述纳税义务人依据住所和居住时间两个标准，区分为居民纳税义务人和非居民纳税义务人，分别承担不同的纳税义务。

1. 居民纳税义务人

居民纳税义务人是指在中国境内有住所或者无住所但在中国境内居住满 1 年的个人。所谓在中国境内有住所的个人，是指因户籍、家庭、经济利益关系，而在中国境内习惯性居住的个人。所谓在境内居住满 1 年，是指在一个纳税年度内，在中国境内居住满 365 日。在计算居住天数时，对临时离境应视同在华居住，不扣减其在华居住的天数。这里所说的临时离境，是指在一个纳税年度内，一次不超过 30 日或者多次累计不超过 90 日的离境。

居民纳税义务人负有无限纳税义务，其所取得的应纳税所得，无论是来源于中国境内还是中国境外，都要在中国缴纳个人所得税。

2. 非居民纳税义务人

非居民纳税义务人是指在中国境内无住所又不居住，或者无住所且居住不满 1 年的个人。即习惯性居住地不在中国境内，而且不在中国居住或者在一个纳税年度内，在中国境内居住不满 1 年的个人。

非居民纳税义务人承担有限纳税义务，即仅就其来源于中国境内的所得依法缴纳个人所得税。

(二)扣缴义务人

我国个人所得税实行代扣代缴和个人申报纳税相结合的征收管理制度。个人所得税采取代扣代缴办法，有利于控制税源，保证税收收入，简化征纳手续，加强个人所得税管理。税法规定，凡支付应纳税所得的单位或个人，都是个人所得税的扣缴义务人。扣缴义务人在向纳税人支付各项应纳税所得(个体工商户的生产、经营所得除外)时，必须履行代扣代缴税款的义务。

三、个人所得税的征税对象

个人所得税的征税对象是个人取得的应税所得。《中华人民共和国个人所得税法》列举征税的个人所得税共有 11 项。

(一)工资、薪金所得

工资、薪金所得是指个人因任职或受雇而取得工资、薪金、奖金、年终加薪、劳动分红、津贴、补贴以及与任职或受雇有关的其他所得。

对于一些不属于工资、薪金性质的补贴、津贴,不予征收个人所得税。具体包括:独生子女补贴;执行公务员工资制度未纳入基本工资总额的补贴、津贴差额和家属成员的副食品补贴;托儿补助费;差旅费津贴、误餐补助等。

(二)个体工商户的生产、经营所得

个体工商户的生产、经营所得是指纳税人从事生产、经营所取得的各项所得,具体包括四个方面:

(1)个体工商户从事工业、手工业、建筑业、交通运输业、商业、饮食业、服务业、修理业以及其他行业生产、经营取得的所得。

(2)个人经政府有关部门批准,取得执照,从事办学、医疗、咨询以及其他有偿服务活动取得的所得。

(3)其他个人从事个体工商业生产、经营取得的所得。

(4)上述个体工商户及个人取得的与生产、经营有关的各项应税所得。

另外,出租车属于个人所有但向挂靠单位缴纳管理费的或出租车经营单位将出租车所有权转移给驾驶员的,出租车驾驶员从事客货运营取得的收入,比照个体工商户的生产、经营所得项目征税。

个体工商户和从事生产、经营的个人,取得与生产、经营活动无关的其他各项应税所得应分别按照有关规定,计算征收个人所得税。如对外投资取得的股息所得,应按“利息、股息、红利所得”项目的规定单独计征个人所得税。

(三)对企事业单位的承包经营、承租经营所得

对企事业单位的承包经营、承租经营所得是指个人承包、承租经营以及转包、转租取得的所得。根据其经营形式和分配方式,大体可分为两类:

(1)个人对企事业单位承包、承租经营后,工商登记改变为个体工商户的,应按个体工商户的生产、经营所得项目征收个人所得税。

(2)个人对企事业单位承包、承租经营后,工商登记仍为企业的,不论分配方式如何,均应先按照企业所得税的有关规定缴纳企业所得税,然后再根据有关规定缴纳个人所得税。

(四)劳务报酬所得

劳务报酬所得是指个人独立从事各种非雇佣劳务取得的所得,包括个人从事设计、装潢、安装、制图、化验、测试、医疗、法律、会计、咨询、讲学、新闻、广播、翻译、审稿、书画、雕刻、影视、录音、演出、表演、广告、展览、技术服务、介绍服务、经纪服务、代办服务以及其他劳务报酬的所得。

区分劳务报酬所得和工资、薪金所得的重要标准是是否存在雇佣与被雇佣关系。劳务报酬所得属于独立个人劳务的所得,不存在雇佣与被雇佣的关系。

(五)稿酬所得

稿酬所得是指个人因其作品以图书、报刊形式出版、发表而取得的所得。这里所说的作

品，包括文学作品、书画作品、摄影作品，以及其他作品。作者去世后，财产继承人取得的遗作稿酬，亦应征收个人所得税。

（六）特许权使用费所得

特许权使用费所得是指个人提供专利权、商标权、著作权、非专利技术及其他特许权的使用权取得的所得。特许权主要包括四种权利：专利权、商标权、著作权、非专利技术。

（七）利息、股利、红利所得

利息、股利、红利所得指个人拥有债权、股权而取得的利息、股息、红利所得。利息一般是指贷款和债券的利息；股息是指个人拥有股权从公司或企业取得的按照一定的比例派发的每股息金；红利则是公司或企业分配给股东的，超过股息部分按股派发的利润。个人取得的上述所得，除另有规定外，均应缴纳个人所得税。

（八）财产租赁所得

财产租赁所得指个人出租建筑物、土地使用权、机器设备、车船以及其他财产取得的所得。个人取得的财产转租收入，属于“财产租赁所得”的征税范围。

（九）财产转让所得

财产转让所得指个人转让有价证券、股权、建筑物、土地使用权、机器设备、车船以及其他财产取得的所得。个人取得各项财产转让所得，除股票转让所得暂不征收个人所得税外，其他都要征收个人所得税。

（十）偶然所得

偶然所得是指个人得奖、中奖、中彩以及其他偶然性质的所得。个人因参加企业的有奖销售活动而取得的赠品所得，应按“偶然所得”计征个人所得税。

（十一）其他所得

其他所得是指除上述列举的各项个人应税所得外，其他确有必要征税的以及难以界定应税项目的个人所得。如个人因任职单位缴纳有关保险费用而取得的无赔款优待收入；股民个人从证券公司取得的回扣或交易手续费返回收入等。

四、个人所得税的税率

个人所得税按不同所得的项目，规定了超额累进税率和比例税率两种形式。

（1）工资、薪金所得，适用3%～45%的七级超额累进税率，如表6-1所示。

表6-1　工资、薪金所得个人所得税税率表

级数	全月应纳税所得额（含税级距）	全月应纳税所得额（不含税级距）	税率（%）	速算扣除数
1	不超过1 500元的	不超过1 455元的	3	0
2	超过1 500元至4 500元的部分	超过1 455元至4 155元的部分	10	105
3	超过4 500元至9 000元的部分	超过4 155元至7 755元的部分	20	555
4	超过9 000元至35 000元的部分	超过7 755元至27 255元的部分	25	1 005

续表 6-1

级数	全月应纳税所得额（含税级距）	全月应纳税所得额（不含税级距）	税率(%)	速算扣除数
5	超过 35 000 元至 55 000 元的部分	超过 27 255 元至 41 255 元的部分	30	2 755
6	超过 55 000 元至 80 000 元的部分	超过 41 255 元至 57 505 元的部分	35	5 505
7	超过 80 000 元的部分	超过 57 505 的部分	45	13 505

注：①本表含税级距指以每月收入额减除费用 3 500 元后的余额或者减除附加减除费用后的余额。

②含税级距适用于由纳税人负担税款的工资、薪金所得；不含税级距适用于由他人（单位）代付税款的工资、薪金所得。

(2)个体工商户的生产、经营所得和对企事业单位的承包经营、承租经营所得，适用 5%～35%的五级超额累进税率，如表 6-2 所示。

表 6-2　个体工商户的生产、经营所得和对企事业单位的承包经营、承租经营所得个人所得税税率表

级数	全年应纳税所得额（含税级距）	全年应纳税所得额（不含税级距）	税率(%)	速算扣除数
1	不超过 15 000 元的	不超过 14 250 元的	5	0
2	超过 15 000 元至 30 000 元的部分	超过 14 250 元至 27 750 元的部分	10	750
3	超过 30 000 元至 60 000 元的部分	超过 27 750 元至 51 750 元的部分	20	3 750
4	超过 60 000 元至 100 000 元的部分	超过 51 750 元至 79 750 元的部分	30	9 750
5	超过 100 000 元的部分	超过 79 750 元的部分	35	14 750

注：①本表含税级距指每一纳税年度的收入总额，减除成本、费用以及损失的余额。

②含税级距适用于个体工商户的生产、经营所得和对企事业单位的承包经营、承租经营所得；不含税级距适用于由他人（单位）代付税款的承包经营、承租经营所得。

(3)稿酬所得适用比例税率，税率为 20%，并按应纳税额减征 30%，即只征收 70%的税额，其实际税率为 14%。

(4)劳务报酬所得适用比例税率，税率为 20%。对劳务报酬所得一次收入畸高的可以实行加成征收，如表 6-3 所示。

表 6-3　劳务报酬所得税率

级数	含税级距	税率(%)	速算扣除数
1	不超过 16 000 元的	20	0
2	超过 20 000 元至 50 000 元的部分	30	2 000
3	超过 50 000 元的部分	40	7 000

(5)特许权使用费所得，利息、股息、红利所得，财产转让所得，偶然所得和其他所得，适用比例税率，税率为 20%。

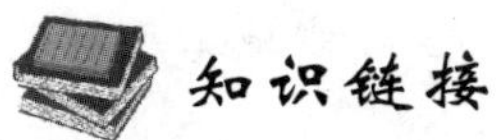

个人所得税的税收优惠

1.法定免税项目

按照《中华人民共和国个人所得税法》规定，个人取得的下列所得免予缴纳个人所得税：

(1)省级人民政府、国务院部委和中国人民解放军军以上单位，以及外国组织、国际组织颁发的科学、教育、技术、文化、卫生、体育、环境保护等方面的奖金。

(2)国债和国家发行的金融债券利息，即个人持有中华人民共和国财政部发行的债券和经国务院批准发行的金融债券而取得的利息所得。

(3)按照国家统一规定发给的补贴、津贴，即按照国务院规定发给的政府特殊津贴、院士津贴、资深院士津贴，以及国务院规定免纳个人所得税的其他补贴、津贴。

(4)福利费、抚恤金、救济金。

(5)保险赔款。

(6)军人的转业费、复员费。

(7)按照国家统一规定发给干部、职工的安家费、退职费、退休工资、离休工资、离休生活补助费。

(8)按照中国有关法律规定应予免税的各国驻华使馆、领事馆的外交代表、领事官员和其他人员的所得。

(9)中国政府参加的国际公约、签订的协议中规定免税的所得。

(10)经国务院财政部门批准免税的所得。这是一个概括性项目，主要是针对税法执行中可能出现的一些确需免税的情况而定的。

2.其他免税项目

1994年实施新税制以来，国务院、财政部和国家税务总局相继对一些个人取得的所得项目作出了免予缴纳个人所得税的规定，主要包括：

(1)教育储蓄存款利息以及国家财政部门确定的其他专项储蓄存款或者储蓄性专项基金存款利息。

(2)乡、镇以上人民政府或者经县以上人民政府主管部门批准成立的见义勇为基金会或者类似组织发给见义勇为者的奖金和奖品。

(3)企业和个人按照国家或者地方政府规定的比例提取并向指定的金融机构为个人缴付的住房公积金、基本医疗保险费、基本养老保险费、失业保险费，免征个人所得税；超过规定比例缴付的部分，应当并入个人当期工资、薪金所得计税。个人领取原来提存的上述款项及其利息的时候，也免征个人所得税。

(4)下岗职工从事社区居民服务业取得的经营所得和劳务报酬所得，可以定期免征个人所得税。

(5)为了鼓励个人换购住房，对于出售自有住房并拟在现住房出售后1年内按市场价格重新购房的纳税人，其出售现住房所应缴纳的个人所得税，视其重新购房的价值可全部或部分予以免税。

(6)军队干部取得的某些特殊补贴、津贴，如军粮差价补贴、夫妻分居补助费等。

(7)个人与用人单位因解除劳动关系而取得的一次性经济补偿收入，相当于当地上年职工平均工资3倍数额以内的部分，免征个人所得税。

(8)对国有企业职工，因企业依照《中华人民共和国企业破产法》宣告破产，从破产企业取得的一次性安置费收入，免予征收个人所得税。

3.暂免征税项目

(1)符合国家规定的外籍专家(如联合国组织直接派往我国工作的专家，根据世界银行专项贷款协议由世界银行直接派往我国工作的专家等)的工资、薪金所得。

(2)外籍个人的某些所得(包括以非现金形式或者实报实销形式取得的住房补贴、伙食补贴、搬迁费；按照合理标准取得的出差补贴；取得的探亲费、语言训练费、子女教育费等；从外商投资企业取得的股息、红利等项目)。

(3)个人举报、协查各种违法、犯罪行为获得的奖金。

(4)个人按照规定办理代扣代缴税款手续取得的手续费。

(5)个人转让自用5年以上并且是唯一的家庭生活用房取得的所得。

(6)已经达到离休、退休年龄，由于工作需要而留任的享受政府特殊津贴的专家、学者，在其缓办离休、退休期间取得的工资、薪金所得。

(7)股票转让所得。

(8)科研机构、高等学校转化科技成果，以股份、出资比例等股权形式给予个人的奖励。

(9)个人购买社会福利有奖募捐奖券和体育彩票，一次中奖不超过1万元的中奖所得。

(10)集体所有制企业改为股份合作制企业时职工个人以股份形式取得的拥有所有权的企业量化资产。

(11)军队干部取得的军人职业津贴、军队设立的艰苦地区补助、专业性补助、基层军官岗位津贴、伙食补贴。

(12)自2008年10月9日起，对储蓄存款利息所得、个人投资者证券交易结算资金利息所得，暂免征收个人所得税。

4.不征税项目

(1)独生子女补贴。

(2)执行公务员工资制度未纳入基本工资总额的补贴、津贴差额和家属成员的副食品补贴。

(3)托儿补助费。

(4)差旅费津贴、误餐补贴。

(5)股份制企业以股票溢价发行收入所形成的资本公积金转增个人股本时，个人取得的转增股本，不作为个人所得，不征收个人所得税。

5.减税项目

纳税人有下列情形的，经批准可以减征个人所得税：

(1)残疾、孤老人员和烈属的所得，经主管地税机关批准，可在两年内减半征收个人所得税。

(2)个人因严重自然灾害造成重大损失的，经主管地税机关批准，可在一年内减半征收个人所得税，减征幅度为50%～80%。

(3)对稿酬所得可以减征 30%。

(4)其他经国务院财政部门批准减税的。

任务二　个人所得税应纳税额的计算

一、工资、薪金所得应纳税额的计算

(一)平时工资、薪金所得应纳税额的计算

1. 计算应纳税所得额

工资、薪金所得实行按月计征的办法，自 2011 年 9 月 1 日起，个人所得税工资、薪金所得减除费用标准调为每月 3 500 元，应纳税所得额为每月收入额减去 3 500 元后的余额。其计算公式为：

应纳税所得额＝月工资、薪金收入－3 500

但是对外籍人员和在境外工作的中国公民的工资、薪金所得，税法规定了附加减除费用的照顾，每月附加减除费用 1 300 元。其计算公式为：

应纳税所得额＝每月应税收入额－3 500－1 300

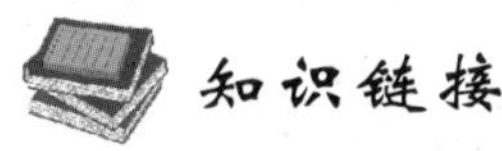

知识链接

附加减除费用适用的具体范围

(1)在中国境内的外商投资企业和外国企业中工作的外籍人员。

(2)应聘在中国境内的企业、事业单位、社会团体、国家机关中工作的外籍专家。

(3)在中国境内有住所而在中国境外任职或者受雇取得工资、薪金所得的个人。

(4)国务院财政、税务主管部门确定的其他人员。

2. 计算应纳税额

工资薪金所得适用七级超额累进税率，其应纳税额的计算公式为：

应纳税额＝应纳税所得额×适用税率－速算扣除数

＝(每月收入额－3 500 或 4 800)×适用税率－速算扣除数

【例 6－1】假定某纳税人 2017 年 1 月含税工资收入 4 200 元，该纳税人不适用附加减除费用的规定。计算其当月应纳个人所得税税额。

解析：

应纳税所得额＝4 200－3 500＝700(元)

应纳税额＝700×3%－0＝21(元)

【例 6－2】假定某外商投资企业中工作的美国专家(假定为非居民纳税人)，2017 年 2 月取得由该公司发放的含税工资收入 10 400 元人民币。计算其应纳个人所得税税额。

解析：

应纳税所得额＝10 400－4 800＝5 600(元)

应纳税额＝5 600×20%－555＝565(元)

(二)全年一次性奖金所得应纳税额的计算

1.计算应纳税所得额

(1)如果发放年终奖的当月,纳税人工资、薪金高于(或等于)税法规定的费用扣除额的,应将取得的全年一次性奖金单独作为一个月工资、薪金所得计算纳税。其计算公式为:

应纳税所得额=纳税人当月取得的一次性奖金

(2)如果发放年终奖的当月,纳税人工资、薪金低于税法规定的费用扣除额的,应将全年一次性奖金减除纳税人当月工资薪金所得与费用扣除额的差额后的余额作为应纳税所得额。其计算公式为:

应纳税所得额=纳税人当月取得的一次性奖金-当月工资、薪金所得与费用扣除额的差额

2.计算应纳税额

(1)如果发放年终奖的当月,纳税人工资、薪金高于(或等于)税法规定的费用扣除额的,先将全年一次性奖金除以12个月,按其商数确定适用税率和速算扣除数,再据此计算应纳税额。

应纳税额=应纳税所得额×适用税率-速算扣除数

=纳税人当月取得全年一次性奖金×适用税率-速算扣除数

(2)如果发放年终奖的当月,纳税人工资、薪金低于税法规定的费用扣除额的,先将全年一次性奖金减除"当月工资薪金所得与费用扣除额的差额"后的余额除以12个月,按其商数确定适用税率和速算扣除数,再据此计算应纳税额。

应纳税额=应纳税所得额×适用税率-速算扣除数

=(纳税人当月取得全年一次性奖金-当月工资、薪金所得与费用扣除额的差额)×适用税率-速算扣除数

【例6-3】假定中国公民张某2016年在我国境内1—12月每月的工资为3 000元,12月31日又一次性领取年终奖18 500元。计算张某取得该笔奖金应缴纳的个人所得税。

解析:

①确定该笔奖金适用的税率和速算扣除数。

由于每月工资低于费用减除额3 500元,则每月奖金=[18 500-(3 500-3 000)]÷12=1 500(元),根据七级超额累进税率的规定,适用的税率和速算扣除数分别为3%、0。

②计算个人所得税应纳税额。

应纳税额=(奖金收入-当月工资与费用扣除额3 500元的差额)×适用税率-速算扣除数

=[18 500-(3 500-3 000)]×3%=18 000×3%=540(元)

【例6-4】承接例6-3,若张某的每月工资为4 000元,一次性领取年终奖24 000元。计算张某取得该笔奖金应缴纳的个人所得税。

解析:

①确定该笔奖金适用的税率和速算扣除数。

由于每月工资高于费用减除额3 500元,则每月奖金=24 000÷12=2 000(元),根据七级超额累计税率的规定,适用的税率和速算扣除数分别为10%、105。

②计算个人所得税应纳税额。

应纳税额=奖金收入×适用税率-速算扣除数

=24 000×10%-105=2 295(元)

提示：纳税人取得的除全年一次性奖金以外的其他各种名目奖金，如半年奖、季度奖、加班奖、考勤奖等，一律与当月工资、薪金收入合并，按税法规定计算缴纳个人所得税。

二、个体工商户的生产、经营所得应纳税额的计算

（一）计算应纳税所得额

实行查账征收的个体工商户，其生产、经营的应纳税所得额是每一纳税年度的收入总额，减除成本、费用、损失以及允许扣除的税金后的余额。其计算公式为：

应纳税所得额＝收入总额－（成本＋费用＋损失＋准予扣除的税金）

（二）计算应纳税额

账证齐全的个体工商户按账核算征收个人所得税，适用五级超额累进税率。个体工商户年度应纳个人所得税额的计算公式为：

应纳税额＝应纳税所得额×适用税率－速算扣除数

＝（全年收入总额－成本费用及损失）×适用税率－速算扣除数

【例 6－5】某小型运输公司系个体工商户，账证健全，2016 年 12 月取得营业额为 220 000 元，准许扣除的当月成本、费用及相关税金共计 170 600 元。1—11 月累计应纳税所得额 68 400元，1—11 月累计已预缴个人所得税 10 200 元。计算该个体工商户 2016 年度应补缴的个人所得税。

解析：

个体工商户业主按每月 3 500 元的合理工资，在税前全额扣除。

①全年应纳税所得额＝220 000－170 600＋68 400－3 500×12＝75 800（元）

②全年应纳税个人所得税＝75 800×30%－9 750＝12 990（元）

③该个体工商户 2016 年度应补缴的个人所得税＝12 990－10 200＝2 790（元）

三、对企事业单位的承包经营、承租经营所得应纳税额的计算

（一）计算应纳税所得额

对企事业单位的承包经营、承租经营所得是以每一纳税年度的收入总额，减除必要的费用后的余额为应纳税所得额。其计算公式为：

应纳税所得额＝年度收入总额－必要费用（每月 3 500 元）

式中：　年度收入总额＝经营利润＋工资薪金性质的所得

提示：纳税年度收入总额包括承包人个人工资，但不包括上缴的承包费。

（二）计算应纳税额

对企事业单位的承包经营、承租经营所得征收个人所得税，适用五级超额累进税率。其计算公式为：

应纳税额＝应纳税所得额×适用税率－速算扣除数

＝（纳税人年度收入总额－必要费用）×适用税率－速算扣除数

【例 6－6】2016 年 1 月 1 日，某个人与事业单位签订承包合同经营招待所，承包期为 3 年。2016 年招待所实现承包经营利润 150 000 元（未扣除含承包人工资报酬），按合同规定承包人

每年应从招待所经营利润中上缴承包费 30 000 元。计算该承包人 2016 年度应缴纳的个人所得税税额。

解析：

①2016 年应纳税所得额＝承包经营利润－上缴费用－每月必要费用扣除合计

＝150 000－30 000－3 500×12＝78 000(元)

②2016 年应纳税个人所得税＝78 000×30%－9 750＝13 650(元)

四、劳务报酬应纳税额的计算

(一)个人提供劳务取得含税劳务报酬(即税前劳务报酬)所得个人所得税的计算

1. 计算应纳税所得额

含税劳务报酬所得以个人每次取得的收入，定额或定率减除规定的费用后的余额为应纳税所得额。每次收入不超过 4 000 元的，定额扣除费用 800 元；每次收入在 4 000 元以上的，定率减除 20%的费用。其计算公式为：

(1)每次收入不足 4 000 元的。

应纳税所得额＝每次收入额－800

(2)每次收入超过 4 000 元的。

应纳税所得额＝每次收入额×(1－20%)

提示：劳务报酬所得一般具有不固定性、不经常性等特点，不便于按月计算，所以税法规定按次计算应纳税所得额。根据不同劳务项目的特点，分别规定为只有一次性收入的，以取得该项收入为一次；属于同一事项连续取得收入的，以 1 个月内取得的收入为一次。

2. 应纳税额的计算

含税劳务报酬适用 20%的比例税率。如果纳税人一次取得的应税劳务报酬所得超过 20 000元，应实行加成征收，其应纳税总额应依据相应税率和速算扣除数计算。劳务报酬所得应纳税额的计算公式为：

(1)每次收入不足 4 000 元的。

应纳税额＝应纳税所得额×适用税率＝(每次收入额－800)×20%

(2)每次收入在 4 000 元以上的。

应纳税额＝应纳税所得额×适用税率＝每次收入额×(1－20%)×20%

(3)每次收入的应纳税所得额超过 20 000 元。

应纳税额＝应纳税所得额×适用税率－速算扣除数

＝每次收入额×(1－20%)×适用税率－速算扣除数

【例 6－7】歌星刘某一次取得含税表演收入 40 000 元，扣除 20%的费用后，应纳税所得额为32 000元。计算其应纳个人所得税税额。

解析：

应纳税额＝每次收入额×(1－20%)×适用税率－速算扣除数

＝40 000×(1－20%)×30%－2 000＝7 600(元)

(二)个人提供劳务取得不含税劳务报酬(即税后劳务报酬)所得个人所得税的计算

个人为企业提供劳务，双方约定的劳务报酬更多情况是一个税后支付额，即企业支付给个人的劳动报酬是个人的税后所得，因此，企业必须将税后所得转换为税前所得，按照税前报酬列支企业的成本费用，同时代扣缴个人所得税。

由于劳务报酬在计算个人所得税时的扣除额分段以及应纳税额的加成规定，经过推算得出不含税劳务报酬收入额对应的税率表，表 6－4 所示。

表 6－4　不含税劳务报酬收入税率表

级数	不含税劳务报酬收入额	税率(%)	速算扣除数	换算系数(%)
1	未超过 3 360 元的部分			无
2	超过 3 360～21 000 元的部分	20	0	84
3	超过 21 000～49 500 元的部分	30	2 000	76
4	超过 49 500 元的部分	40	7 000	68

1. 含税劳务报酬收入的换算

(1)不含税收入额不超过 3 360 的换算为含税劳务报酬收入公式如下：

含税劳务报酬收入＝不含税劳务收入额/(1－20%)－200

(2)不含税收入额超过 3 360 元的换算为含税劳务报酬收入公式如下：

含税劳务报酬收入＝(不含税劳务收入额－速算扣除数)/换算系数

2. 个人所得税应纳税额的计算

(1)方法一：根据上述公式换算含税劳务报酬收入按照表 6－3 的税率计算应纳税额。

(2)方法二：根据表 6－4 分步计算。

当不含税收入额不超过 3 360 元时：

首先，根据不含税收入额查表 6－4 中对应数据计算应纳税所得额，公式如下：

应纳税所得额＝(不含税收入额－800)/(1－税率)

其次，根据应纳税所得额查表 6－3 中对应数据计算应纳税额，公式如下：

应纳税额＝应纳税所得额×适用税率(按表 6－3 对应数据计算)

当不含税收入额超过 3 360 元时：

第一步，根据不含税收入额查表 6－4 中对应数据计算纳税所得额，公式如下：

应纳税所得额＝(不含税收入额－速算扣除数)×(1－20%)/换算系数

第二步，根据应纳税所得额查表 6－3 中对应数据计算应纳税额，公式如下：

应纳税额＝应纳税所得额×适用税率－速算扣除数

【例 6－8】袁某和傅某为某公司年会提供魔术表演，会后取得税后收入分别为 9 000 元和 30 000 元，计算袁某和傅某的个人所得税。

解析：

方法一：

(1)袁某的个人所得税计算：

含税劳务报酬收入＝(9 000－0)/0.84＝10 714.3(元)

应纳税所得额＝10 714.3×(1－20%)＝8 571.43(元)

应纳税额＝8 571.43×20%＝1 714.3(元)

(2)傅某的个人所得税计算：

含税劳务报酬收入=(30 000-2 000)/0.76=36 842.11(元)

应纳税所得额=36 842.11×(1-20%)=29 473.69(元)

应纳税额=29 473.69×30%-2 000=6 842.11(元)

方法二：

(1)袁某的个人所得税计算：

应纳税所得额=(9 000-0)×(1-20%)/0.84=8 571.43(元)

应纳税额=8 571.43×20%=1 714.3(元)

(2)傅某的个人所得税计算：

应纳税所得额=(30 000-2 000)×(1-20%)/0.76=29 473.69(元)

应纳税额=29 473.69×30%-2 000=6 842.11(元)

五、稿酬应纳税额的计算

(一)计算应纳税所得额

稿酬所得以个人每次取得的收入，定额或定率扣除规定费用后的余额为应纳税所得额。费用扣除标准与劳务报酬所得相同，每次取得的收入是指以每次出版、发表取得的收入为一次。其计算公式为：

1. 每次收入不足 4 000 元的

应纳税所得额=每次收入额-800

2. 每次收入超过 4 000 元的

应纳税所得额=每次收入额×(1-20%)

(二)应纳税额的计算

稿酬所得适用 20%的比例税率，并按规定减征 30%。其计算公式为：

1. 每次收入不足 4 000 元的

应纳税额=应纳税所得额×适用税率×(1-30%)

=(每次收入额-800)×20%×(1-30%)

2. 每次收入在 4 000 元以上的

应纳税额=应纳税所得额×适用税率×(1-30%)

=每次收入额×(1-20%)×20%×(1-30%)

【例 6-9】某作家取得一次未扣除个人所得税的稿酬收入 20 000 元，请计算其应纳个人所得税税额。

解析：

应纳税额=应纳税所得额×适用税率×(1-30%)

=20 000×(1-20%)×20%×(1-30%)=2 240(元)

六、特许权使用费所得应纳税额的计算

(一)计算应纳税所得额

特许权使用费所得以个人每次取得的收入，定额或定率减除规定费用后的余额为应纳税所得额。费用减除标准与劳务报酬所得相同。其计算公式为：

1. 每次收入不足 4 000 元的

应纳税所得额＝每次收入额－800

2. 每次收入超过 4 000 元的

应纳税所得额＝每次收入额×(1－20%)

(二)应纳税额的计算

特许权使用费所得适用 20%的比例税率，其应纳税额的计算公式为：

1. 每次收入不足 4 000 元的

应纳税额＝应纳税所得额×适用税率＝(每次收入额－800)×20%

2. 每次收入在 4000 元以上的

应纳税额＝应纳税所得额×适用税率＝每次收入额×(1－20%)×20%

【例 6-10】某专家在 2016 年 3 月至 2016 年 12 月在中国某企业担任技术工程师，该专家研究出一项专利技术，于 2016 年 9 月申请注册了该项专利技术。2016 年 10 月，该专家将这项技术卖给一企业，取得特许权使用费 80 000 元。请计算其应纳个人所得税税额。

解析：

应纳税所得额＝80 000×(1－20%)＝64 000(元)

应纳税额＝64 000×20%＝12 800(元)

七、财产租赁所得应纳税额的计算

(一)计算应纳税所得额

财产租赁所得以一个月内取得的收入为一次。在确定应纳税所得额时，允许一次扣除以下费用：

(1)纳税人在出租财产过程中缴纳的税金和教育费附加；

(2)能够提供有效凭证，证明纳税人负担的该出租财产实际开支的修缮费用(以每次 800 元为限，一次扣除不完的，准予在下一次继续扣除，直到扣完为止)；

(3)税法规定的费用扣除标准(每次收入不超过 4 000 元，定额减除费用 800 元；每次收入超过 4 000 元，定率减除 20%的费用)。

应纳税所得额的计算公式为：

1. 每次收入不足 4 000 元的

应纳税所得额＝每次(月)收入额－财产租赁有关税费－修缮费用(800 元为限)－800

2. 每次收入超过 4 000 元的

应纳税所得额＝[每次(月)收入额－财产租赁有关税费－修缮费用(800 元为限)]×(1－20%)

(二)计算应纳税额

财产租赁所得适用 20%的比例税率，其应纳税额的计算公式为：

应纳税额＝应纳税所得额×适用税率

提示：个人出租居住用房暂减按 10%计算征收个人所得税。

【例 6-11】1 月，刘某将一套别墅出租给某单位，租期一年，每月租金 6 000 元，缴纳除个人所得税外其他税费 1 060 元。2 月，刘某对该房屋进行了维修，维修费 1 500 元。请问刘某 1

月、2月应当分别缴纳多少个人所得税？

解析：

1月：(6 000－1 060)×(1－20％)×10％＝395.2(元)

2月：(6 000－1 060－800)×(1－20％)×10％＝331.2(元)

八、财产转让所得应纳税额的计算

(一)计算应纳税所得额

财产转让所得以个人每次转让财产取得的收入额减除财产原值和转让财产发生的相关税费后的余额为应纳税所得额。其中，“每次”是指以一件财产的所有权一次转让取得的收入为一次。其计算公式为：

应纳税所得额＝每次收入额－财产原值－合理税费

(二)计算应纳税额

财产转让所得适用20％的比例税率，其应纳税额的计算公式为：

应纳税额＝应纳税所得额×适用税率

＝(收入总额－财产原值－合理费用)×20％

【例6－12】张某建房一幢，造价360 000元，支付其他费用50 000元。建成后将房屋出售，售价600 000元，在售房过程中按规定支付交易费等相关税费35 000元，计算张某应纳个人所得税税额。

解析：

①应纳税所得额＝600 000－(360 000＋50 000)－35 000＝155 000(元)

②应纳税额＝155 000×20％＝31 000(元)

九、利息、股利、红利所得，偶然所得，其他所得应纳税额的计算

利息、股利、红利所得，偶然所得和其他所得，以每次收入额为应纳税所得额，不扣除任何费用。

【例6－13】王飞和刘兰分别因购买福利彩票中奖取得奖金8 000元和12 000元，计算王飞和刘兰应缴纳的个人所得税。

解析：

对个人购买社会福利有奖募捐奖券、体育彩票的，一次中奖收入不超过10 000元的暂免征收个人所得税，对一次中奖收入超过10 000元的，应按税法规定全额征税。

王飞应缴纳的个人所得税为：0

刘兰应缴纳的个人所得税为：12 000×20％＝2 400(元)

任务三　个人所得税会计核算

一、账户设置

为了准确反映应纳个人所得税的计算和缴纳情况，按照规定，应在“应交税费”账户下设置“应交个人所得税”明细账户，借方反映已经缴纳的个人所得税，贷方反映尚未缴纳的个人所得税。

二、涉税业务的会计核算

(一)自行申报个人所得税的会计处理

对采用自行申报缴纳个人所得税的纳税人，除实行查账征收的个体工商户外，一般不需要进行会计核算。实行查账征收的个体工商户，其应缴纳的个人所得税，在计提时，借记“利润分配”科目，贷记“应交税费——应交个人所得税”等科目；实际缴纳时，借记“应交税费——应交个人所得税”等科目，贷记“银行存款”科目。

【例 6-14】某个体工商户计算应纳个人所得税为 800 元，相应会计处理如下：

①计提个人所得税时。

借：利润分配　　800

　贷：应交税费——应交个人所得税　　800

②实际缴纳税款时。

借：应交税费——应交个人所得税　　800

　贷：银行存款　　800

(二)代扣代缴个人所得税的会计处理

1. 工资、薪金所得应纳个人所得税的会计处理

企业在计提工资、薪金所得个人所得税时，借记“应付职工薪酬”等科目，贷记“应交税费——应交个人所得税”等科目；实际缴纳时，借记“应交税费——应交个人所得税”等科目，贷记“银行存款”科目。

【例 6-15】某企业 2017 年 4 月支付给员工王某工资 5 600 元，奖金 600 元，计算王某应缴纳的个人所得税并进行会计处理。

解析：

应纳税所得额＝5 600＋600－3 500＝2 700(元)

应纳税额＝2 700×10%－105＝165(元)

①单位从工资中代扣个人所得税时。

借：应付职工薪酬　　165

　贷：应交税费——应交个人所得税　　165

②实际缴纳个人所得税时。

借：应交税费——应交个人所得税　　165

　贷：银行存款　　165

2. 其他所得应纳个人所得税的会计处理

企业代扣除工资、薪金所得以外的个人所得税时，根据个人所得项目不同，应分别借记“应付债券”“应付股利”“应付账款”“其他应付款”等科目，贷记“应交税费——应交个人所得税”科目；实际缴纳时，借记“应交税费——应交个人所得税”等科目，贷记“银行存款”科目。

【例 6-16】某公司支付给李某项目设计费 2 000 元，计算李某应缴纳的个人所得税，并进行会计处理。

解析：

应纳税额＝(2 000－800)×20%＝240(元)

①该公司支付劳务报酬时。

借：管理费用　　2 000
　贷：应交税费——应交个人所得税　　240
　　　银行存款　　1 760

②实际缴纳税款时。

借：应交税费——应交个人所得税　　240
　贷：银行存款　　240

任务四　个人所得税的申报与缴纳

一、个人所得税的纳税方法

我国个人所得税采取自行申报纳税和源泉扣缴两种方法，以源泉扣缴为主。

(一)自行申报

自行申报纳税，是指由纳税人自行在税法规定的纳税期限内，向税务机关申报取得的应纳税所得项目和数额，如实填写个人所得税纳税申报表，并按照税法规定计算应纳税额，据此交纳个人所得税的一种方法。

1. 自行申报纳税的纳税义务人

纳税义务人有以下情形之一的，应当按照规定到主管税务机关办理纳税申报：

(1)年所得 12 万元以上的；

(2)从中国境内两处或者两处以上取得工资、薪金所得的；

(3)从中国境外取得所得的；

(4)取得应纳税所得，没有扣缴义务人的；

(5)国务院规定的其他情形。

2. 自行申报纳税的申报方式

纳税人可以采取数据电文、邮寄等方式申报，也可以直接到主管税务机关办理纳税申报，或者采取符合主管税务机关规定的其他方式申报。

(二)代扣代缴

代扣代缴是指按照税法规定负有扣缴税款义务的单位或者个人，在向个人支付应纳税所得额时，应计算应纳税额，从其所得中扣除并缴入国库，同时向税务机关报送扣缴个人所得税报告表。

1. 扣缴义务人

税法规定，凡是支付个人应纳税所得的企业(公司)、事业单位、机关单位、社会组织、军队、驻华机构、个体户等单位或个人，都是个人所得税的扣缴义务人。行政机关、事业单位改革工资发放方式后，凡是有向个人支付工薪所得行为的财政部门(或机关事务管理、人事等部门)、行政机关、事业单位均为个人所得税的扣缴义务人。

2. 应扣缴税款的所得项目

扣缴义务人向个人支付应税所得时，应代扣代缴个人所得税的应税项目有：工资、薪金所得；对企事业单位的承包经营、承租经营所得；劳务报酬所得；稿酬所得；特许权使用费所得；利息、股息、红利所得；财产租赁所得；财产转让所得；偶然所得；经国务院财政部门确定征税的其他所得。

3.代扣代缴税款的手续费

税务机关应根据扣缴义务人所扣缴的税款，付2%的手续费，由扣缴义务人用于代扣代缴费用开支和奖励代扣代缴工作做得较好的办税人员。

二、个人所得税的纳税期限

(一)自行申报的纳税期限

(1)年所得12万元以上的纳税人，在纳税年度终了后3个月内向主管税务机关办理纳税申报。

(2)个体工商户和个人独资、合伙企业投资者取得的生产、经营所得应纳的税款，分月预缴的，纳税人在每月终了后15日内办理纳税申报；分季预缴的，纳税人在每个季度终了后15日内办理纳税申报；纳税年度终了后，纳税人在3个月内进行汇算清缴。

(3)纳税人年终一次性取得对企事业单位的承包经营、承租经营所得的，自取得所得之日起30日内办理纳税申报；在1个纳税年度内分次取得承包经营、承租经营所得的，在每次取得所得后的次月7日内申报预缴，纳税年度终了后3个月内汇算清缴。

(4)从中国境外取得所得的纳税人，在纳税年度终了后30日内向中国境内主管税务机关办理纳税申报。

(5)纳税人取得其他各项所得须申报纳税的在取得所得的次月15日内向主管税务机关办理纳税申报。

(二)代扣代缴的纳税期限

(1)扣缴义务人每月所扣的税款，应当在次月15日内缴入国库，并向主管税务机关报送扣缴个人所得税报告表、代扣代收税款凭证和包括每一纳税人姓名、单位、职务、收入、税款等内容的支付个人收入明细表以及税务机关要求报送的其他有关资料。

(2)扣缴义务人违反上述规定不报送或者报送虚假纳税资料的，一经查实，其未在支付个人收入明细表中反映的向个人支付的款项，在计算扣缴义务人应纳税所得额时不得作为成本费用扣除。

(3)扣缴义务人因有特殊困难不能按期报送扣缴个人所得税报告表及其他有关资料的，经县级税务机关批准，可以延期申报。

三、个人所得税的纳税地点

(1)年所得12万元以上的纳税人，纳税申报地点分别为：

①在中国境内有任职、受雇单位的，向任职、受雇单位所在地主管税务机关申报。

②在中国境内有两处或者两处以上任职、受雇单位的，选择并固定向其中一处单位所在地主管税务机关申报。

③在中国境内无任职、受雇单位，年所得项目中有个体工商户的生产、经营所得或者对企事业单位的承包经营、承租经营所得(以下统称生产、经营所得)的，向其中一处实际经营所在地主管税务机关申报。

④在中国境内无任职、受雇单位，年所得项目中无生产、经营所得的，向户籍所在地主管税务机关申报。在中国境内有户籍，但户籍所在地与中国境内经常居住地不一致的，选择并固定向其中一地主管税务机关申报。在中国境内没有户籍的，向中国境内经常居住地主管税务机关申报。

(2)从两处或者两处以上取得工资、薪金所得的，选择并固定向其中一处单位所在地主管税务机关申报。

(3)从中国境外取得所得的，向中国境内户籍所在地主管税务机关申报。在中国境内有户籍，但户籍所在地与中国境内经常居住地不一致的，选择并固定向其中一地主管税务机关申报。在中国境内没有户籍的，向中国境内经常居住地主管税务机关申报。

(4)个体工商户向实际经营所在地主管税务机关申报。

(5)个人独资、合伙企业投资者兴办两个或两个以上企业的，区分不同情形确定纳税申报地点：

①兴办的企业全部是个人独资性质的，分别向各企业的实际经营管理所在地主管税务机关申报。

②兴办的企业中含有合伙性质的，向经常居住地主管税务机关申报。

③兴办的企业中含有合伙性质，个人投资者经常居住地与其兴办企业的经营管理所在地不一致的，选择并固定向其参与兴办的某一合伙企业的经营管理所在地主管税务机关申报。纳税申报地点除特殊情况外，5 年以内不得变更。

(6)除以上情形外，纳税人应当向取得所得所在地主管税务机关申报。

提示：纳税人不得随意变更纳税申报地点，因特殊情况需变更纳税申报地点的，须报原主管税务机关备案。

四、个人所得税纳税申报

(一)填报代扣代缴个人所得税纳税申报表

纳税义务人的 11 个应税所得项目中，除个体工商户的生产、经营所得之外，均属代扣代缴范围。针对不同的个人所得税应税项目，地方税务机关采用不同的纳税申报表格。扣缴个人所得税报告表如表 6－5 所示。

(二)填报自行申报个人所得税纳税申报表

符合纳税人自行申报情形的，纳税人必须按税法规定自行填报个人所得税纳税申报表。个人所得税纳税申报表分为：个人所得税生产经营所得纳税申报表(见表 6－6)、个人所得税自行纳税申报表(见表 6－7)、个人所得税纳税申报表(适用于年所得 12 万元以上的纳税人申报，见表 6－8)。

(三)办理税款缴纳手续

扣缴义务人应当自扣缴个人所得税义务发生之日起 10 日内，设置代扣代缴个人所得税账簿。按规定的期限，于次月 15 日前向税务机关报送扣缴个人所得税报告表、代扣代缴税款凭证以及支付个人收入明细表。

纳税人采用电子方式办理个人所得税纳税申报的，应按照有关规定保存有关资料或附报纸质纳税申报资料。

(四)缴纳税款，取得税收通用缴款书

承担代扣代缴义务企业将扣缴个人所得税报告表等相关资料送税务机关审核，根据税务机关审核的意见，在规定期限内向指定代理金库的银行缴纳税款时，取得税务机关开具的税收通用缴款书。

纳税人按规定自行申报个人所得税并且按规定缴纳税款的，税务机关向纳税人出具个人所得税完税证明。纳税人所在单位实行了全员全额扣缴明细申报的，由税务机关在年度终了后进行集中开具，并委托邮政部门寄送纳税人本人。

表 6-5 扣缴个人所得税报告表

税款所属期： 年 月 日 至 年 月 日

扣缴义务人名称： 扣缴义务人所属行业：□一般行业 □特定行业月份申报

扣缴义务人编码：□□□□□□□□□□□□□□□ 金额单位：人民币元(列至角分)

序号	姓名	身份证件类型	身份证件号码	所得项目	所得期间	收入额	免税所得	税前扣除项目								减除费用	准予扣除的捐赠额	应纳税所得额	税率(%)	速算扣除数	应纳税额	减免税额	应扣缴税额	已扣缴税额	应补(退)税额	备注
								基本养老保险费	基本医疗保险费	失业保险费	住房公积金	财产原值	允许扣除的税费	其他	合计											
1	2	3	4	5	6	7	8	9	10	11	12	13	14	15	16	17	18	19	20	21	22	23	24	25	26	27
合 计																										

谨声明：此扣缴报告表是根据《中华人民共和国个人所得税法》及其实施条例和国家有关税收法律法规规定填写的，是真实的、完整的、可靠的。

法定代表人(负责人)签字： 年 月 日

扣缴义务人公章： 经办人：	代理机构(人)签章： 经办人： 经办人执业证件号码：	主管税务机关受理专用章： 受理人：
填表日期： 年 月 日	代理申报日期： 年 月 日	受理日期： 年 月 日

表 6－6　个人所得税自行纳税申报表

税款所属期：自　　年　月　日至　　年　月　日　　　　　　　　　　金额单位：人民币元(列至角分)

姓名			国籍(地区)		身份证件类型			身份证件号码													
自行申报情形		□从中国境内两处或者两处以上取得工资、薪金所得								□没有扣缴义务人								□其他情形			
任职受雇单位名称	所得期间	所得项目	收入额	免税所得	税前扣除项目								减除费用	准予扣除的捐赠额	应纳税所得额	税率%	速算扣除数	应纳税额	减免税额	已缴税额	应补(退)税额
					基本养老保险费	基本医疗保险费	失业保险费	住房公积金	财产原值	允许扣除的税费	其他	合计									
1	2	3	4	5	6	7	8	9	10	11	12	13	14	15	16	17	18	19	20	21	22

谨声明：此表是根据《中华人民共和国个人所得税法》及其实施条例和国家相关法律法规规定填写的，是真实的、完整的、可靠的。

纳税人签字：　　　　　　　　年　月　日

代理机构(人)公章： 经办人： 经办人执业证件号码：	主管税务机关受理专用章： 受理人：
代理申报日期：　年　月　日	受理日期：　年　月　日

表6-7 个人所得税生产经营所得纳税申报表

税款所属期： 年 月 日至 年 月 日　　　　金额单位：人民币元(列至角分)

<table>
<tr><td rowspan="2">投资者信息</td><td>姓名</td><td></td><td>身份证件类型</td><td></td><td>身份证件号码</td><td></td></tr>
<tr><td>国籍(地区)</td><td colspan="3"></td><td>纳税人识别号</td><td></td></tr>
<tr><td rowspan="3">被投资单位信息</td><td>名称</td><td colspan="3"></td><td>纳税人识别号</td><td></td></tr>
<tr><td>类型</td><td colspan="5">□个体工商户□承包、承租经营单位□个人独资企业□合伙企业</td></tr>
<tr><td>征收方式</td><td colspan="5">□查账征收(据实预缴)□查账征收(按上年应纳税所得额预缴)
□核定应税所得率征收
□核定应纳税所得额征收□税务机关认可的其他方式</td></tr>
</table>

行次	项目	金额
1	一、收入总额	
2	二、成本费用	
3	三、利润总额	
4	四、弥补以前年度亏损	
5	五、合伙企业合伙人分配比例(%)	
6	六、投资者减除费用	
7	七、应税所得率(%)	
8	八、应纳税所得额	
9	九、税率(%)	
10	十、速算扣除数	
11	十一、应纳税额(8×9－10)	
12	十二、减免税额(附报《个人所得税减免税事项报告表》)	
13	十三、已预缴税额	
14	十四、应补(退)税额(11－12－13)	

谨声明：此表是根据《中华人民共和国个人所得税法》及有关法律法规规定填写的，是真实的、完整的、可靠的。

纳税人签字：　　　　年　月　日

感谢您对税收工作的支持！

代理申报机构(负责人)签章： 经办人： 经办人执业证件号码： 代理申报日期：　年　月　日	主管税务机关印章： 受理人： 受理日期：　年　月　日

五、个人所得税纳税申报举例

1. 资料

钱某户籍在上海市静安区，任职于上海市的 M 公司，经常居住地在上海市静安区××路××小区××号××室。2016 年，共取得以下几项收入：

(1)每月从 M 公司取得工资收入 25 000 元，每月个人缴纳“三费一金”2 500 元，每月已扣缴个人所得税 3 745 元；

(2)受托完成北京某公司工程项目的设计业务，劳务报酬收入 1 900 元，扣缴个人所得税 220 元；

(3)将发明的一项专利让渡给某公司使用，取得收入 40 000 元，按照税法规定计算，应缴纳个人个人所得税 6 400 元，并已被该公司全额扣缴了税款；

(4)购买福利彩票，中奖 20 000 元，扣缴个人所得税 4 000 元；

(5)取得公司股权分红 20 000 元，扣缴个人所得税 4 000 元。

2. 要求

钱某年度终了该如何办理纳税申报？

3. 解析

(1)年工资、薪金所得＝工薪所得－“三费一金”＝(25 000－2 500)×12＝270 000(元)

应纳税所得额＝(25 000－2 500－3 500)×12＝19 000×12＝228 000(元)

应纳税额＝(19 000×25％－1 005)×12＝44 940(元)

(2)劳务报酬所得为 1 900 元

应纳税所得额＝1 900－800＝1 100(元)

应纳税额＝1 100×20％＝220(元)

(3)特许权使用费所得为 40 000 元

应纳税所得额＝40 000×(1－20％)＝32 000(元)

应纳税额＝32 000×20％＝6 400(元)

(4)偶然所得为 20 000 元

应纳税所得额＝20 000(元)

应纳税额＝20 000×20％＝4 000(元)

(5)股息所得为 20 000 元

应纳税所得额＝20 000(元)

应纳税额＝20 000×20％＝4 000(元)

年所得总额＝270 000＋1 900＋40 000＋20 000＋20 000＝351 900(元)＞120 000(元)。因此，2016 年度终了后，钱某需要办理年所得 12 万元以上纳税人的纳税申报，填制个人所得税纳税申报表(见表 6－8)。

表 6－8　个人所得税纳税申报表

（适用于年所得 12 万元以上的纳税人申报）

所得年份：2016 年　　　　填表日期：2017 年 2 月 1 日　　　　金额单位：人民币元（列至角分）

纳税人姓名	钱××	国籍（地区）	中国	身份证照类型	身份证	身份证照号码	××××××××××××××××××		
任职、受雇单位	M 公司	任职受雇单位税务代码	×××××××× ×××××××× ××	任职受雇单位所属行业	服务业	职务	部门主管	职业	金融业务人员
在华天数	—	境内有效联系地址	上海市静安区××路××小区××号××室			境内有效联系地址邮编	200 000	联系电话	××××× ×××××
此行由取得经营所得的纳税人填写	经营单位纳税人识别号					经营单位纳税人名称			

所得项目	年所得额			应纳税所得额	应纳税额	已缴（扣）税额	抵扣税额	减免税额	应补（退）税额（退税金额填为负数）	备注
	境内	境外	合计							
1. 工资、薪金所得	270 000	0	270 000	228 000	44 940	44 940	0	0	0	
2. 个体工商户的生产、经营所得	0	0	0	0	0	0	0	0	0	
3. 对企事业单位的承包经营、承租经营所得	0	0	0	0	0	0	0	0	0	
4. 劳务报酬所得	1 900	0	1 900	1 100	220	220	0	0	0	
5. 稿酬所得	0	0	0	0	0	0	0	0	0	
6. 特许权使用费所得	40 000	0	40 000	32 000	6 400	6 400	0	0	0	
7. 利息、股息、红利所得	20 000	0	20 000	20 000	4 000	4 000	0	0	0	
8. 财产租赁所得	0	0	0	0	0	0	0	0	0	
9. 财产转让所得（以下三项合计）	0	0	0	0	0	0	0	0	0	
其中：股票转让所得	0	0	0	0	0	0	0	0	0	
个人房屋转让所得	0	0	0	0	0	0	0	0	0	
其他财产转让所得	0	0	0	0	0	0	0	0	0	

续表 6-8

10. 偶然所得	20 000	0	20 000	20 000	4 000	4 000	0	0	0	
11. 其他所得	0	0	0	0	0	0	0	0	0	
合　　计	351 900	0	351 900	301 100	59 560	59 560	0	0	0	

我声明，此纳税申报表是根据《中华人民共和国个人所得税法》及有关法律、法规的规定填报的，我保证它是真实的、可靠的、完整的。

纳税人（签字）：钱××

代理人（签章）：

联系电话：

税务机关受理人（签字）：　　　　税务机关受理时间：　　年　　月　　日　　　　受理申报税务机关名称（盖章）：

技能训练

一、单选题

1. 股息、红利、利息所得应以( )为应纳税所得额。

A. 每月收入额 B. 每年收入额 C. 每季收入额 D. 每次收入额

2. 财产转让所得中，可以扣除( )来计算应纳税所得额。

A. 20% B. 1 600 C. 财产原值及合理费用 D. 财产原值

3. 下列项目中，应计入工薪范围征收个人所得税的是( )。

A. 误餐补助 B. 独生子女补贴

C. 没有纳入公务员工资的食品补贴 D. 季度奖金

4. 下列项目中，不适用代扣代缴方式纳税的是( )。

A. 个人独资企业的生产、经营所得 B. 工资、薪金所得

C. 稿酬所得 D. 劳务报酬所得

5. 投资者应纳的个人所得税税款，按年计算，分月或分季预缴，由投资者在每月或每季度终了后( )日内预缴。

A. 5 B. 7 C. 10 D. 15

6. 中国公民李某出版散文集取得稿酬收入 40 000 元，将其中 6 000 元通过民政部门捐赠给贫困山区。李某稿酬所得应缴纳个人所得税( )元。

A. 3 640 B. 3 808 C. 4 480 D. 4 760

7. 下列不属于按“次”计算个人所得税的项目有( )。

A. 个人连续取得演出收入 B. 财产转让所得

C. 个人转包转租取得的所得 D. 投资的股息所得

8. 王先生有一商铺，2016 年 1 月出租，扣除有关税费后(不含以下修理费用)，全年取得租金净收入 36 000 元。2016 年 7 月，王先生对出租商铺维修花费了 4 800 元。王先生 2016 年度的租赁所得应缴纳个人所得税( )元。

A. 2 160 B. 4 320 C. 4 520 D. 2 760

9. 张某 2016 年取得特许使用费两次，一次收入为 3 500 元，另一次收入为 4 500 元，则张某取得的特许使用费应纳个人所得税( )元。

A. 1 600 B. 1 200 C. 1 260 D. 1 280

10. 自 2011 年 9 月起，工资、薪金所得中的费用扣除标准是( )元。

A. 10 000 B. 3 200 C. 3 500 D. 4 000

二、多选题

1. 个人所得税法将纳税义务人区分为居民和非居民所依据的标准有( )。

A. 住所标准 B. 国籍标准 C. 居住时间标准 D. 意愿标准

2. 我国个人所得税采用的税率有( )。

A. 超额累进税率 B. 全额累进税率 C. 定额税率 D. 比例税率

3. 免征个人所得税的所得有( )。

A. 国家发行的金融债券利息 B. 稿酬所得

C. 劳务报酬所得 D. 保险赔款

4. 适用五级超额累进税率的项目是(　　)。

A. 从事经纪服务所得　　B. 提供咨询服务所得

C. 个体工商户生产经营所得　　D. 合伙企业所得

5. 个人所得税是世界各国普遍征收的一个税种,但各国的个人所得税规定有所不同。属于我国现行个人所得税特点的有(　　)。

A. 实行的是综合所得税制　　B. 累进税率和定额税率并用

C. 实行的是分类所得税制　　D. 采取课源制和申报制两种征纳方法

6. 个人所得税目前的主要征收方式有(　　)。

A. 代扣代缴方式　　B. 邮寄申报方式

C. 定额征收方式　　D. 自行申报方式

7. 下列这些情形属于必须向税务机关进行自行申报的有(　　)。

A. 年所得 20 万元以上的

B. 年所得 12 万元以上的

C. 在中国境内两处或两处以上取得工资、薪金所得的

D. 从中国境外取得所得的

8. 下列稿酬所得中,应合并为一次所得征税的有(　　)。

A. 同一作品在报刊上连载,分次取得的稿酬

B. 同一作品出版后加印而追加的稿酬

C. 同一作品出版社分三次支付的稿酬

D. 同一作品再版取得的稿酬

9. 个人取得的应纳税所得的形态包括(　　)。

A. 现金　　B. 实物　　C. 有价证券　　D. 荣誉

10. 计征个人所得税时,允许从总收入中扣除 800 元的项目有(　　)。

A. 有奖销售中获奖 2 400 元　　B. 个体工商户生产经营所得 10 000 元

C. 一次取得咨询费收入 3 600 元　　D. 特许权使用费所得 1 500 元

三、业务题

1. 中国公民张某 2016 年的收入情况如下:

(1)出版一本书,1 月份取得预付稿酬 20 000 元;4 月份正式出版,取得稿酬 2 000 元;该书 5 月至 7 月被某报纸连载,5 月份取得稿费 1 800 元,6 月份和 7 月份每月取得稿费 1 000 元。12 月份张某将自己手稿的复印件拍卖,取得所得 100 000 元。

(2)因在某上市公司董事会担任董事,8 月份从该上市公司取得董事费收入 15 万元,并通过民政局向贫困地区捐赠了 5 万元。

(3)因持有某上市公司股份,7 月份取得上半年股息 20 000 元。

(4)10 月份转让自己拥有的一辆轿车,取得转让收入 100 000 元,转让过程中发生相关税费 5 000 元。该车购进价格为 160 000 元,购入时发生相关税费 10 000 元。

根据以上资料和税法相关规定,回答下列问题:

(1)计算张某出版书籍、连载、拍卖手稿所得共应缴纳的个人所得税;

(2)计算张某就董事费收入应缴纳的个人所得税;

(3)计算张某取得的股息应缴纳的个人所得税;

(4)计算张某转让轿车应纳的个人所得税。

2.中国公民王某为境内A上市公司高级职员,2010年调入A公司。2014年12月31日被授予100 000股的股票期权,授予价为每股2元。2015年8月31日,王某以每股2元的价格购买A公司股票100 000股,当日市价为每股10元。2016年6月10日,王某以每股12元的价格将50 000股股票卖出;2016年7月20日,王某以每股9元的价格将剩余50 000股股票卖出(王某当期各月工资均已超过税法规定的扣除标准)。计算王某应纳的个人所得税。

项目七 其他税种纳税实务

技能目标

1.能正确进行资源税、土地增值税、房产税、车船税、车辆购置税、城市维护建设税、印花税的计算。

2.能熟练掌握资源税类、财产税类、行为税类的涉税业务的会计核算。

3.能掌握资源税类、财产税类、行为税类纳税申报的业务操作。

知识目标

1.了解资源税类、财产税类、行为税类的基本法规知识。

2.掌握资源税、土地增值税、房产税、车船税、车辆购置税、城市维护建设税、印花税应纳税额的计算。

3.掌握资源税类、财产税类、行为税类的账务处理。

4.掌握资源税类、财产税类、行为税类的纳税申报。

任务一 资源税类

资源税类是指对开发、利用和占有国有自然资源的单位和个人征收的一种税,主要对因开发和利用自然资源而形成的级差收入发挥调节作用,主要有资源税、土地增值税等。

一、资源税纳税实务

(一)资源税概述

1.概念

资源税是对在我国领域及管辖海域开采应税资源的矿产品或者生产盐的单位和个人,就其原料产品的资源的绝对收益和相对收益征收的一种税。

2.特点

(1)征税范围狭窄。目前我国的资源税征税范围较窄,仅选择了部分级差收入差异较大,资源较为普遍,易于征收管理的矿产品和盐列为征税范围。

(2)实行差别税额从价征收。2016 年 7 月 1 日我国实行资源税改革,资源税征收方式由从量征收改为从价征收。

(3)实行源泉课征。不论采掘或生产单位是否属于独立核算,资源税均规定在采掘或生产地源泉控制征收,这样既照顾了采掘地的利益,又避免了税款的流失。这与其他税种由独立核算的单位统一缴纳不同。

3. **税目、税率**

现行资源税的征税范围是在中国境内开采的应税矿产品和生产的盐两大类。具体包括以下几种：

(1)原油。开采的天然原油征税；人造石油不征税。

(2)天然气。专门开采的天然气与原油同时开采的天然气征税；煤矿生产的天然气暂不征税。

(3)煤炭。包括原煤和以未税原煤加工的洗选煤(以下简称洗选煤)。

(4)金属矿。包括铁矿、金矿、铜矿、铝土矿(包括耐火级矾土、研磨级矾土等高铝黏土)、铅锌矿、镍矿、锡矿及未列举名称的其他金属矿产品。

(5)非金属矿。包括石墨、硅藻土、高岭土、萤石、石灰石、硫铁矿、磷矿、氯化钾、硫酸钾、井矿盐、湖盐、提取地下卤水晒制的盐、煤层(成)气、黏土、砂石及其他未列举名称的非金属矿产品。

(6)海盐，指海水晒制的盐，不包括提取地下卤水晒制的盐。

资源税税目税率表如表7-1所示。

表7-1　资源税税目税率表

税目			税率
一、原油			5%～10%
二、天然气			5%～10%
三、煤炭			2%～10%
四、金属矿	铁矿	精矿	1%～6%
	金矿	金锭	1%～4%
	铜矿	精矿	2%～8%
	铝土矿	原矿	3%～9%
	铅锌矿	精矿	2%～6%
	镍矿	精矿	2%～6%
	锡矿	精矿	2%～6%
	稀土	精矿	7.5%～27%
	钨	精矿	6.5%
	钼	精矿	11%
	未列举名称的其他金属矿产品	原矿或精矿	税率不超过20%

续表 7-1

税目			税率
五、非金属矿	石墨	精矿	3%～10%
	硅藻土	精矿	1%～6%
	高岭土	原矿	1%～6%
	萤石	精矿	1%～6%
	石灰石	原矿	1%～6%
	硫铁矿	精矿	1%～6%
	磷矿	原矿	3%～8%
	氯化钾	精矿	3%～8%
	硫酸钾	精矿	6%～12%
	井矿盐	氯化钠初级产品	1%～6%
	湖盐	氯化钠初级产品	1%～6%
	提取地下卤水晒制的盐	氯化钠初级产品	3%～15%
	煤层(成)气	原矿	1%～2%
	黏土、砂石	原矿	每吨或立方米 0.1 元～5 元
	未列举名称的其他非金属矿产品	原矿或精矿	从量税率每吨或立方米不超过 30 元；从价税率不超过 20%
六、海盐		氯化钠初级产品	1%～5%

(二)资源税应纳税额的计算

1. 计税依据

(1)从价定率征收的计税依据。

实行从价定率征收的以销售额作为计税依据。销售额是指为纳税人销售应税产品向购买方收取的全部价款和价外费用,但不包括收取的增值税。

纳税人将其开采的原煤加工为洗选煤销售的,以洗选煤销售额乘以折算率作为应税煤炭销售额计算缴纳资源税。另外,纳税人以人民币以外的货币结算销售额的,应当折合成人民币计算。其销售额的人民币折合率可以选择销售额发生的当天或当月 1 日的人民币汇率中间价。纳税人应在事先确定采用何种折合率计算方法,确定后一年内不得变更。

自 2015 年 5 月 1 日起,稀土、钨、钼资源税适用从价定率计征。稀土、钨、钼应税产品包括原矿和以自采原矿加工的精矿。

纳税人将其开采的原矿加工为精矿销售的,按精矿销售额(不含增值税)和适用税率计算缴纳资源税。纳税人开采并销售原矿的,将原矿销售额(不含增值税)换算为精矿销售额计算缴纳资源税。精矿销售额不包括从洗选厂到车站、码头或用户指定运达地点的运输费用。纳

税人销售(或者视同销售)其自采原矿的,可采用成本法或市场法将原矿销售额换算为精矿销售额计算缴纳资源税。其中:

成本法:　　精矿销售额=原矿销售额+原矿加工为精矿的成本×(1+成本利润率)

市场法:　　精矿销售额=原矿销售额×换算比

换算比=同类精矿单位价格÷(原矿单位价格×选矿比)

选矿比=加工精矿耗用的原矿数量÷精矿数量

原矿销售额不包括从矿区到车站、码头或用户指定运达地点的运输费用。

(2)从量定额征收的计税依据。

资源税采用从量定额的方法征收,以纳税人的销售数量或使用数量为计税依据,确定资源税课税数量的基本方法为:

①纳税人开采或生产应税产品销售的,以销售数量为课税数量;

②纳税人开采或生产应税产品自用的,以自用数量为课税数量;

③纳税人不能准确提供影随产品销售数量的,以应税产品的产量或主管税务机关确定的折算比换算成的数量为计征资源税的销售数量。

④纳税人的减税、免税项目,应当单独核算销售额和销售数量;未单独核算或者不能准确提供销售额和销售数量的,不予减税或免税。

2.应纳税额的计算

(1)实行从价定率征收的,资源税的应纳税额计算公式为:

应纳税额=销售额×适用税率

(2)实行从量定额征收的,资源税的应纳税额计算公式为:

应纳税额=课税数量×单位税额

【例7-1】某油田2017年3月销售原油40 000吨,开具增值税专用发票取得销售额20 000万元,增值税额3 400万元,按资源税税目税率表的规定,其适用的税率为6%。计算应缴纳的资源税。

解析:

应纳税额=20 000×6%=1 200(万元)

(三)资源税的会计核算

企业进行资源税会计处理时,应在“应交税费”科目下设置“应交税费——应交资源税”明细科目。资源矿产品用途不同,其会计核算也存在差异。

1.销售应税资源税产品的会计核算

对外销售应税产品应缴资源税,应借记“税金及附加”科目,贷记“应交税费——应交资源税”科目。纳税人按规定缴纳资源税时,借记“应交税费——应交资源税”科目,贷记“银行存款”科目。

【例7-2】某煤矿2017年7月生产原煤100吨,全部对外销售,每吨不含税价格为300元,增值税适用税率为11%,款项已通过银行收讫。该煤矿原煤适用的单位税额为5%。编制会计分录。

①销售原煤时。

借:银行存款　　　　　　　　　　　　　　33 300

贷:主营业务收入 30 000

应交税费——应交增值税(销项税额) 3 300

②计算应交资源税时。

借:税金及附加 1 500

贷:应交税费——应交资源税 1 500

③实际缴纳资源税时。

借:应交税费——应交资源税 1 500

贷:银行存款 1 500

2. 自产自用应税资源税产品的会计核算

自产自用应税产品应缴资源税,应借记"生产成本""制造费用"等科目,贷记"应交税费——应交资源税"科目。纳税人按规定缴纳资源税时,借记"应交税费——应交资源税"科目,贷记"银行存款"科目。

【例7-3】某煤炭厂2017年3月开采煤炭5 000吨(成本为180元/吨),其中100吨用于加工焦炭。该煤炭适用的税率为5%。编制会计分录。

借:税金及附加 900

生产成本 18 000

贷:库存商品 18 000

应交税费——应交资源税 900

提示:纳税人将其开采的原煤,自用于连续生产洗选煤的,在原煤移送使用环节不缴纳资源税;自用于其他方面的,视同销售原煤,依照《中华人民共和国资源税暂行条例实施细则》第七条和《关于实施煤炭资源税改革的通知》有关规定确定销售额,计算缴纳资源税。

3. 收购未税矿产品的会计核算

收购未税矿产品代扣代缴资源税,应借记"应付账款"等科目,贷记"应交税费——代扣代缴应交资源税"科目。纳税人按规定缴纳资源税时,借记"应交税费——代扣代缴应交资源税"科目,贷记"银行存款"科目。

【例7-4】某钢铁公司收购铁矿石作为原料冶炼钢铁,2017年9月收购某铁矿的未税铁矿石1 000吨,每吨不含增值税的购入价格为100元(含资源税)。该铁矿石适用的单位税率为5%,款项已通过银行转账支付。编制会计分录。

借:材料采购 100 000

应交税费——应交增值税(进项税额) 17 000

贷:应交税费——代扣代缴应交资源税 5 000

银行存款 112 000

(四)资源税的纳税申报

1. 纳税期限

资源税的纳税期限分别为1日、3日、5日、10日、15日、1个月,具体纳税期限由主管税务机关根据实际情况核定;不能按照固定期限纳税的,可以按次纳税。

纳税人以1个月为1个纳税期的,自期满之日起10日内申报纳税;以1日、3日、5日、10日或15日为1个纳税期的,自期满之日起5日内预缴税款,于次月1日起10日内申报纳税并结清上月应纳税款。

扣缴义务人解缴税款的期限，依照上述规定执行。

2. 纳税地点

(1)纳税人应纳的资源税，应当向应税产品的开采或者生产所在地主管税务机关缴纳。

(2)纳税人在本省、自治区、直辖市范围内开采或者生产应税产品，其纳税地点需要调整的，由省、自治区、直辖市税务机关决定。

(3)纳税人跨省、自治区、直辖市开采或者生产应税产品，其下属生产单位与核算单位不在同一省、自治区、直辖市的，对其开采或者生产的应税产品，一律在开采地或者生产地纳税。

3. 纳税义务发生时间

(1)纳税人销售应税产品采取分期收款结算方式的，其纳税义务发生时间，为销售合同规定的收款日期的当天。

(2)纳税人销售应税产品采取预收货款结算方式的，其纳税义务发生时间，为发出应税产品的当天。

(3)纳税人销售应税产品采取其他结算方式的，其纳税义务发生时间，为收讫销售款或者取得索取销售款凭据的当天。

(4)纳税人自产自用应税产品的纳税义务发生时间，为移送使用应税产品的当天。

(5)扣缴义务人代扣代缴税款的纳税义务发生时间，为支付首笔货款或者开具应支付货款凭据的当天。

4. 纳税申报

纳税人填制资源税纳税申报表时，首先，应对其开采或者生产的资源产品，按税法规定区分应税和非应税、免税项目，并确定应税产品的适用税率；其次，根据“库存商品”等账户及有关会计凭证，核实应税产品的销售数量、自用数量，或按规定的办法折算原矿数量；最后，根据核实后的应税数量和确定的税率计算应缴纳的资源税税额，并与“应交税费——应交资源税”账户资料核对相符，填制资源税纳税申报表(见表 7－2)，并办理签章手续。

二、土地增值税纳税实务

(一)土地增值税概述

土地增值税是对转让国有土地使用权、地上的建筑物及其附着物(以下简称转让房地产)并取得收入的单位和个人，以转让房地产所取得的收入包括货币收入、实物收入和其他收入减除法定扣除项目金额后的增值额为计税依据向国家缴纳的一种税。

1. 纳税人

土地增值税的纳税人是指转让国有土地使用权、地上的建筑物及其附着物并取得收入的单位和个人。单位包括企业、行政单位、事业单位、军事单位、社会团体及其他单位；个人是指个体经营者和其他个人。

2. 征税范围

(1)转让国有土地使用权。

“国有土地”是指按国家法律规定属于国家所有的土地。

表 7－2　资源税纳税申报表

根据国家税收法律法规及资源税有关规定制定本表。纳税人不论有无销售额，均应按照税务机关核定的纳税期限填写本表，并向当地税务机关申报。

税款所属时间：自　　年　月　日至　　年　月　日　　　　填表日期：　　年　月　日　　　　金额单位：元至角分

纳税人识别号 □□□□□□□□□□□□□□□□□□□□

纳税人名称	（公章）		法定代表人姓名			注册地址			生产经营地址	
开户银行及账号				登记注册类型				电话号码		
税目	子目	折算率或换算比	计量单位	计税销售量	计税销售额	适用税率	本期应纳税额	本期减免税额	本期已缴税额	本期应补（退）税额
1	2	3	4	5	6	7	8①＝6×7；8②＝5×7	9	10	11＝8－9－10
合　计		—	—				—			
授权声明		如果你已委托代理人申报，请填写下列资料： 为代理一切税务事宜，现授权　　　　（地址） 为本纳税人的代理申报人，任何与本申报表有关的往来文件，都可寄予此人。 授权人签字：						申报人声明	本纳税申报表是根据国家税收法律法规及相关规定填写的，我确定它是真实的、可靠的、完整的。 声明人签字：	

主管税务机关：　　　　　　　　接收人：　　　　　　　　接收日期：　　年　月　日

(2)地上的建筑物及其附着物连同国有土地一并转让。

“地上的建筑物”是指建于地上的一切建筑物及地上地下的各种附属设施;“附着物”是指附着于土地上的不能移动或一经移动即遭受损坏的物品。

3. 税率

土地增值税实行四级超率累进税率,具体如表7-3所示。

表7-3　土地增值税税率表

级数	增值额与扣除项目金额的比率	税率(%)	速算扣除率(%)
1	不超过50%的部分	30	0
2	超过50%～100%的部分	40	5
3	超过100%～200%的部分	50	15
4	超过200%的部分	60	35

(二)土地增值税应纳税额的计算

1. 计税依据的确定

土地增值税以纳税人转让房地产所取得的增值额为计税依据。土地增值额为纳税人转让房地产所取得的收入减去税法规定的扣除项目金额后的余额。其计算公式为:

土地增值额=转让房地产的总收入-扣除项目金额

扣除项目有:取得土地使用权所支付的金额;开发土地的成本、费用;新建房及配套设施的成本、费用,或者旧房及建筑物的评估价格;与转让房地产有关的税金等。

2. 应纳税额的计算

土地增值税应纳税额计算步骤如下:

第一步:计算增值额。

增值额=转让收入-扣除项目金额

第二步:计算增值率。

增值率=增值额÷扣除项目金额×100%

第三步:确定适用税率和速算扣除系数。

第四步:计算应纳税额。

$$应纳税额=\sum(每级距增值额\times适用税率)$$

或 应纳税额=增值额×适用税率-扣除项目金额×速算扣除系数

【例7-5】某房地产开发企业2017年1月将其开发的写字楼一幢出售,共取得收入3 800万元。企业为开发该项目支付土地出让金600万元,房地产开发本为1 400万元,专门为开发该项目支付的贷款利息120万元。为转让该项目应当缴纳增值税、城市维护建设税及教育费附加共计210.9万元。当地政府规定,企业可以按土地使用权出让费、房地产开发成本之和的5%计算扣除其他房地产开发费用。另外,税法规定,从事房地产开发的企业可以按土地出让费和房地产开发成本之和的20%加计扣除。计算土地增值税应纳税额。

解析：

扣除项目金额＝600＋1 400＋120＋210.9＋(600＋14 00)×5%＋(600＋1 400)×20%
＝2 830.9(万元)

增值额＝3 800－2 830.9＝969.1(万元)

增值额占扣除项目比例＝969.1÷2 830.9＝34.23%

应纳税额＝969.1×30%＝290.73(万元)

(三)土地增值税的会计核算

1.主营房地产业务的企业土地增值税的会计处理

在转让房地产的过程中应缴纳的土地增值税，应借记“税金及附加”等科目，贷记“应交税费——应交土地增值税”科目；实际缴纳土地增值税时，借记“应交税费——应交土地增值税”科目，贷记“银行存款”科目。

【例7－6】沿用例7－5的资料，编制会计分录。

①计算土地增值税时。

借：税金及附加　　2 907 300

　贷：应交税费——应交土地增值税　　2 907 300

②实际向税务机关缴纳土地增值税时。

借：应交税费——应交土地增值税　　2 907 300

　贷：银行存款　　2 907 300

2.其他企业土地增值税的会计处理

其他企业转让房地产，发生的经济业务应通过“固定资产清理”科目核算。

【例7－7】某企业以2 000万元购进某项土地及附着物。4年后转让，取得转让收入2 600万元，按规定支付有关税金143万元。转让时，建筑物已提折旧160万元。计算该企业应纳土地增值税税额，并编制会计分录。

解析：

计算应交土地增值税：

扣除项目金额＝20 000 000＋1 430 000＝21 430 000(元)

增值额＝26 000 000－21 430 000＝4 570 000(元)

应交税额＝4 570 000×30%＝1 371 000(元)

①注销固定资产时。

借：固定资产清理　　18 400 000

　　累计折旧　　1 600 000

　贷：固定资产　　20 000 000

②收到转让收入时。

借:银行存款　　26 000 000

　　贷:固定资产清理　　26 000 000

③计提应交有关税金时。

借:固定资产清理　　1 371 000

　　贷:应交税费——应交土地增值税　　1 371 000

(四)土地增值税的纳税申报

1. 纳税期限

土地增值税的纳税人应于转让房地产合同签订之日起七日内到房地产所在地的税务机关办理纳税申报,并向税务机关提交房屋及建筑物产权、土地使用权证书、土地转让和房产买卖合同、房地产评估报告以及其他与转让房地产有关的资料。纳税人因经常发生房地产转让而难以在每次转让后申报的,经税务机关审核同意后,可以定期进行纳税申报,具体期限由税务机关根据情况确定。

2. 纳税地点

土地增值税的纳税人应向房地产所在地主管税务机关办理纳税申报。这里所说的"房地产所在地",是指房地产的坐落地。纳税人转让的房地产坐落在两个或两个以上地区的,应按房地产所在地分别申报纳税。

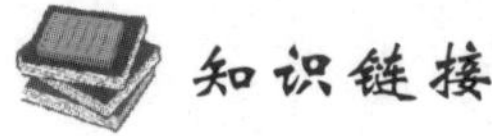

知识链接

土地增值税纳税地点的确定

在实际工作中,纳税地点的确定又可分为以下两种情况:

(1)纳税人是法人的。当转让的房地产坐落地与其机构所在地或经营所在地一致时,则在办理税务登记的原管辖税务机关申报纳税即可;如果转让的房地产坐落地与其机构所在地或经营所在地不一致时,则应在房地产坐落地所管辖的税务机关申报纳税。

(2)纳税人是自然人的。当转让的房地产坐落地与其居住所在地一致时,则在住所所在地税务机关申报纳税;当转让的房地产坐落地与其居住所在地不一致时,在办理过户手续所在地的税务机关申报纳税。

3. 纳税申报

土地增值税的纳税申报表分为从事房地产开发纳税人和其他纳税人两种类型,两类纳税人的纳税申报要求有所不同,具体格式如表 7-4 和表 7-5 所示。

表 7-4　土地增值税纳税申报表

（从事房地产开发的纳税人预征适用）

税款所属时间：　年　月　日至　年　月　日　　　　填表日期：　年　月　日

项目名称：　　　　项目编号：　　　　金额单位：元至角分；面积单位：平方米

纳税人识别号 □□□□□□□□□□□□□□□□□□□□

<table>
<tr><td rowspan="2">房产类型</td><td rowspan="2">房产类型子目</td><td colspan="4">收　入</td><td rowspan="2">预征率（%）</td><td rowspan="2">应纳税额</td><td colspan="2">税　款　缴　纳</td></tr>
<tr><td>应　税
收　入</td><td>货币
收入</td><td>实物收入
及其他收入</td><td>视同销
售收入</td><td>本期已缴税额</td><td>本期应缴
税额计算</td></tr>
<tr><td></td><td>1</td><td>2=3+4+5</td><td>3</td><td>4</td><td>5</td><td>6</td><td>7=2×6</td><td>8</td><td>9=7-8</td></tr>
<tr><td rowspan="2">普通住宅</td><td></td><td></td><td></td><td></td><td></td><td></td><td></td><td></td><td></td></tr>
<tr><td></td><td></td><td></td><td></td><td></td><td></td><td></td><td></td><td></td></tr>
<tr><td rowspan="2">非普通住宅</td><td></td><td></td><td></td><td></td><td></td><td></td><td></td><td></td><td></td></tr>
<tr><td></td><td></td><td></td><td></td><td></td><td></td><td></td><td></td><td></td></tr>
<tr><td rowspan="2">其他类型
房地产</td><td></td><td></td><td></td><td></td><td></td><td></td><td></td><td></td><td></td></tr>
<tr><td></td><td></td><td></td><td></td><td></td><td></td><td></td><td></td><td></td></tr>
<tr><td>合　计</td><td>—</td><td></td><td></td><td></td><td></td><td>—</td><td></td><td></td><td></td></tr>
</table>

<table>
<tr><td colspan="6">以下由纳税人填写：</td></tr>
<tr><td>纳税人声明</td><td colspan="5">此纳税申报表是根据《中华人民共和国土地增值税暂行条例》及其实施细则和国家有关税收规定填报的，是真实的、可靠的、完整的。</td></tr>
<tr><td>纳税人签章</td><td></td><td>代理人签章</td><td></td><td>代理人身份证号</td><td></td></tr>
<tr><td colspan="6">以下由税务机关填写：</td></tr>
<tr><td>受理人</td><td></td><td>受理日期</td><td>年　月　日</td><td>受理税务机关签章</td><td></td></tr>
</table>

本表一式两份，一份纳税人留存，一份税务机关留存。

表 7-5 土地增值税纳税申报表

（非从事房地产开发的纳税人适用）

税款所属时间： 年 月 日至 年 月 日　　填表日期： 年 月 日

金额单位：元至角分　　面积单位：平方米

纳税人识别号 □□□□□□□□□□□□□□□□□□□□

纳税人名称		项目名称		项目地址	
所属行业		登记注册类型		纳税人地址		邮政编码	
开户银行		银行账号		主管部门		电　话	

<table>
<tr><th colspan="3">项　　目</th><th>行次</th><th>金　额</th></tr>
<tr><td colspan="3">一、转让房地产收入总额 1=2+3+4</td><td>1</td><td></td></tr>
<tr><td rowspan="3">其中</td><td colspan="2">货币收入</td><td>2</td><td></td></tr>
<tr><td colspan="2">实物收入</td><td>3</td><td></td></tr>
<tr><td colspan="2">其他收入</td><td>4</td><td></td></tr>
<tr><td colspan="3">二、扣除项目金额合计
(1)5=6+7+10+15
(2)5=11+12+14+15</td><td>5</td><td></td></tr>
<tr><td rowspan="5">(1)提供评估价格</td><td colspan="2">1.取得土地使用权所支付的金额</td><td>6</td><td></td></tr>
<tr><td colspan="2">2.旧房及建筑物的评估价格 7=8×9</td><td>7</td><td></td></tr>
<tr><td rowspan="2">其中</td><td>旧房及建筑物的重置成本价</td><td>8</td><td></td></tr>
<tr><td>成新度折扣率</td><td>9</td><td></td></tr>
<tr><td colspan="2">3.评估费用</td><td>10</td><td></td></tr>
<tr><td rowspan="4">(2)提供购房发票</td><td colspan="2">1.购房发票金额</td><td>11</td><td></td></tr>
<tr><td colspan="2">2.发票加计扣除金额 12=11×5%×13</td><td>12</td><td></td></tr>
<tr><td colspan="2">其中：房产实际持有年数</td><td>13</td><td></td></tr>
<tr><td colspan="2">3.购房契税</td><td>14</td><td></td></tr>
<tr><td colspan="3">4.与转让房地产有关的税金等 15=16+17+18+19</td><td>15</td><td></td></tr>
<tr><td rowspan="4">其中</td><td colspan="2">营业税</td><td>16</td><td></td></tr>
<tr><td colspan="2">城市维护建设税</td><td>17</td><td></td></tr>
<tr><td colspan="2">印花税</td><td>18</td><td></td></tr>
<tr><td colspan="2">教育费附加</td><td>19</td><td></td></tr>
<tr><td colspan="3">三、增值额 20=1-5</td><td>20</td><td></td></tr>
<tr><td colspan="3">四、增值额与扣除项目金额之比(%)21=20÷5</td><td>21</td><td></td></tr>
<tr><td colspan="3">五、适用税率(%)</td><td>22</td><td></td></tr>
<tr><td colspan="3">六、速算扣除系数(%)</td><td>23</td><td></td></tr>
</table>

续表 7－5

<table>
<tr><td colspan="4">七、应缴土地增值税税额 24＝20×22－5×23</td><td>24</td><td></td></tr>
<tr><td colspan="4">八、减免税额(减免性质代码：______________)</td><td>25</td><td></td></tr>
<tr><td colspan="4">九、已缴土地增值税税额</td><td>26</td><td></td></tr>
<tr><td colspan="4">十、应补(退)土地增值税税额 27＝24－25－26</td><td>27</td><td></td></tr>
<tr><td colspan="6">以下由纳税人填写：</td></tr>
<tr><td>纳税人声明</td><td colspan="5">此纳税申报表是根据《中华人民共和国土地增值税暂行条例》及其实施细则和国家有关税收规定填报的，是真实的、可靠的、完整的。</td></tr>
<tr><td>纳税人签章</td><td></td><td>代理人签章</td><td></td><td>代理人身份证号</td><td></td></tr>
<tr><td colspan="6">以下由税务机关填写：</td></tr>
<tr><td>受理人</td><td></td><td>受理日期</td><td>年　月　日</td><td>受理税务机关签章</td><td></td></tr>
</table>

本表一式两份，一份纳税人留存，一份税务机关留存。

任务二　财产税类

财产税是以纳税人所有或属其支配的财产为课税对象的一类税收。它以财产为课税对象，向财产的所有者征收。我国征收的财产税主要包括房产税、契税、遗产税、城镇土地使用税、车船税等。

一、房产税纳税实务

(一)房产税概述

房产税是以房屋为征税对象，以房屋的计税余值或租金收入为计税依据，向房屋产权所有人征收的一种财产税。房产税具有以下特点：①房产属于财产税中的个别财产税，其征税对象只是房屋。②征收范围限于城镇的经营性房屋。房产税在城市、县城、建制镇和工矿区范围内征收，不涉及农村。③区别房屋的经营使用方式规定征税办法，对于自用的按房产计税余值征收，对于出租房屋按租金收入征税。

1. 房产税的纳税人

房产税以在征税范围内的房屋产权所有人为纳税人。其中：

(1)产权属国家所有的，由经营管理单位纳税；产权属于集体和个人所有的，由集体和个人纳税。

(2)产权出典的，由承典人纳税。

(3)产权所有人、承典人不在房屋所在地的，由房产代管人或者使用人纳税。

(4)产权未确定及租典纠纷未解决的，亦由房产代管人或者使用人纳税。

自 2009 年 1 月 1 日起，外商投资企业、外国企业和外国人经营的房产按照《中华人民共和国房产税暂行条例》及有关规定征收房产税。

2. **房产税的征税范围**

房产税的征收范围为城市、县城、建制镇和工矿区内的房屋。

所谓房产，是指有屋面和围护结构，能够遮风避雨，可供人们在其中生产、学习、工作、娱乐、居住或储藏物资的场所。但独立于房屋的建筑物如围墙、暖房、水塔、烟囱、室外游泳池等不属于房产，但室内游泳池属于房产。

城市是指国务院批准设立的市；县城是指县人民政府所在地的地区；建制镇是指经省、自治区、直辖市人民政府批准设立的建制镇；工矿区是指工商业比较发达、人口比较集中，符合国务院规定的建制镇标准，但尚未设立建制镇的大中型工矿企业所在地。开征房产税的工矿区必须经省、自治区、直辖市人民政府批准。

3. **税率**

房产税采用比例税率。按房产余值计征的，年税率为 1.2%；按房产出租的租金收入计征的，税率为 12%。从 2008 年 3 月 1 日起，对个人出租住房，不区分用途，按 4%的税率征收房产税。对企事业单位、社会团体以及其他组织按市场价格向个人出租用于居住的住房，减按 4%的税率征收房产税。

(二)房产税应纳税额的计算

1. **计税依据**

房产税采用从价计征的方法。计税方法分为按照房产余值征税和按照租金收入计税两种。

(1)对经营自用的房屋，以房产的计税余值作为计税依据。

所谓房产的计税余值，是指依照税法规定，按房产原值一次减除 10%～30%的损耗价值后的余额。扣除比例由省、自治区、直辖市人民政府在税法规定的减除幅度内自行确定。房产原值应包括与房屋不可分割的各种附属设备或一般不单独计算价值的配套设施，主要有暖气、卫生、通风等，纳税人对原有房屋进行改建、扩建的，要相应增加房屋的原值。

(2)对于出租的房屋，以租金收入作为计税依据。

房产的租金收入是指房屋产权所有人出租房产使用权取得的报酬，包括货币收入和实物收入。对以劳务或其他形式作为报酬抵付房租收入的，应根据当地同类房屋的租金水平，确定租金标准，依率计征。

2. **应纳税额的计算**

(1)从价计征的。

应纳税额＝房产计税余值×1.2%

(2)从租计征的。

应纳税额＝租金收入×12%(或 4%)

【例 7－8】某公司 2016 年 12 月 31 日房屋原始价值为 1 000 万元。2017 年 3 月底公司将其中的 200 万元房产出租给外单位使用，租期两年，每年收取租金 10 万元。当地政府规定，从价计征房产税的，扣除比例为 20%。房产税按年计算，分半年缴纳。计算该公司 2017 上半年应纳房产税税额。

解析：

①从价计征部分房产应缴纳的税额：

应纳房产税税额＝800×(1－20％)×1.2％÷2＋200×(1－20％)×1.2％÷4＝4.32(万元)

②从租计征部分房产应缴纳的税额：

应纳房产税税额＝10÷4×12％＝0.3(万元)

③上半年应纳房产税税额：

应纳房产税税额＝4.32＋0.3＝4.62(万元)

(三)房产税的会计核算

1.账户设置

房产税核算应在“应交税费”科目下设置“应交房产税”明细科目进行会计核算。该科目贷方登记企业按规定计算应缴纳的房产税税额，借方登记企业实际缴纳的房产税税额，余额在贷方表示应交未交的房产税税额。

2.涉税业务的会计核算

企业房产税不需要按月分摊，则按规定计算应纳房产税时，借记“税金及附加”科目，贷记“应交税费——应交房产税”科目。

【例 7－9】沿用例 7－8 的资料，编制会计分录。

①计提房产税时。

借：税金及附加	46 200	
贷：应交税费——应交房产税		46 200

②实际缴纳上半年房产税时。

借：应交税费——应交房产税	46 200	
贷：银行存款		46 200

(四)房产税的纳税申报

1.纳税义务发生时间

(1)纳税人将原有房产用于生产经营，从生产经营之月起，缴纳房产税；

(2)纳税人自行新建房屋用于生产经营，从建成之次月起，缴纳房产税；

(3)纳税人委托施工企业建设的房屋，从办理验收手续之次月起，缴纳房产税；

(4)纳税人购置新建商品房，自房屋交付使用之次月起，缴纳房产税；

(5)纳税人购置存量房，自办理房屋权属转移、变更登记手续，房地产权属登记机关签发房屋权属证书之次月起，缴纳房产税；

(6)纳税人出租、出借房产，自交付出租、出借房产之次月起，缴纳房产税；

(7)房地产开发企业自用、出租、出借该企业建造的商品房，自房屋使用或交付之次月起，缴纳房产税。

2.纳税期限

房产税实行按年计算、分期缴纳的征收方法，具体纳税期限由省、自治区、直辖市人民政府确定。

3.纳税地点

房产税在房产所在地缴纳。房产不在同一地方的纳税人，应按房产的坐落地点分别向房产所在地的税务机关纳税。

4. 纳税申报

房产税的纳税申报，是房屋产权所有人或纳税人缴纳房产税必须履行的法定手续。纳税义务人应根据税法要求，将现有房屋的坐落地点、结构、面积、原值、出租收入等情况，据实向当地税务机关办理纳税申报并按规定纳税。如果纳税人住址发生变更、产权发生转移，以及出现新建、改建、扩建、拆除房屋等情况，而引起房产原值发生变化或者租金收入变化的，都要按规定及时向税务机关办理变更登记，以便税务机关及时掌握纳税人的房产变动情况。房产税纳税申报表如表 7－6 所示。

表 7－6　房产税纳税申报表

纳税人识别码　　　　纳税人代码　　　　申报所属期　年　月　日至　年　月　日

<table>
<tr><td rowspan="5">自用房屋</td><td>房屋坐落地址</td><td>产权证号码</td><td>房屋结构及用途</td><td>房产原值</td><td>其中:法定免税房产原值</td><td>地下建筑折算比例</td><td>折算后的房产原值</td><td>计税房产余值</td><td>税率</td><td>计税月份数</td><td>本期应纳税额</td></tr>
<tr><td></td><td></td><td></td><td></td><td></td><td></td><td></td><td></td><td></td><td></td><td></td></tr>
<tr><td></td><td></td><td></td><td></td><td></td><td></td><td></td><td></td><td></td><td></td><td></td></tr>
<tr><td></td><td></td><td></td><td></td><td></td><td></td><td></td><td></td><td></td><td></td><td></td></tr>
<tr><td></td><td></td><td></td><td></td><td></td><td></td><td></td><td></td><td></td><td></td><td></td></tr>
<tr><td>小计</td><td></td><td></td><td></td><td></td><td></td><td></td><td></td><td></td><td></td><td></td><td></td></tr>
<tr><td rowspan="5">出租房屋</td><td>房屋坐落地址</td><td>产权证号码</td><td colspan="3">房产原值</td><td colspan="2">本期租金收入</td><td>其中:法定免税租金收入</td><td>税率</td><td colspan="2">本期应纳税额</td></tr>
<tr><td></td><td></td><td colspan="3"></td><td colspan="2"></td><td></td><td></td><td colspan="2"></td></tr>
<tr><td></td><td></td><td colspan="3"></td><td colspan="2"></td><td></td><td></td><td colspan="2"></td></tr>
<tr><td></td><td></td><td colspan="3"></td><td colspan="2"></td><td></td><td></td><td colspan="2"></td></tr>
<tr><td></td><td></td><td colspan="3"></td><td colspan="2"></td><td></td><td></td><td colspan="2"></td></tr>
<tr><td>小计</td><td></td><td></td><td colspan="3"></td><td colspan="2"></td><td></td><td></td><td colspan="2"></td></tr>
<tr><td colspan="10">应纳房产税税额合计(按房产原值缴税的本期应纳税额小计＋按租金收入缴税的本期应纳税额小计)＝</td><td colspan="2"></td></tr>
</table>

二、车船税纳税实务

(一)车船税概述

车船税是以车辆、船舶(以下简称车船)为课征对象，向车船的所有人或者管理人征收的一种税。此处所称车船是指依法应当在车船管理部门登记的车船。

1. 纳税人

车船税的纳税人是指在中华人民共和国境内，《中华人民共和国车船税法》规定的车船的所有人或管理人。从事机动车第三者责任强制保险业务的保险机构为机动车车船税的扣缴义务人，应当在收取保险费时依法代收车船税，并出具代收税款凭证。

2. 征税范围

车船税的征收范围，是指依法应当在我国车船管理部门登记的车船(除规定减免的车船外)。

(1)车辆，包括机动车辆和非机动车辆。机动车辆，指依靠燃油、电力等能源作为动力运行的车辆，如汽车、拖拉机、无轨电车等；非机动车辆，指依靠人力、畜力运行的车辆，如三轮车、自行车、畜力驾驶车等。

(2)船舶，包括机动船舶和非机动船舶。机动船舶，指依靠燃料等能源作为动力运行的船舶，如客轮、货船、气垫船等；非机动船舶，指依靠人力或者其他力量运行的船舶，如木船、帆船、舢板等。

3. 税率

车船税实行定额税率(表 7－7 所示)，具体适用税额由省级政府在规定的子税目税额幅度内确定。

表 7－7　车船税税目税额表

<table>
<tr><th colspan="2">税目</th><th>计税单位</th><th>每年税额</th><th>备注</th></tr>
<tr><td rowspan="7">乘用车</td><td>1.0 升(含)以下的</td><td rowspan="7">每辆</td><td>60～360 元</td><td rowspan="7">核定载客人数 9 人(含)以下</td></tr>
<tr><td>1.0 升以上至 1.6 升(含)的</td><td>300～540 元</td></tr>
<tr><td>1.6 升以上至 2.0 升(含)的</td><td>360～660 元</td></tr>
<tr><td>2.0 升以上至 2.5 升(含)的</td><td>660～1 200 元</td></tr>
<tr><td>2.5 升以上至 3.0 升(含)的</td><td>1 200～2 400 元</td></tr>
<tr><td>3.0 升以上至 4.0 升(含)的</td><td>2 400～3 600 元</td></tr>
<tr><td>4.0 升以上的</td><td>3 600～5 400 元</td></tr>
<tr><td rowspan="2">商用车</td><td>客车</td><td>每辆</td><td>480～1 440 元</td><td>核定载客人数 9 人以上，包括电车</td></tr>
<tr><td>货车</td><td>整备质量每吨</td><td>16～120 元</td><td>包括半挂牵引车、三轮汽车和低速载货汽车等</td></tr>
<tr><td>挂车</td><td></td><td>整备质量每吨</td><td>按照货车税额的 50%计算</td><td></td></tr>
<tr><td rowspan="2">其他车辆</td><td>专用作业车</td><td rowspan="2">整备质量每吨</td><td>16～120 元</td><td rowspan="2">不包括拖拉机</td></tr>
<tr><td>轮式专用机械车</td><td>16～120 元</td></tr>
<tr><td>摩托车</td><td></td><td>每辆</td><td>36～180 元</td><td></td></tr>
<tr><td rowspan="2">船舶</td><td>机动船舶</td><td>净吨位每吨</td><td>3～6 元</td><td>拖船、非机动驳船分别按照机动船舶税额的 50%计算</td></tr>
<tr><td>游艇</td><td>艇身长度每米</td><td>600～2 000 元</td><td></td></tr>
</table>

(二)车船税应纳税额的计算

1. 计税依据的确定

按车船的种类和性能不同，车船税的计税依据分别有辆、整备质量吨位、净吨位和艇身长度四种。计税依据的确定应注意以下两个问题：

(1)核定计税依据数量以车船管理部门核发的车船登记证书或行驶证书相应项目所载数额为准。纳税人未按规定到车船管理部门办理登记手续的，其计税标准以车船出厂合格证或进口凭证相应项目所载数额为准。不能提供车船出厂合格证或进口凭证的，由主管地方税务机关根据车船自身状况并参照同类车船核定。

(2)车船整备质量尾数在0.5吨以下(含)的，按0.5吨计算，超过0.5吨的，按1吨计算；船舶净吨位尾数在0.5吨以下(含)的不予计算，超过0.5吨的按1吨计算；1吨以下的小型车船，一律按1吨计算；拖船按发动机功率2马力折合净吨位1吨计算。

2. 应纳税额的计算

(1)乘用车、商用客车、摩托车应纳税额计算公式如下：

应纳税额＝车辆数×单位税额

(2)商用货车、专用作业车、轮式专用机械车应纳税额计算公式如下：

应纳税额＝整备质量吨位×单位税额

(3)挂车应纳税额计算公式如下：

应纳税额＝整备质量吨位×单位税额×50%

(4)机动船舶应纳税额计算公式如下：

应纳税额＝净吨位×单位税额

(5)拖船、非机动驳船应纳税额计算公式如下：

应纳税额＝净吨位×单位税额×50%

(6)游艇应纳税额计算公式如下：

应纳税额＝整艇身长度×适用单位税额

提示：新车船购置当年的应纳税额自纳税义务发生的当月起按月计算。应纳税额计算公式：

应纳税额＝(年纳税额÷12)×应纳税月份数

【例7-10】某物流公司2017年年初拥有载货汽车20辆，每辆自重4吨，载客汽车20辆，其中：大型5辆、中型5辆、小型10辆。该企业所在省规定载货汽车年纳税额自重每吨50元，载客汽车年纳税额：大型每辆500元、中型每辆450元、小型每辆420元。计算该公司2017年全年应缴纳的车船税税额。

解析：

应纳税额＝20×4×50＋5×500＋5×450＋10×420＝12 950(元)

(三)车船税的会计核算

企业应缴纳的车船税应直接计入“税金及附加”账户，并在“应交税费”账户下开设“应交车船税”明细账户，该账户贷方反映计算的应缴数，贷方余额反映应缴未缴数，借方余额为实际多缴数。

【例7-11】沿用例7-10的资料，编制会计分录。

①每月计提车船税时。

借：税金及附加　　1 079.17

　贷：应交税费——应交车船税　　1 079.17

②每年实际缴纳税款时。

借:应交税费——应交车船税　　12 950

　贷:银行存款　　12 950

(四)车船税的纳税申报

1. 纳税时间

车船的纳税义务发生时间为取得车船所有权或者管理权的当月。

车船税按年申报缴纳。纳税年度自公历1月1日至12月31日止。具体纳税期限由省、自治区、直辖市人民政府确定。

2. 纳税地点

车船税由地方税务机关负责征收。纳税地点由省、自治区、直辖市人民政府根据当地实际情况确定。跨省、自治区、直辖市使用的车船,纳税地点为车船的登记地。

3. 纳税申报

车船税的申报缴纳分以下情况进行:

(1)车船的所有人或者管理人未缴纳车船税的,使用人应当代为缴纳车船税。

(2)从事机动车交通事故责任强制保险业务的保险机构为机动车车船税的扣缴义务人,应当依法代收代缴车船税。

(3)机动车车船税的扣缴义务人依法代收代缴车船税时纳税人不得拒绝。由扣缴义务人代收代缴机动车车船税的,纳税人应当在购买机动车交通事故责任强制保险的同时缴纳车船税。

(4)纳税人在购买机动车交通事故责任强制保险时缴纳车船税的,不再向地方税务机关申报纳税。

(5)扣缴义务人在代收车船税时,应当在机动车交通事故责任强制险的保险单上注明已收税款的信息,作为纳税人完税的证明。除另有规定外,扣缴义务人不再给纳税人开具代扣代收税款凭证。纳税人如有需要,可以持注明已收税款信息的保险单,到主管地方税务机关开具完税凭证。

任务三　行为税类

一、车辆购置税纳税实务

(一)车辆购置税概述

车辆购置税是以在中国境内购置规定车辆为课税对象、在特定的环节向车辆购置税者征收的一种税。

1. 纳税人

车辆购置税的纳税人是指在我国境内购买、进口、自产、受赠、获奖或者以其他方式取得并自用应税车辆的单位和个人。

2. 征税范围

车辆购置税的征税范围包括汽车、摩托车、电车、挂车、农用运输车。

3. 税率

车辆购置税的税率为10%。

(二)车辆购置税应纳税额的计算

1. 计税依据

车辆购置税的计税价格根据不同情况,按照下列规定确定:

(1)纳税人购买自用的应税车辆的计税价格,为纳税人购买应税车辆而支付给销售者的全部价款和价外费用,不包括增值税税款。

(2)纳税人进口自用的应税车辆的计税价格的计算公式为:

计税价格=关税完税价格+关税+消费税

(3)纳税人资产、受赠、获奖或者以其他方式取得并自用的应税车辆的计税价格,由主管税务机关参照最低计税价格核定。

2. 应纳税额的计算

车辆购置税实行从价定率的办法计算应纳税额,其应纳税额的计算公式为:

应纳税额=计税价格×税率

【例 7-12】某外贸公司 2017 年 3 月从国外进口 10 辆奔驰公司生产的某型号小轿车,该公司报关进口这批小轿车时,确定关税完税价格为每辆 185 000 元人民币,征收关税203 500 元,并按消费税、增值税的有关规定分别代征了每辆小轿车的进口消费税 11 655 元和增值税 66 045 元。计算该公司应纳车辆购置税税额。

解析:

计税价格=(185 000+203 500+11 655)×10=4 001 550(元)

应纳税额=4 001 550×10%=400 155(元)

(三)车辆购置税的会计核算

企业购置应税车辆,按规定缴纳的车辆购置税,或企业购置的减税、免税车辆后改变用途,按规定应补交的车辆购置税,借记“固定资产”等账户,贷记“银行存款”账户。

【例 7-13】沿用例 7-12 的资料,编制会计分录。

借:固定资产　　400 155

　贷:银行存款　　400 155

(四)车辆购置税的纳税申报

1. 纳税期限

纳税人购买自用应税车辆,自购买之日起 60 日内申报纳税;进口自用的应税车辆,应当自进口之日起 60 日内申报纳税;自产、受赠、获奖和以其他方式取得并自用应税车辆的,应当自取得之日起 60 日内申报纳税。购买之日是指纳税人购车发票上注明的销售日期。进口之日是指纳税人报关进口的当天。

2. 纳税地点

纳税人购置应税车辆,应当向车辆登记注册地的主管税务机关申报纳税;购置不需办理车辆登记注册手续的应税车辆,应当向纳税人所在地的主管税务机关申报纳税。车辆登记注册地是指车辆的上牌落籍地或落户地。

3. 纳税申报

车辆购置税实行一车一申报制度。纳税人在办理纳税申报时应如实填写车辆购置税纳税申报表，同时提供车主身份证明、车辆价格证明、车辆合格证明及税务机关要求提供的其他资料的原件和复印件，由税务机关保存有关复印件。

二、城市维护建设税纳税实务

(一)城市维护建设税概述

城市维护建设税是国家对缴纳“二税”(增值税、消费税)的单位和个人就其实际缴纳的二税税额为依据而征收的一种税，属特定目的税和附加税。

1. 纳税人

城市维护建设税的纳税人是指负有缴纳增值税、消费税义务的单位与个人，包括国有企业、集体企业、私营企业、股份制企业、行政事业单位、军事单位、社会团体、个体工商户及其他个人，自2010年12月1日起包括外商投资企业、外国企业和外籍人员。

2. 征收范围

城市维护建设税的征税范围包括城市、县城、建制镇和工矿区。

3. 税率

城市维护建设税按纳税人所处地区的不同，设置了三档差别比例税率：

(1)纳税人所在地为市区的，税率为7%；

(2)纳税人所在地为县城或镇的，税率为5%；

(3)纳税人所在地不在市区、县城或镇的，税率为1%。

(二)城市维护建设税应纳税额的计算

1. 计税依据

城市维护建设税的计税依据是指纳税人实际缴纳的增值税和消费税税额。但在确定计税依据时，应注意以下四点：

(1)纳税人违反增值税和消费税有关税法而加收的滞纳金和罚款，不作为城市维护建设税的计税依据；

(2)免征或者减征的增值税和消费税税额，也不作为城市维护建设税的计税依据；

(3)纳税人补交的增值税和消费税税额，应作为城市维护建设税的计税依据；

(4)经国家税务局正式审核批准的当期免抵的增值税税额，应作为城市维护建设税的计税依据。

2. 应纳税额的计算

城市维护建设税实行比例税率，具体计算公式如下：

应纳税额＝实际缴纳的“二税”(增值税＋消费税)×适用税率

【例7-14】某公司2017年3月末计算出企业当月应缴纳的增值税为100 000元，消费税20 000元，该公司所在地为城市市区，计算当月应纳城市维护建设税。

解析：

应纳税额＝(100 000＋20 000)×7%＝8 400(元)

(三)城市维护建设税的会计核算

企业应缴纳的城市维护建设税，应在“应交税费”科目下设置“应交城市维护建设税”明细科目进行会计核算。该科目贷方登记企业因实际缴纳增值税、消费税而应缴纳的城市维护建设税，借方登记企业实际缴纳的城市维护建设税，余额在贷方表示应交而未交的城市维护建设税，余额在借方表示多交的城市维护建设税。

企业按规定计算出应缴纳的城市维护建设税，借记“税金及附加”等科目，贷记“应交税费——应交城市维护建设税”科目。

【例 7-15】沿例 7-14 的资料，编制会计分录。

借：税金及附加　　　　8 400

　贷：应交税费——应交城市维护建设税　　　　8 400

(四)城市维护建设税的纳税申报

1. 纳税期限

由于城市维护建设税是由纳税人在缴纳“二税”时同时缴纳的，所以其纳税期限分别与“二税”的纳税期限一致。

2. 纳税地点

纳税人缴纳“二税”的地点，就是该纳税人缴纳城市维护建设税的地点。但是，属于下列情况的，纳税地点为：

(1)代扣代缴、代收代缴“二税”的单位和个人，其城市维护建设税的纳税地点在代扣代收地。

(2)跨省开采的油田，下属生产单位与核算单位不在一个省内的，其生产的原油，在油井所在地缴纳增值税，其应纳税款由核算单位按照各油井的产量和规定税率，计算汇拨各油井缴纳。所以，各油井应纳的城市维护建设税，应由核算单位计算，随同增值税一并汇拨油井所在地，由油井在缴纳增值税的同时，一并缴纳城市维护建设税。

(3)对管道局输油部分的收入，由取得收入的各管道局于所在地缴纳城市维护建设税。

(4)对流动经营等无固定纳税地点的单位和个人，应随同“二税”在经营地按适用税率缴纳。

3. 纳税申报

城市维护建设税纳税申报表的具体格式如表 7-8 所示。

表 7-8　城市维护建设税纳税申报表

填表日期：　　年　　月　　日

纳税人识别号：

纳税人名称：

申报所属期起：

申报所属期止：　　　　单位：元(列至角分)

税(费种)	计税(费)依据		税(费)率	应纳税(费)额	减免税(费)额	应缴纳税(费)额
	增值税额	消费税额				
1	2	3	4	5=(2+3)×4	6	7=5-6
城市维护建设税						
如纳税人填报，由纳税人填写以下各栏				如委托税务代理机构填报，由税务代理机构填写以下各栏		

续表 7－8

<table>
<tr><td colspan="2" rowspan="3">会计主管(签章)</td><td rowspan="3">经办人(签章)</td><td>税务代理机构名称</td><td colspan="2"></td><td colspan="2" rowspan="3">税务代理
机构(公章)</td></tr>
<tr><td>税务代理机构地址</td><td colspan="2"></td></tr>
<tr><td>代理人(签章)</td><td colspan="2"></td></tr>
<tr><td rowspan="4">申
报
声
明</td><td colspan="3" rowspan="4">此纳税申报表是根据国家税收法律的规定填报的,我确信它是真实的、可靠的、完整的。
申明人:
法定代表人(负责人)签字或盖章
(公章)</td><td colspan="4">以下由税务机关填写</td></tr>
<tr><td>受理日期</td><td></td><td>受理人</td><td></td></tr>
<tr><td>审核日期</td><td></td><td>审核人</td><td></td></tr>
<tr><td>审核记录</td><td colspan="3"></td></tr>
</table>

三、印花税纳税实务

(一)印花税概述

印花税是对经济活动和经济交往中书立、领受、使用的应税经济凭证所征收的一种税。

1. 纳税人

印花税的纳税人是指在我国境内书立、领受、使用印花税征税范围所列凭证的单位和个人,包括国内各类企业、事业、机关、团体、部队,以及中外合资企业、合作企业、外资企业、外国公司企业和其他经济组织及其在华机构等单位和个人,具体可分为立合同人、立账簿人、立据人、领受人和使用人。如果同一凭证,由两方或两方以上当事人共同书立并各持一份的,各方均为印花税纳税人,应当分别就所持凭证的金额计税贴花,但担保人、证人、鉴定人不作为纳税人。如果应税凭证是由当事人的代理人代为书立的,则代理人承担纳税义务。

2. 征收范围

印花税是一种行为税,针对经济活动和经济交往过程中的特定凭证的相关行为进行税收的缴纳。依法征收印花税的凭证有:合同或具有合同性质的凭证,产权转移书据,营业账簿,权利、许可证照,经财政部确定的其他凭证。

3. 税率

印花税的税率形式有比例税率和定额税率两种。除权利、许可证照及营业账簿中的其他账簿使用定额税率外,其他应税项目全部适用比例税率,具体如表 7－9 所示。

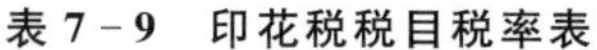

表 7－9　印花税税目税率表

税 目	范 围	税 率	纳税人	说 明
1.购销合同	包括供应、预购、采购、购销结合及协作、调剂、补偿、易货等合同	按购销金额 0.3‰贴花	立合同人	
2.加工承揽合同	包括加工、定作、修缮、修理、印刷、广告、测绘、测试等合同	按加工或承揽收入 0.5‰贴花	立合同人	
3.建设工程勘察设计合同	包括勘察、设计合同	按收取费用 0.5‰贴花	立合同人	
4.建筑安装工程承包合同	包括建筑、安装工程承包合同	按承包金额 0.3‰贴花	立合同人	
5.财产租赁合同	包括租赁房屋、船舶、飞机、机动车辆、机械、器具、设备等	按租赁金额 1‰ 贴花，税额不足 1 元的按 1 元贴花	立合同人	
6.货物运输合同	包括民用航空、铁路运输、海上运输、内河运输、公路运输和联运合同	按运输费用 0.5‰贴花	立合同人	单据作为合同使用的，按合同贴花
7.仓储保管合同	包括仓储、保管合同	按仓储保管费用 1‰贴花	立合同人	仓单或栈单作为合同使用的，按合同贴花
8.借款合同	银行及其他金融组织和借款人(不包括银行同业拆借)所签订的借款合同	按借款金额 0.05‰贴花	立合同人	单据作为合同使用的，按合同贴花
9.财产保险合同	包括财产、责任、保证、信用等保险合同	按保险费收入 1‰贴花	立合同人	单据作为合同使用的，按合同贴花
10.技术合同	包括技术开发、转让、咨询、服务等合同	按所载金额 0.3‰贴花	立合同人	
11.产权转移书据	包括财产所有权和版权、商标专用权、专利权、专有技术使用权等转移书据	按所载金额 0.5‰贴花	立据人	
12.营业账簿	生产经营用账册	记载资金的账簿，按实收资本和资本公积合计金额 0.5‰贴花；其他账簿按件贴花 5 元	立账簿人	
13.权利、许可证照	包括政府部门发给的房屋产权证、工商营业执照、商标注册证、专利证、土地使用证	按件贴花 5 元	领受人	

(二)印花税应纳税额的计算

1. 计税依据

印花税的计税依据为各种应税凭证上所记载的计税金额。具体规定如下：

(1)购销合同包括订单,计税依据为购销金额。

(2)加工承揽合同计税依据为加工或承揽收入。这里的加工或承揽收入额是指合同中规定的受托方的加工费收入和提供的辅助材料金额之和(委托加工的“原材料”不贴印花)。

(3)建设工程勘察设计合同计税依据为收取的费用。

(4)建筑安装工程承包合同计税依据为承包金额。

(5)财产租赁合同计税依据为租赁金额,不足1元的,按1元贴。注意:个人出租门店、柜台等签订的合同也算。

(6)货物运输合同计税依据为运输费用,但不包括装卸费用。

(7)仓储保管合同计税依据为收取的费用。

(8)借款合同(融资租赁合同也属于借款合同)计税依据为借款本金,不包括利息。

(9)财产保险合同计税依据为保险费用收入。

(10)技术合同计税依据为合同所载金额。

提示:一般的法律、会计、审计等方面的咨询不属于技术咨询,其所立合同不贴印花。

(11)产权转移书据计税依据为所载金额。

(12)营业账簿中记载资金的账簿的计税依据为“实收资本”和“资本公积”两者的合计金额。其他账簿的计税依据为应税凭证件数。

(13)权利、许可证照计税依据为应税凭证件数。

2. 应纳税额的计算

纳税人的应纳税额,根据应纳税凭证的性质,分别按照比例税率或定额税率计算。其计算公式如下：

应纳印花税税额＝应税凭证计税金额(或应税凭证件书)×适用税率

【例7-16】某建筑公司2017年6月承包建筑工程一项,承包金额500万元,按合同法订立建筑承包工程合同。计算该公司应纳的印花税税额。

解析:

应纳税额＝5 000 000×0.3‰＝1 500(元)

(三)印花税的会计核算

印花税一般以纳税人自行计算、购买、贴花并注销的方式完成纳税义务,会计上无需通过“应交税费”科目来进行核算。企业在购买印花税票时,借记“税金及附加”,贷记“银行存款”科目。

【例7-17】沿用例7-16的资料,编制会计分录。

借:税金及附加　　　　1 500

贷：银行存款 1 500

(四)印花税的纳税申报

1.纳税方法

印花税的纳税方法根据税额大小、纳税次数的多少，以及税收征收管理的需要，分别采用以下三种纳税方法：

(1)自行贴花。

自行贴花是指纳税人自行计算应纳税额，自行购买并贴足印花税票，自行注销或划销的缴纳方式。此方式一般适用于应税凭证较少或贴花次数较少的纳税人。

(2)汇贴或汇缴。

汇贴或汇缴办法一般适用于应税税额较大或贴花次数频繁的纳税人。

一份凭证应纳税额超过500元的，应向当地税务机关申请填写缴款书或者完税证，将其中一联粘贴在凭证上或由税务机关在凭证上加注完税标记代替贴花。

对同一种凭证需要频繁贴花的，纳税人可根据实际情况自行决定是否采用按期汇总缴纳印花税的方式。汇总缴纳的期限最长不得超过一个月。纳税期满后，纳税人应填写印花税纳税申报表，向主管税务机关申报纳税。凡汇缴印花税的凭证，应加盖税务机关的汇缴戳记，编号并装订成册后，将已贴花税票或缴款书的一联粘附册后，盖章注销，保存备查。

(3)委托代征。

委托代征是指受托单位按税务机关的要求，以税务机关的名义向纳税人征收税款的一种方式。受托单位一般是发放、鉴证、公证应税凭证的政府部门或其他社会组织。税务机关应与代征单位签订代征委托书。纳税人在办理应税凭证相关业务时，由上述受托单位代为征收印花税款，要求纳税人购花并贴花。

2.纳税地点

印花税一般实行就地纳税。如果是全国性订货会所签合同应纳的印花税，由纳税人回其所在地办理贴花；对地方主办，不涉及省际关系的订货会、展销会上所签合同的印花税，由省级政府自行确定纳税地点。

3.纳税申报

印花税的纳税人应按照规定及时办理纳税申报，并如实填写印花税纳税申报表(见表7-10)。

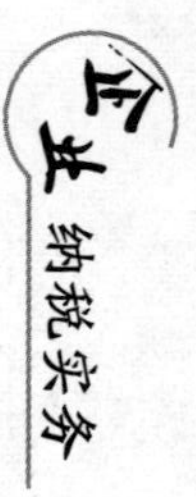

表 7-10　印花税纳税申报表

税款所属期限：自　　年　月　日至　　年　月　日　　填表日期：　年　　月　　日　　　金额单位：元至角分

纳税人识别号 □□□□□□□□□□□□□□□□□□□□

纳税人信息	名称				□单位　□个人				
	登记注册类型			所属行业					
	身份证件号码			联系方式					
应税凭证名称	计税金额或件数	核定征收		适用税率	本期应纳税额	本期已缴税额	本期减免税额		本期应补（退）税额
		核定依据	核定比例				减免性质代码	减免额	
	1	2	4	5	6=1×5+2×4×5	7	8	9	10=6-7-9
购销合同				0.3‰					
加工承揽合同				0.5‰					
建设工程勘察设计合同				0.5‰					
建筑安装工程承包合同				0.3‰					
财产租赁合同				1‰					
货物运输合同				0.5‰					
仓储保管合同				1‰					
借款合同				0.05‰					
财产保险合同				1‰					
技术合同				0.3‰					
产权转移书据				0.5‰					

续表 7-10

<table>
<tr><td>营业账簿（记载资金的账簿）</td><td></td><td>—</td><td></td><td>0.5‰</td><td></td><td></td><td></td><td></td><td></td></tr>
<tr><td>营业账簿（其他账簿）</td><td></td><td>—</td><td></td><td>5</td><td></td><td></td><td></td><td></td><td></td></tr>
<tr><td>权利、许可证照</td><td></td><td>—</td><td></td><td>5</td><td></td><td></td><td></td><td></td><td></td></tr>
<tr><td>合计</td><td>—</td><td>—</td><td></td><td>—</td><td></td><td></td><td></td><td></td><td></td></tr>
<tr><td colspan="10">以下由纳税人填写：</td></tr>
<tr><td>纳税人声明</td><td colspan="9">此纳税申报表是根据《中华人民共和国印花税暂行条例》和国家有关税收规定填报的，是真实的、可靠的、完整的。</td></tr>
<tr><td>纳税人签章</td><td colspan="2"></td><td>代理人签章</td><td colspan="2"></td><td>代理人身份证号</td><td colspan="3"></td></tr>
<tr><td colspan="10">以下由税务机关填写：</td></tr>
<tr><td>受理人</td><td colspan="2"></td><td>受理日期</td><td colspan="2">年　月　日</td><td>受理税务机关签章</td><td colspan="3"></td></tr>
</table>

技能训练

一、单选题

1. 土地增值税实行(　　)税率。

A. 比例税率　　B. 全额累进税率　　C. 超额累进税率　　D. 超率累进税率

2. 位于某市的甲地板厂为外商投资企业,2016年8月购进一批木材,取得增值税发票注明不含税价格800 000元,当月委托位于县城的乙工厂加工成实木地板,支付不含税加工费150 000元。乙工厂11月交付50%实本地板,12月完工交付剩余部分。已知实木地板消费税税率为5%,乙工厂应代收代缴城市维护建设税(　　)。

A. 1 250元　　B. 1 750元　　C. 2 500元　　D. 3 500元

3. 在资源税中,煤炭的征税范围包括(　　)。

A. 洗煤　　B. 选煤　　C. 原煤　　D. 煤炭制品

4. 现行资源税的征税范围为(　　)。

A. 原油、天然气、煤炭　　B. 原油、天然气、煤炭、盐

C. 矿产品和盐　　D. 原油、有色金属矿原矿

5. 赵某拥有两处房产,一处原值60万元的房产供自己和家人居住,另一处原值20万元的房产于2016年7月1日出租给王某居住,按市场价每月取得租金收入1 200元。赵某当年应缴纳的房产税为(　　)。

A. 288元　　B. 576元　　C. 840元　　D. 864元

6. 下列各项关于房产税纳税说法中,正确的有(　　)。

A. 租赁合同约定有免收租金期限的出租房产,免收租金期间不需缴纳房产税

B. 产权出典的,由承典人缴纳房产税

C. 无租使用其他单位房产的应税单位和个人,由使用人代为缴纳房产税

D. 融资租赁的房产,由承租人依照支付的租赁费缴纳房产税

7. 下列各项中,属于车辆购置税应税行为的有(　　)。

A. 购买使用行为　B. 进口使用行为　　C. 受赠使用行为　　D. 获奖使用行为

8. 下列各项关于车船税计税的依据及税额的表述中,正确的是(　　)。

A. 拖船以每马力折合净吨位1吨计算　　B. 非机动驳船以船舶税额的50%计算

C. 车辆自重尾数在半吨以下的不予计算　D. 船舶净吨位尾数在半吨以下的按半吨计算

9. 下列合同中,属于印花税征收范围的有(　　)。

A. 融资租赁合同

B. 家庭财产两全保险合同

C. 电网与用户之间签订的供电合同

D. 发电厂与电网之间签订的购售电合同

10. 计提应缴纳的城市维护建设税,借方应计入"(　　)"科目。

A. 税金及附加　　B. 管理费用　　C. 销售费用　　D. 生产成本

二、多选题

1. 土地增值税的纳税人转让房地产取得的收入包括(　　)。

A. 利息收入　　B. 货币收入　　C. 实物收入　　D. 其他收入

2. 资源税与流转税、所得税比较，具有以下特点（　　）。

A. 兼有有偿性和强制性的特征　　B. 实行差别税

C. 只对特定资源征税　　D. 从量定额征收

3. 不属于土地增值税征税范围的有（　　）。

A. 国家出让土地使用权取得的收入　　B. 国有企业房地产的重新评估升值

C. 房地产的交换　　D. 将房地产赠与直系亲属

4. 下列各项中，符合城市维护建设税征收管理规定的有（　　）。

A. 海关对进口产品代征增值税时，应同时代征城市维护建设税

B. 对增值税实行先征后返的，应同时返还附征的城市维护建设税

C. 对出口产品退还增值税的，不退还已经缴纳的城市维护建设税

D. 纳税人延迟缴纳增值税而加收的滞纳金，不作为城市维护建设税的计税依据

5. 根据车船税法律制度的规定，下列各项中，符合车船税有关规定的有（　　）。

A. 摩托车，以“每辆”为计税依据　　B. 载客汽车，以“整备质量每吨”为计税依据

C. 载货汽车，以“整备质量每吨”为计税依据　D. 船舶，以“净吨位每吨”为计税依据

6. 下列（　　）是印花税的纳税人。

A. 立合同人　　B. 立据人　　C. 领受人　　D. 使用人

7. 张某出租其自有房屋，签订房屋租赁合同，则其应负担（　　）。

A. 房产税　　B. 契税　　C. 印花税　　D. 土地增值税

8. 属于车辆购置税的计税依据的是（　　）。

A. 不含增值税价格　　B. 含增值税价格

C. 关税完税价格＋关税＋消费税　　D. 税务机关核定的最低计税价格

9. 某单位领取（　　），应贴印花税票。

A. 房屋产权证　B. 工商营业执照　C. 商标注册证　D. 税务登记证

10. 房产税的税率为（　　）。

A. 10%　　B. 12%　　C. 20%　　D. 1.2%

三、业务题

1. 某联合企业 2016 年 12 月开采原煤 300 万吨，其中对外销售 200 万吨，取得不含税销售额 25 000 万元；代售 100 万吨（原煤资源单位税额为 5%）。请计算该联合企业 2016 年 12 月应缴纳的资源税。

2. 某企业纳税人 2016 年 9 月实际应缴纳增值税 10 万元，消费税 15 万元，被税务机关查补增值税 2 万元和消费税 1 万元，并被处以 9 万元的罚款。试计算该企业 9 月应纳城市维护建设税。

参 考 文 献

[1]全国注册税务师执业资格考试考试教材编写组.税法Ⅰ[M].北京:中国税务出版社,2014.
[2]全国注册税务师执业资格考试考试教材编写组.税法Ⅱ[M].北京:中国税务出版社,2014.
[3]梁伟样.税务会计[M].北京:中国人民大学出版社,2013.
[4]戴桂荣,成骏.企业纳税实务[M].北京:高等教育出版社,2014.
[5]梁伟样.税费计算与申报[M].北京:高等教育出版社,2014.
[6]盖地.税务会计与纳税筹划[M].大连:东北财经大学出版社,2013.
[7]甄立敏,贾会棉.新编企业纳税实务[M].北京:电子工业出版社,2014.
[8]刘彩霞,杨婷.税务会计实务[M].大连:东北财经大学出版社,2015.
[9]财政部会计司.企业会计准则讲解[M].北京:人民出版社,2007.
[10]国家税务总局所得税司.企业所得税法规汇编(2012 年版)[M].北京:中国税务出版社,2012.

图书在版编目(CIP)数据

企业纳税实务/刘淑萍主编. —西安:西安交通大学出版社,2015.7(2017.8 重印)
ISBN 978-7-5605-4982-8

Ⅰ.①企…　Ⅱ.①刘…　Ⅲ.①企业管理-税收管理-中国　Ⅳ.①F812.423

中国版本图书馆 CIP 数据核字(2015)第 175027 号

书　　名　企业纳税实务(第二版)
主　　编　刘淑萍
责任编辑　史菲菲

出版发行　西安交通大学出版社
　　　　　(西安市兴庆南路 10 号　邮政编码 710049)
网　　址　http://www.xjtupress.com
电　　话　(029)82668357　82667874(发行中心)
　　　　　(029)82668315(总编办)
传　　真　(029)82668280
印　　刷　西安明瑞印务有限公司

开　　本　787mm×1092mm　1/16　**印张**　14.625　**字数**　349 千字
版次印次　2015 年 8 月第 1 版　2017 年 8 月第 2 版　2017 年 8 月第 3 次印刷
书　　号　ISBN 978-7-5605-4982-8
定　　价　32.90 元

读者购书、书店添货、如发现印装质量问题,请与本社发行中心联系、调换。
订购热线:(029)82665248　(029)82665249
投稿热线:(029)82668133
读者信箱:xj_rwjg@126.com